JN059729

誰もが 性的人間として 生きる

知的障害と性

現代書館 　[著] 河東田 博

誰もが性的人間として生きる
　　　──知的障害と性

　　　＊目次

はしがき

1 「はしがき」を記すにあたって

　知的障害のある人の性や結婚の問題に取り組み始めてから半世紀になるが、取り組み始めた当初は暗中模索の日々だった。打開策を求めて 1986 年 6 月から 1991 年 4 月までの約 5 年間、スウェーデンに留学し、性教育に関する研究を行う機会に恵まれた。なんとか目的を達成して帰国することができたものの、帰国後は性に関する取り組みよりもむしろスウェーデン滞在中に知ったスウェーデンの社会政策や脱施設化・地域生活支援・当事者参画などに関する取り組みにシフトするようになってしまった。そして、30 年余が経過した。

　しかし、そろそろ大学教員としての仕事からも、現場との関わりからも去る時がきたようである。人生を終えるための「終活」はもう少し待ってもらうとして、キャリアを終えるための「終活」だけには取り組んで、心置きなくすべての仕事を終わらせていきたい。キャリア「最後の仕事」として選びたいと思ったのが、長い間おろそかにしてきた「知的障害のある人の性」の問題であり、「誰もが性的人間として生きる」ことを可能にするためにはどうしたらよいのか、という問いへの回答を見出すための挑戦だった。

　幸いなことに、この「最後の仕事」に挑戦しようとしていた矢先に、日本学術振興会より、2019 年度からの 4 年間、「知的障害のある人の性をめぐる社会的実態と性教育のあり方に関する研究」に対して科学研究費助成事業・科学研究費補助金（基盤研究 B）が提供され、再び性教育に関する研究に取り組む機会を得ることができた。「知的障害のある人の性」というキャリア最後の仕事に取り組むにあたり、初心確認のために、2019 年 9 月中旬、スウェーデン・

ストックホルムに飛んだ。そして、多くの貴重な情報を得ることで、最後の仕事に取り組む糸口と希望を見出して帰国することができた。

その後、知的障害のある人の性に関する実態を把握するために全国調査を行い、知的障害のある人の性に関する認知・理解度調査なども行ってきた。全国調査をもとにした性教育プログラム化に向けた試案づくり、性に関する認知・理解度調査結果をもとにした全国3カ所の就労支援事業所での性教育実践を要請し、協働の取り組みも行ってきた。こうした様々な取り組みは、3就労支援事業所を傘下に持つ社会福祉法人（岩手：社会福祉法人A、長野：社会福祉法人B、長崎：社会福祉法人C）の協力なくしては成し得なかった。一方で、新型コロナウイルス感染拡大の影響を受け、3就労支援事業所で行う予定だった性教育実践は大幅に遅れ、2021年度後半になってようやく打ち合せができ、3就労支援事業所で徐々に性教育実践ができるようになったのは、2021年12月になってからであった。2022年1〜2月になっても、新型コロナウイルス（オミクロン株）感染拡大（第6波）の影響を受け、一部の事業所では性教育実践が十分にできていないところがあるなど、コロナに翻弄されながら、いつしか研究最終年度を迎えることになった。

本書は、2019年度〜2022年度日本学術振興会科学研究費助成事業（科学研究費補助金）・基盤研究（B）（一般）（課題番号：19H01568）「知的障害のある人の性をめぐる社会的実態と性教育のあり方に関する研究」の成果物である。この4年の間に様々な方々にご協力・ご支援をいただいたが、特に、3就労支援事業所を傘下に持つ社会福祉法人A管理者の西條一恵様、社会福祉法人B統括管理者の岸田隆様・管理者の奥村和枝様、社会福祉法人C統括部長の松村真美様、そして、性に関する認知・理解度調査や性教育実践に関わってくださった多くのスタッフの皆様、スタッフを陰で支えてくださった方々に、また、性に関する認知・理解度調査や性教育実践に参加してくださった当事者の方々に心からのお礼と感謝を申し上げたい。皆様のおかげで、なんとかキャリア「最後の仕事」を終えることができた。様々な取り組みが前に進み、本書を書き上げることができたのは、こうした方々のお力添えがあったからにほかならない。

2 本書を展開するにあたって

（1）本書の目的

　性に関する事柄を知的障害のある人に教えることは、大変難しいと言われている。実際、抽象的思考の苦手な彼らにとって、性に関する事柄を論理的に理解することは困難なことが多い。重度の人であればさらに理解困難となる。個人差も考慮しなければならない。

　しかし、知的障害のある人の性の問題に関して、これまで、何が難しくて、何なら理解しているのか、難しいのはどうしてなのか、何をどう援助すれば理解できるようになるのか、などが十分に解明されないできた。もしこれらの諸問題が解明できるようになれば、性に関する問題にもっと関わりやすくなり、性教育を通して、性に関する情報をより広くより深く伝えやすくなるかもしれない。そして、その延長線上に、「誰もが性的人間として生きる」ことを可能とする「性的共生社会」が見えてくるかもしれない。

　残念ながら、知的障害のある人の性に関して書かれたものは、大変限られている。それは、社会全体に性をタブー視する風潮や、性への偏ったイメージや、性を語ることの難しさがあり、医師や養護教諭・看護師・保健師等の専門家に性を語ることを委ねてしまっているからかもしれない。また、性教育への政治介入がなされ、教育・福祉の関係者に性教育を行うことを躊躇させていることとも関係しているかもしれない。さらに、知的障害のあるわが子に、性に目覚めないでほしい、男女交際・結婚・妊娠・出産などは考えたくないといった親の消極的・否定的な態度も関係しているかもしれない。

　そこで本書では、知的障害のある人への歴史的・社会的対応がどうなされてきたのかを明らかにし、学校卒業後の就労の場で性に関する教育がどのくらい行われているのか、知的障害のある人が性に関する情報をどの程度把握し、認知・理解しているのか、その実態を明らかにしながら、学校卒業後の就労の場で今後どのように性教育実践を行っていったらよいのか、「誰もが性的人間として生きる」ことのできる「性的共生社会」を実現するためには、何をどのように整理し、環境を整えていったらよいのかを目的として検討を進める。

（2）五つの課題

本書の目的を明確にするために、検討すべき課題を次の通り五つ設定する。

課題1：知的障害のある人の性は、歴史的・社会的にどのように扱われてきたのか。

課題2：親や教育・福祉関係者は、知的障害のある人にどのような教育的対応を行ってきたのか。

課題3：知的障害のある人は、性に関する情報を、どの程度把握し、認知・理解しているのか。

課題4：知的障害のある人に性教育を行う際、どのような内容を用意し、どのように行っていったらよいのか。

課題5：「誰もが性的人間として生きる」ことのできる「性的共生社会」を実現するためには、どのように考え方を整理し、どのように環境を整えていったらよいのか。

五つの課題を検討し、明らかにするために、以下のような取り組みを行う。

課題1を明らかにするために、国内外の先行研究の分析と情報収集・現地調査を行う。

課題2を明らかにするために、全国の福祉関係機関（主として就労移行支援事業所・就労継続支援A型事業所・就労継続支援B型事業所のいずれかをもつ就労支援事業所）を対象に、性教育に関する全国調査を行う。

課題3を明らかにするために、全国3カ所（岩手・長野・長崎）の社会福祉法人傘下の就労支援事業所で支援を受けている知的障害のある人を対象に、性に関する認知・理解度調査を視覚教材を使用して行う。視覚教材は、「健康一般」「衛生」「人間の体」「成長」「性と対人関係」の五つの領域を組み合わせた白黒の絵または写真から成っている。これらの絵や写真を提示しながら、「この絵／写真は何ですか」という質問を行い、得られた回答を3分類（1、2、3）で評価し、認知・理解度を把握する。

課題4を明らかにするために、課題3の調査地3カ所（岩手・長野・長崎）の

就労支援事業所の知的障害のある人を対象に、性に関する「講座」（性教育実践）を行い、「講座」終了後、参加者に性に関する認知・理解度調査（再調査）にもとづく効果測定を行う。

　課題 5 を明らかにするために、上記 4 課題を再整理するとともに、論点が整理された時点で 3 就労支援事業所の「講座」担当者・関係者が一堂に会し、性教育実践普遍化の可能性と「誰もが性的人間として生きる」ことのできる「性的共生社会」を実現するためにはどうしたらよいのかに関して意見交換を行い、「性的共生社会」実現のために、どのように社会的環境や組織的体制を整えていったらよいのかをまとめる。

（3）本書を展開するうえで求められた研究倫理審査手続き

　本書の諸取り組みを実施するにあたり、2019 年 4 月 24 日、浦和大学・浦和大学短期大学部調査倫理審査規程にもとづき、調査倫理審査委員会に「研究倫理審査申請書」を提出した。2019 年 5 月 23 日、浦和大学・浦和大学短期大学部の久田有学長名「倫理審査結果通知書」による調査倫理審査委員会の「判定結果」（承認）を受けた。調査倫理審査委員会の「倫理審査結果通知書」にもとづき、次のように対処した。

　a. 調査対象となる福祉関係機関（社会福祉法人、以下「法人」）から、本調査の目的・方法などを理解し協力する旨の同意書を得た。

　b. 知的障害のある人の保護者からも、本調査の目的・方法などを理解し協力する旨の同意書を得た。

　c. 知的障害のある人の認知・理解度等に関する調査を実施するにあたり、第三者に立ち会ってもらった。

　d. 秘匿性に留意し、調査対象となる法人や個人の画像は撮らずに調査を行った。研究結果の公表にあたり、画像等を利用する場合は、各法人の了解を得て公表することとした。

　e. 調査協力者にも、本調査の目的・方法などを理解してもらい、十分な倫理的配慮をもって協力していただけるように、各法人と「業務委託契約書」を交わした。

第Ⅰ部
知的障害のある人の性をめぐる社会的実態

第1章
知的障害のある人の性が奪われてきた社会的実態

1 はじめに

　2019年9月中旬にスウェーデン・ストックホルムを訪問した際、学校教育庁が学習指導要領『義務制特別学校・義務制特別訓練学校・高等教育特別学校の全体プログラム及び個別プログラムにおけるセクシュアリティと対人関係を含む特別学校における性と共同生活（仮訳）』[注1) を示していること、学校卒業後は親の会・本人の会であるスウェーデン知的障害児・若者・成人連盟[注2)や成人教育連盟[注3)、スウェーデン性教育協会[注4) が相互に連携を取りながら性と共同生活／人間関係に関する教育を『みんなのセックス（仮訳）』[注5)（スウェーデン性教育協会マルメ支部作成）などのテキストを使いながら実践し始めていることを知った。

　『みんなのセックス』は、コンドームの装着の仕方やセックスの仕方などを知的障害のある人の性の経験をもとにしながら書かれている非常に具体的な内容の当事者向けテキストだった。このような当事者向けテキストが、日本社会、特に知的障害のある人の教育・福祉関係者や親・家族を始めとする関係者に受け入れられるかどうかはともかく、当事者に役に立つ興味深いテキストとなっていた。

　スウェーデンでなぜこのような具体的な当事者向けテキストがつくられ、実践を模索しようとしているのか、スウェーデンの知的障害のある人が社会的にどのように受け止められているのか、スウェーデンでは性の問題にどう向き合おうとしているのかを、わが国の知的障害のある人の性をめぐる問題と照らし合わせながら「誰もが性的人間として生きる」ことを命題に本書を書き進めて

いきたいと思う。

　まず第1章では、知的障害のある人の性がいかに社会的に抑圧され、性を語ることすら認められず、「性的人間として生きる」ことをも認められないできたか、その実態を中心に記していくことにする。

2　知的障害のある人が「性的人間として生きる」ことを社会が奪ってきた歴史

　わが国では、旧優生保護法をめぐる国家責任・賠償問題[注6]、障害者虐待防止法の制定・施行のもとになった数々の障害者虐待、政治家による東京都立七生養護学校への介入[注7]などが社会的に大きく取り上げられ、私たちの性に対する（特に知的障害のある人の性に対する）価値観や倫理観が問われる問題としてクローズアップされた。しかし、知的障害のある人の性を奪ってきたのは社会であり、それは今に始まったことではない。長い歴史的・社会的営みのなかで、時に意識的に、時に無意識的に、社会によってつくり出されてきた差別的事象なのである。このことは、歴史が証明している。

　19世紀から20世紀前半にかけ、世界各国で社会的保護という名の下に障害者入所施設が多数つくられていったが、これらの入所施設はほぼ例外なく一般社会から遠く離れた僻地に建てられており、次第に数を増し、施設の規模も大きくなっていった。大抵どの施設も障害のある人を大勢入所させ、とてもひどい暮らしを強い、人間としての諸権利を保障するものでは到底なかった。入所施設で暮らす障害のある人の大多数が知的障害のある人であり、長い間教育や医療の対象からはずされ、社会的排除の対象となっていた。こうした知的障害のある人に対する非人間的な対応や差別的対応は、専門家や医師を通してなされていた。一般の人たちは、こうしたことが行われていた事実をほとんど知らず、無知と無理解の中にいたのである。

　知的障害のある人に対して行ってきた非人間的な扱いや差別的対応には、19世紀末から今世紀初頭にかけて吹き荒れた「優生学的思想」と「無性の存在」としての障害者観が影響していた。当時どの国においても、知的障害のある人

は「とても強い性欲をもち、自制心に欠け、一般に社会を脅かす人」[注8]と見られていた。障害者無性論も、彼らの「性的な表現の仕方が不適切なため、当然無視されるべきものである」[注9]という考え方からきていた。そのため、知的障害のある人たちは社会的に排除され、人里離れた入所施設に隔離された。知的障害のある人は、「性的行動を見つけられると厳しく罰せられ、結婚は禁止され、同意なしで不妊手術を認める法律」[注10]すらつくられるようになった。

　福祉国家を目指すスウェーデンでも、福祉国家建設に支障があると思われた障害のある人に「性的人間として生きる」ことを奪い取ってしまう法律を制定する動きを始めた。1934年に制定され、1941年に改訂された「生物学的に劣った人々の不妊・断種を認める法律」[注11]がそれである。その結果、この法律は1975年の「婚姻法」施行とともに廃止されたものの、1935年から1976年にかけ62,000人（推定）もの人たちに不妊・断種手術が行われていたという[注12]。

　1997年9月2日付の読売新聞では、1907～1960年代のアメリカで（推定）60,000人、1929～1967年のデンマークで（推定）11,000人、1934～1976年のノルウェーで（推定）2,000～15,000人、1935～1970年のフィンランドで（推定）11,000人もの障害のある人が強制的に不妊・断種手術を受けさせられていたことが報道[注13]されていた。いずれも欧米福祉先進国でなされていた忌まわしい所業である。

　欧米の障害のある人を社会から抹殺しようとする動きは、日本にも伝えられ、1948年施行の旧優生保護法を生み、1996年に廃止されるまで、長きにわたって障害のある人を苦しめてきた。

　歴史的・社会的経過の中で意図的につくられていった知的障害のある人の性に対する偏見や社会的排除は、概ね次のような理由[注14]からだった。

・知的障害のある人は、体が成長しても性的には成熟しない。
・もし仮に、性的に成熟しても、彼らには、性的成熟を統御できる力がない（または、弱い）。
・彼らには、結婚生活を維持できる能力がない。
・彼らには、子どもを育てる能力がない。

・彼らに性の知識を与えると、性の加害者になるのではないか。

　これらの性に対する偏見や社会的排除の動きは、徐々に社会全体を覆い、知的障害のある人の社会的排除を当然視するようにもなってきた。このようなものの見方や社会的なできごとは、優生思想の影響を色濃く反映していたと思われるが、多くの人の心の中に今でも根強く残っている。そのよい例が、1993年にわが国のメディアを賑わせた子宮摘出の問題[注15]である。この問題は、近畿・中部の国立大学付属病院で行なわれていた知的障害のある女性の正常な子宮の摘出を、月経の介助が大変とか自分で子どもを育てられないなら母親の資格はないという理由で、本人の同意なく行われた人権侵害事件であった。子宮摘出手術を正当化する医師や関係者・親・時に障害のある人自身の発言（仮に一部であっても）には、今日もまだ消えることなく残り続けている障害者排除の考え（社会的迷惑・病害論）、本人ではなく代弁者中心の福祉のあり方、誤った解釈のインフォームド・コンセント、障害のある人が「性的人間として生きる」ことを妨げる社会的風潮と自己決定権の無視など、じつに多くの問題が存在していたことを物語っている。
　このようなものの見方の結果、知的障害のある人の性が長い間無視され、遠ざけられ、消極的・否定的な受け止め方をされ、性に関してほとんど何も伝えられずに放置されてきた。今日でも見受けられる「性は自然に覚えるもの」という障害のない人の論理も、知的障害のある人の性に関する情報把握をより一層困難なものとし、知的障害のある人を霞のかかった状態に置き、苦しめ、混乱に陥れている。私たちがもっているこのような差別意識は知的障害のない人の無知や偏見に起因することが多く、社会的に犯してきた過ちであった。

3　知的障害のある人の性に私たちはどのように向き合ってきたか

　戦後日本では、知的障害のある人の性関連（恋愛や結婚も含む）の論文やエッセイが、各施設の年報（たとえば、1955年の『近江学園年報』7号[注16]や、『手をつなぐ親たち』[注17] 3号・5号・6号（1956年）など）で早くから取り上げ

られていた。戦後の混乱期から立ち直って 10 年ほど経った頃からだが、当時は、知的障害のある人の性関連のできごとを問題視するような記述が多かった（たとえば、『近江学園年報』7 号の「堕ちゆくもの──春枝のかなしみ」などの題名を見ればよくわかる）。

1960 年代に入ると、『手をつなぐ親たち』でたくさんの性関連の記事が書かれるようになった。たとえば、1962 年の 75 号から 1969 年の 162 号までの間に 7 本の記事が書かれていた。福祉関連団体の専門誌である『愛護』[注18]（89 号、1965 年）や、『精神薄弱児研究』[注19]（108 号、1967 年）が各 1 本しかないことを考えると、全日本精神薄弱者育成会に所属する親や家族がわが子（知的障害のある人）の性に日常的に直面していたことがわかる。

1970 年代に入ると性や結婚に関する記事は飛躍的に増大していく。1976 年までに『手をつなぐ親たち』6 本、『愛護』9 本、『精神薄弱児研究』12 本、その他、『現代性教育研究』[注20]（8 本）などの専門誌でも数多く取り上げられるようになっていった。

1975 年、1976 年には、知的障害のある人の性関連の書籍が相次いで刊行され、大きな反響を呼んだ。特に 1976 年に刊行された大井清吉らの書籍の扉には、「どんなに重いちえ遅れの子も、結婚し、幸福な家庭生活をきずいてくれるよう願い、そのために親と教師が、親と指導員が、保母が、何をしなければならないのかを考えながら編集しました」[注21]と書かれてあり、新しい時代の夜明けを告げるかのような印象を与えた。

また、1970 年代後半には、東京や大阪に障害児性教育研究会[注22]なども設立されるようになっていった。これらの新しい動きは、知的障害のある人が地域で生活することが当たり前になるように生活条件をわかりやすく示したノーマライゼーション理念が北欧から導入され、知的障害のある人の性の権利を当然視する動きでもあった。

たとえば、1969 年にスウェーデンのベンクト・ニィリエによって成文化されたノーマライゼーション原理では、性との関係を次のように記していた。

　　　一般社会と同じように自然に男女が共に暮らすことにより、意欲が高まり、行動や環境をより良くする結果となる。そして、（中略）他の人たち同様、

結婚することでより良い生活を送ることになるかもしれないのである。[注23)]

1976年、デンマークのニルス・エリック・バンク=ミケルセンは、ノーマライゼーション原理の重要な柱の一つとして「市民権」をあげ、次のように記した。

> ノーマリゼーションとは市民権をも含む生活のあらゆる側面において、精神遅滞者がほかの人びとと同等な立場におかれるべきであるということを意味している。（中略）市民権とは、住居と教育と仕事の権利のことである。また市民権は、投票権、結婚する権利、子どもを生む権利、および、たとえ結婚していなくても、また子どもをつくるのでなくても、性生活をいとなむ権利をも意味している。[注24)]

ノーマライゼーション原理は、「誰もが性的人間として生きる」ために必要な「性の権利」を謳っていたのである。

親や家族は、洋の東西を問わず、一般的に、わが子（障害があるなしにかかわらず）に対して過保護、過干渉、過小評価の傾向があるため、親や家族の抵抗によって、親から子に対する情報提供が限られ、適切な助言や支援が得られないできた。このことが知的障害のある人の性の問題をより複雑にしていた。たとえば、1977年になされた大井－室橋論争[注25)]がよい例である。これは、特別支援学校（旧養護学校）元校長の室橋正明が結婚の4条件（①経済生活が確立されているかどうか②生活処理能力③性の問題：早期からの性指導の必要性④出産・育児の問題：周囲の援助の必要性）を提示したのに対して、元東京学芸大学教授の大井清吉が新たな結婚の4条件（①精一杯働くこと②社会的な手だてによる援助③性教育と自然な感情の成長④妊娠中の配慮と子どもをもつことによる飛躍的成長発達への援助）を示したことを指している。今日大井の考え方に沿って社会的支援がなされるようになってきているが、周囲の無理解から今なお深い闇の中に置き去りにされている知的障害のある人もいる。

1980年代以降になるとノーマライゼーション理念が浸透し、知的障害のある人の性に対する考え方が表立って否定されることはなくなった。多くの結婚

カップルが誕生するようになり、性に関する教育も行われるようになってきた。知的障害のある人の性を肯定的に捉えた書籍も出版されるようになり、同様の論文も書かれるようになってきた。職員向けの研修も設けられるようになり、最近では知的障害のある当事者向けの講座も設けられるようになってきている。

しかし、社会的な理解が十分に得られるようになってきたかというと必ずしもそうではない。日本には 1996 年 6 月まで知的障害のある人の性や結婚を認めないことにつながる旧優生保護法が存在したのであり、障害者自立支援法が制定された 2005 年まで、当時の「知的障害者福祉法」第 9 条、そして「指定知的障害者更生施設等の設備及び運営に関する基準」第 3 章、さらには「知的障害者援護施設の設備及び運営に関する基準」第 3 章・第 4 章に、ノーマライゼーション理念とは相容れない男女別棟居住（成人知的障害者入所施設の居室は、男子用と女子用を別に設け、かつ、その間の通路は、夜間は通行できないように遮断できるものであること）を強いる条文が盛り込まれていたからである。この法律の男女別棟居住に関する条文が 2005 年まで効力をもっていたことが、両性混住のグループホームをつくろうとする際に改めて明らかになった。行政による男女別棟居住にもとづく改善指導が行われていたからである[注 26]。

このように、私たちは、抑圧こそすれ、知的障害のある人の性にほとんど向き合ってこなかったことがわかる。積極的に多くの豊かな役立つ情報を提供し、数多くの体験を通して、人を思いやり、愛し、心豊かな社会人として生きていけるような支援もほとんどしてこなかった。知的障害のある人たちの思いや願いを受け止め、彼らが「自分らしく」生きられ、「生活の質」や「人生の質」を高めることができるような支援もほとんどしてこなかったのである。

4　知的障害のある人たちの性をめぐる今日的課題

わが国では、知的障害のある人の性に関する教育はまだまだ不十分だが、知的障害のある子どもの性を積極的に受け止め、支援するための性に関する教育への取り組みは、1990 年代後半頃から特別支援学校（旧養護学校）などで展開

されてきた[注27)]。知的障害のある人が求めている性的なものを積極的に受け止めていこうとするために、日中活動の中に性教育を組み込んだ活動を展開している施設もあった[注28)]。手作り教材を独自に開発（創作）し、性教育を実践しているグループもあった[注29)]。

　かつて筆者たちが行った特別支援学校（旧養護学校）高等部在籍者と卒業生とを対象にした調査[注30)]では、「学校で教えられなかった事柄は、卒業してからも教えられずにわからないまま放置されていることが多い」「卒業生は社会的経験を積み重ねる中で、性に関する情報をそれなりに入手し理解しているものの、これらの情報は体系的なものではなく、時には援助者から、時には職場の同僚から、さらにはメディアから断片的に入手しているにすぎない」ことが明らかになった。この調査結果は生涯にわたる性教育の必要性を示唆していたのだが、日本ではまだ性教育を実践することが難しい状況だった。

　当事者たちの求めに応じて結婚生活支援を行っているところもあった[注31)]。妻たちのサークルをつくる試みをしたところもあった[注32)]。スキンシップ体験（マッサージ、手や体に触れる、抱き合う、キスをする等）を通してその時の気持ちを相手に伝え、体の変化に気づくなど、直接体験型の性教育実践が行われていたところもあった。たとえば、筆者が行ってきた性教育実践は、教育の場が「何でも話してよい快適な場であること（個人の秘密も守られること）」「性に関して語ることに慣れること」「裸でいる、裸を見る（中略）裸に対する誤解・タブーをぬぐい去ること」「異性との出会い、触れ合いを積極的に経験すること」であった。また、「基本的なことをわかりやすく伝えていく努力をすること」でもあった[注33)]。そのための努力として、事前に、親との話し合いも設けた。親との話し合いでは、親の子に対する過保護・過干渉・過小評価が明らかになり、親から子に対する情報提供も限られたもので、子の成長・発達につれて増えていくはずの情報量が増えずに停滞していることが明らかになった。

　こうした動きは、知的障害のある人が「性的人間として生きる」ことの喜びや嬉しさを感じ、体得することを積極的に支援し、積極的に結婚支援を行おうとする動きだったともいえる。

　毎日のようにメディアを通して流されるリアルで多様な性に関する情報を、知的障害のある人が入手できていないかというとそうではなく、誰も何も教え

ないから、自分で数多くの情報をなんらかの形で入手し、隠し持っている。最近ではインターネットからリアルで具体的な場面を無料でいつでも入手できるようになってきている。一方、親や関係者は、相変わらず過保護・心配性・過干渉で、リスクを冒す尊厳を妨げ、情報を遮断し、無知を再生産する役を担い続けている。何も伝えず無知のまま放置しておくがゆえに、理想と現実のギャップの中で様々な不安・悩み・葛藤を抱え、ますます情報処理ができなくなり、無知を再生産し、ゆがんだ性的人間像をつくり上げていってしまっているのが実態である。私たち支援者もコミュニケーションの仕方や人間関係のあり方を学ぶ機会が十分にできないまま知的障害のある人と接しているのが実態なのではないだろうか。

5　おわりに

　2005 年にスウェーデンのデイセンター（Grunden Media）から出された性や結婚に関するＤＶＤ[注34] や、2017 年に出されたスウェーデン性教育協会（RFSU）マルメ支部の『みんなのセックス』の動画もある。RFSU マルメ支部の動画は、Web サイトでも公開[注35] されている。これらのＤＶＤや動画の出演者は、支援者を除き全員が知的障害のある人である。

　Grunden Media の DVD は、結婚カップルのキスシーンから始まり、結婚パーティで終わるが、DVD の途中にはマスターベーション、恋愛、セックス、LGBTQ といった性に関するごく普通の出来事が盛り込まれ、音楽に合わせてユーモラスに描いている。このＤＶＤを見ていると、次のようなメッセージが伝わってくる。

　　私たちが願っているのは、本当に普通の生活を送りたいということです。仕事をする、学校に行く、生活をする、そしてお金を稼いで自分の家庭をつくる、自分たちの子どもの世話をする、そういうことを願っています。[注36]

RFSU マルメ支部の動画は、成人教育用テキスト『みんなのセックス』を使いながら、楽しそうにコンドーム装着の練習をし、テキストに描かれているイラストカード（セックスの仕方も含む）を使用しながら自分たちの性的経験を伝え合っている様子などが紹介されている。

　これらの DVD や動画を見ていると、筆者がかつて行っていた「セクシュアリティ講座」の内容とは質的にも量的にもまったく異なるものであることに気づかされ、愕然とする。

　知的障害のある人の性に関する事柄は、すべての人に関係する重要な問題であるにもかかわらず、偏見や誤解または情報不足から、これまであまり問題にされてこなかった。むしろ、無視され、時として迫害されてきた。しかし、時代は大きく変わってきた。知的障害のある人に対する否定的なものの考え方や性に対する物理的・心理的障壁と偏見や誤解を取り除き、性や結婚の権利を獲得していくことが早急に求められているのである。

　豊かな性的営みを経験するためには、まず自分のからだや相手のからだについての理解を深める必要がある。セックス（性交）についても知っておく必要がある。余暇活動や生涯にわたる性教育を通して趣味や活動の輪を広げ、情報を得て、コミュニケーションの輪を広げていくことも大切なことである。そのために、やさしく書かれたテキストや視聴覚教材、使いやすい教材・教具の開発が必要になってくる。タッチングなど人のぬくもりを直接伝えることのできる実際的な方法の検討や教材・教具の開発も必要になってくる。

　性や結婚に関する支援を有効に進めるためには、支援者研修も欠かせない。知的障害のある人の性を肯定的に受け止めるにはどうしたらよいのか、支援を提供する際どのような支援が効果的なのかを学ぶことが、性に関する支援を有効に進めるために必要だからである。

　多くの知的障害のある若者は、好きな人との交際を望み、性的体験を求め、温かな人との触れ合いを求めている。好きな人との関係を築きながら、結婚をし、家庭をもって幸せになりたい、安定した関係をもちたいと望んでいる。今後、そうした彼らの思いや願いを受け止め、自然に醸成される性的環境や、生涯にわたる豊かな性に関する情報提供の機会を用意し、リアルな体験も含めた社会的に性を支援するための体制や実際的な場をつくり上げていく必要性がある。

注

1 Skolverket, 2014, Sex-och samlevnadsundervisning i särskolan: Jämställdhet, sexualitet och relationer i grundsärskolan och grundsärskolans inriktning träningsskola, samt gymnasiesärskolans nationella och individuella program.

2 RFUB: Riksförbundet för utvecklingsstörda barn, ungdomar och vuxna.

3 Studieforbundet Vuxenskolan.

4 RFSU: Riksförbundet för sexuell upplysning.

5 RFSU Malmö och Grunden Malmö, 2017, Sex För Alla.

6 新里宏二「旧優生保護法は違憲、しかし、請求は棄却」『季刊福祉労働』第 164 号、106-112 頁、現代書館、2019 年。

なお、旧優生保護法と強制不妊手術問題（国家責任と損害賠償を求めて裁判所に提訴した動き）は、次のような記事が参考になる。

毎日新聞「「結婚近し、要不妊手術」申請書「22 歳女性　精神病　家族にも」都立病院元医師、差別の実態証言」2018 年 1 月 28 日。

毎日新聞「旧優生保護法：強制不妊手術、国を提訴　宮城の女性「尊厳侵害、違憲」」2018 年 1 月 30 日。

毎日新聞「強制不妊、実態把握を　北海道、きょう厚労省に要請」2018 年 2 月 27 日。

朝日新聞「不妊手術強制「人生返して」70 代男性、国を提訴へ」2018 年 3 月 26 日。

また、旧優生保護法と強制不妊手術問題：超党派の国会議員連盟の発足の動きは、次のような記事が参考になる。

毎日新聞「強制不妊、議連発足　超党派 20 人、議員立法視野」2018 年 3 月 6 日。

さらに、旧優生保護法と強制不妊手術問題（政府による被害の全国的な実態調査をする方針に関する記事）は、次のような文献が参考になる。

産経新聞「被害の実態、全国調査へ　政府転換、救済推進」2018 年 3 月 15 日。

7 七生養護学校性教育事件関連については、次の文献が詳しい。

金崎満『検証 七生養護学校事件―性教育攻撃と教員大量処分の真実』群青社、2005 年。

知的障がい児のための「こころとからだの学習」編集委員会 編『知的障がい児のための「こころとからだの学習」』明石書店、2006 年。

児玉勇二『性教育裁判―七生養護学校事件が残したもの』岩波ブックレット第 765 号、1-63 頁、2009 年。

なお、七生養護学校性教育事件前から、保守的な家族感をもつ国会議員らから性教育

への激しい批判が起きていた（朝日新聞「保守政治家らが批判 萎縮する現場」2023年11月29日朝刊2面）。また、2018年には、東京都議会で、東京都足立区立中学校における性教育の内容が不適切だ、と取り上げられた。

8 クラフト A.（河東田博他訳）「知的しょうがいとセクシュアリティ」（Craft, A., 1987, Mental Handicap and Sexuality : Issues for Individuals with a Mental Handicap, their Parents and Professionals. In Craft A (ed) Mental Handicap and Sexuality, Costello）『四国学院大学論集』第85号、201-226頁、1994年、202頁。

9 同上書、203頁。

10 同上書、202頁。

11 The Swedish Sterilization Act in 1941.
　本法は、The Swedish Sterilization Act in 1934 の改正法である。

12 読売新聞（1997年9月2日）。他、主要各紙等でも大々的に取り上げられていた。

13 各国で行われていた強制不妊手術の実態を報道した読売新聞（1997年9月2日）からの引用である。
　なお、スイス（1928〜?、1,000人）やオーストリア（知的障害女性の70%）など、実施期間や推定人数が不明なものは、記載しなかった。

14 前掲書（Craft, 1987＝河東田他 1994）を要約したものだが、ヴォルフェンスベルガーは、逆説的に次のように記している。たとえば、
　「精神遅滞ではなく、身体的に健康な人々のなかにさえ、セックスだけを求め、思慮がなく、役立たずで、浮ついていて、愛情に満ちた関係を継続できない人々はたくさんいる。（中略）もし法的な結婚が、障害をもたない市民に認められる行為であるなら、障害者にも認められなければならない（中略）障害児を生む可能性があるかどうか、子どもをきちんと育てられるかどうか、あるいはその子を経済的に扶養できるかどうかなどの条件を、私たちの社会では、結婚や出産についての前提とはしていない。（中略）障害（通常は精神遅滞）に対する私たちの態度こそがそれをつくっているのである」（Wolfensbrger, W., 1981, The Principle of Normalization in Human Services. National Institute on Mental Retardation. ＝中園康夫・清水貞夫編訳『ノーマリゼーション－社会福祉サービスの本音』学苑社、1982年、259-260頁）

15 毎日新聞1993年6月12日朝刊「障害者子宮摘出の教授語る「後ろめたさ ない」」、他同年6月13日、同年6月16日、同年6月18日、同年6月27日、同年7月15日、同年9月5日を参照。

16 糸賀一雄「堕ちゆくもの－春枝のかなしみ」『近江学園年報』、第7号、1955年。

17 『手をつなぐ親たち』は、全日本精神薄弱者育成会（現全日本手をつなぐ育成会連合会）の機関誌（月刊）。

18 『愛護』（現『さぽーと』）は、日本知的障害者福祉協会の機関誌（月刊誌）。

19 『精神薄弱児研究』は、全日本特殊教育研究連盟（現全日本特別支援教育研究連盟）が編集した機関誌（月刊）で、日本文化科学社から発行されていた。1985年『発達の遅れと教育』に改めた。

20 『現代性教育研究』（現『現代性教育研究ジャーナル』）は、日本性教育協会の機関誌（月刊）。

21 1976年に刊行された書籍（大井清吉、小杉長平、河東田博編『ちえ遅れの子の性と結婚の指導』日本文化科学社）の扉に、編者らは、「どんなに重いちえ遅れの子も、結婚し、幸福な家庭生活をきずいてくれるよう願い、そのために親と教師が、親と指導員が、保母が、何をしなければならないのかを考えながら編集しました」と記した。

22 東京：障害児性教育研究会（現日本障害児性教育研究会）。
  大阪：関西障害児性教育研究会。

23 Nirje, B., 1969, The normalization principle and its human management implications. In R. Kugel and W. Wolfensberger (eds.), Changing patterns in residential services for the mentally retarded. Washington, D.C.: President's Committee on Mental Retardation.（＝河東田博他訳編『ノーマライゼーションの原理』現代書館、1998年、27頁。）

24 Bank-Mikkelsen, N. E., 1976, The principle of normalization. In B. Nielsen (Ed.), Flash 2 on the Danish National Service for the mentally retarded. Copenhagen: Personal Trainig School, Copenhagen.（＝中園康夫訳「ノーマリゼーションの原理」『四国学院大学論集』第42号、1978年、153頁。）

25 前掲書（小杉ら、1976年）元特別支援学校（養護学校）長・室橋正明の論文に、ちえ遅れの子の性と結婚を考える会(障害児性教育研究会を経て現日本障害児性教育研究会)機関誌『ちえ遅れの子の性と結婚』1977年7月号で、当時東京学芸大学教授の大井清吉が室橋論文を批判する論文を載せたことに端を発している。

26 2005年5月8日付毎日新聞「埼玉の知的障害者施設：男女の行き来夜間は遮断を」。
  両性混住のグループホームをつくろうとする際、2005年まで存在していた「知的障害者福祉法」第9条等が、「成人知的障害者入所施設の居室は、男子用と女子用を別に設け、かつその間の通路は、夜間は通行できないように遮断できるものであること」という条項による行政改善指導が実際に行われていた。

27 長崎・障害児への性教育を考える会『イラストでわかる養護学校の性教育事典』明治図書出版、1996年、他。

28 1998年10月1日に徳島で行われた「第36回全国知的障害関係施設職員研究大会」分科会で、社会福祉法人仙台手をつなぐ育成会工房けやきの所長（当時）千葉澄子さんが、

日中活動にセクシュアリティ教育を組み込んだ事例を報告していた。

29 増山育子・黒瀬清隆編　南正子・黒瀬久美子『楽しい性教育——手作り教材のつくり方・いかし方』ハートブレイク、2002年。

30 山根竜輔・村井誓子・河野和代・河東田博「知的障害とセクシュアリティ」『心身障害児（者）の地域福祉体制に関する総合的研究』（平成5年度厚生省心身障害研究高松班研究報告書、研究代表者：高松鶴吉）、251-270頁、1994年。

31 平井威・「ぶ〜け」共同研究プロジェクト『ぶ〜けを手わたす—知的障害者の恋愛・結婚・子育て』学術研究出版、2016年。
近年話題を呼んでいる社会福祉法人南高愛隣会結婚推進室「ぶ〜け」の取り組みを紹介した書籍である。

32 障害者就業・生活支援センターなどで日常的に妻たちのサークルをつくる試みなどが、次の文献で報告されている。
小林繁市他「知的障害者の結婚生活支援のあり方に関する研究」障害者の福祉を語る志の会編『障害のある人々の結婚・就労・くらしに関する研究』2004年度日本財団助成事業研究報告書、2005年。

33 河東田博「性の権利と性をめぐる諸問題」（123-145頁）松友了編著『知的障害者の人権』明石書店、1999年。

34 ＤＶＤは『Klick』という題で、2005年に、Grunden Media, Sweden が作成した。

35 https://www.rfsu.se/vad-vi-gor/nara-dig/lokalforeningar/rfsu-malmo/sexforalla/ にアクセスすると、コンドームの知識に関する動画（Film Kondomkunskap）や対人関係に関する動画（Film Relationskunskap）を閲覧することができる。

36 2005年11月3日に立教大学で行われた国際フォーラム「みて、きいて、はなしあおう、元気の出る話」でスウェーデンのジェーン・ハルビさんが発言した内容である。詳しくは、下記文献を参照のこと。
河東田博監修『福祉先進国に学ぶ　しょうがい者政策と当事者参画』現代書館、136頁、2006年。

第2章
知的障害のある人の性がなぜ社会的に奪われてきたのか

1　はじめに

　かつて、知的障害のある人に対して、「体が成長しても性的には成熟しない。もし仮に、性的に成熟しても、彼らには、性的成熟を統御できる力がない（または、弱い）。彼らには、結婚生活を維持できる能力がない。彼らには、子どもを育てる能力がない。彼らに性の知識を与えると、性の加害者になるのではないか」[注1]という性に対する差別や偏見が存在していた。また、親や家族の心配や不安が、わが子の性や結婚を必要以上に消極的・否定的なものにし、専門家でさえも、①経済生活が確立されているかどうか②生活処理能力③性の問題：早期からの性指導の必要性④出産・育児の問題：周囲の援助の必要性、という条件をクリアした場合のみ結婚を認めるべきではないかという見解[注2]を示していた。こうした知的障害のある人の性や結婚に対する心配や不安、条件付けは、津田英二の言葉を借りれば、「障害者の行為能力の限界を予め規定してしまう強制力（中略）我々の心と体にしみついていて、視線や言葉づかいなどに端的に表れる（中略）何気ない差別意識」[注3]ということになる。

　一方で、知的障害のある人自身が、子育てに関して、「親としての立場をこなすことが困難」で、「子どもの世話や養育に不適当であるということを自己認識」しており、「子どもの養育に関して一定の恐れを経験」し、「さまざまな困難がまちうけている」が、それでも「親になりたい」と思っていたことを示す文献[注4]も存在していた。この文献は、歴史的・社会的に培われた何げない差別や偏見により苦しめられ、心身の成長や性への関心をもたないように制限され、交際・恋愛・同棲／結婚などの社会的経験を積み重ねることをも制限されてきた知的障害のある人の置かれている実態を示していた。一方で、行政と

して、社会的にどのような支援を用意し、提供することができるのかを検討しようというものでもあった。しかし、この文献で取り上げられていた取り組みは、公的支援の調整のまずさや不十分さなどにより結論を見い出せずに終わっていた^{注5)}。

今後どのような形で社会的支援の連携や支援策を構築していったらよいのかを探るためにも、まずは、知的障害のある人が「性的人間として生きる」ことを、なぜ社会的に奪われてきたのかに焦点を当てて検討していこうと思う。

2 「性的人間として生きる」ことを社会的に奪われてきた人たち

日本国憲法^{注6)}前文では、自由と平和を希求し、「平和のうちに生存する権利を有すること」を高らかに謳っている。その下に、以下のような様々な権利に関する条項が設けられている。人が生まれながらにもっている性に関する権利も、これらの諸権利の中に含まれているのは当然のことである。

第11条 国民は、すべての基本的人権の享有を妨げられない。この憲法が国民に保障する基本的人権は、侵すことのできない永久の権利として、現在及び将来の国民に与へられる。

第13条 すべて国民は、個人として尊重される。生命、自由及び幸福追求に対する国民の権利については、公共の福祉に反しない限り、立法その他の国政の上で、最大の尊重を必要とする。

第14条 1.すべて国民は、法の下に平等であつて、人種、信条、性別、社会的身分又は門地により、政治的、経済的又は社会的関係において、差別されない。

第25条 1.すべて国民は、健康で文化的な最低限度の生活を営む権利を有する。

しかし、憲法に保障されているはずの性的権利を含む諸権利が保障されず、むしろ侵害されている事例が数多く見られる。権利侵害事例は、養護者・福祉

従事者・使用者・就学関係者等、立場の強い人が立場の弱い人に対して行う身体的・心理的・性的・経済的虐待・ネグレクトや暴力的行為や言動によって引き起こされている。一方で、私たちも関係者の一人として無意識のうちに彼らの権利侵害に加担しているのではないかと、ヴォルフェンスベルガーが次のように指摘している。

　　私たちはすべて「万人は平等である」と信じている。それでいながらたいへんな差別をしている。だが、そうだとは認めにくいということで実感しない。対人処遇サービスでは、私たちはサービスを提供しているといいながら、平気で非人間的なことを行っている。それでいながら、それを否定する。[注7)]

　このことを裏打ちするかのごとく、じつに多くの権利侵害の実態があることをメディアを通して知ることができる。たとえば、以下のような優生思想にもとづく出来事もその一つであり、私たちが公然と行ってきた社会的権利侵害ということができる。

　　女性障害者の正常な子宮を、生理の介助が大変という理由で摘出している実態が 11 日明らかになった。そこには障害者を人として認めない優生思想、施設の管理主義の発想があり、人権への配慮がない、との批判がある。[注8)]

　同様に、福祉先進国で、国がかりで強制不妊手術を行っていたことを報じた報道もあった。

　　スウェーデンの歴代政権が、より優秀なスウェーデン人をつくりだすためとして、1935 年から 76 年にかけて、ひそかに六万人の男女に強制的な不妊手術を行っていたことが明らかになり、国民に衝撃を与えている。（中略）こうした手術の根拠となった断種法は「劣った人」や「多産の独身女性」「異常者」「ジプシー」などを社会から一掃する目的で、不妊手術を受けさせるべきかどうかの決定権を医師または裁判所に与えていた。[注9)]

この報道で言及されている「劣った人」や「異常者」「ジプシー」とは、知的障害のある人やハンセン病者などを含む社会的弱者のことを指している。これは社会的弱者への明らかな差別であり、差別が社会的排除や抹殺につながることを意味している。差別の被害に遭った人たちは、「いまの　じぶんたちをまもるために、人生の　ほぼすべてをかけて　たたかって　きました」[注10]と訴えている。

　当事者の同意を得ることなく家族や関係者の意向や判断によって子宮摘出や強制不妊手術がなされていた問題は、人権侵害問題を通り越して犯罪行為ですらあった。残念なことに、こうした問題を人権侵害と認識している人たちは今日でも少ない。過去のこととはいえ、子宮摘出問題や強制不妊手術問題の背景にあるのは、知的障害のある人に対する社会的差別と社会的排除の実相と連帯・平等にもとづく社会保障制度が確立していないがゆえに生じる社会問題なのである。

　こうした社会問題を解決していくために、金永子は、たとえば在日朝鮮人が国からの補助金なしに独自に行っている様々な自助的福祉サービスの取り組みを「既存の社会福祉制度や施設、サービスに生かすことによって、「日本人」のサービスを「すべての人」のサービス（国民福祉から多民族・多文化共生福祉）に転換できるのではないだろうか」[注11]と提案している。この提案を拡大解釈するとあらゆる場・あらゆるものの決定に当事者（外国人、女性、子ども、高齢者、障害者等）が参画していくことの必要性に通ずる。そのためには、「さまざまな政策決定のプロセスや行政職員、民生委員への」[注12]あらゆる当事者の「登用と、日本人も含めた人材育成」[注13]が必要となる。このような多元主義的な取り組みが実現されれば、「性的人間として生きる」ことを奪われることなく、一人の人間として輝きながら性的存在として生きていくことができるに違いない。

　何人も「人」としてかけがえのない「生」を生きる権利を有しているにもかかわらず、「知的障害者」とレッテルが貼られるだけで、特別な目でその人たちを見てしまう私たちがおり、特別な目で見られてしまう彼ら彼女たちがいる。こうしたことは、たとえば、一般の人に「知的障害のある人に対するイメージは？」「知的障害のある人の性に対するイメージは？」「知的障害のある人の結

婚に対するイメージは？」と問いかけてみればすぐにわかることである。恐らくほとんどの人が「消極的」「否定的」なイメージをもって応えるはずである。私たちは、たとえ親でも関係者でも、知的障害のある人に対して消極的・否定的イメージをもっているということの自覚がまず必要なのではないだろうか。私たちは人を見下し、人を押しのけて生きる「差別的な人間」であることを自覚し、このような認識を少しずつ変えていく努力の中にこそ「人」としての成長を見ることができるのではないだろうか。

　障害のある人はなぜ性的権利侵害や性暴力に直面させられ、回復しがたい心の傷を負い、「性的人間として生きる」ことを奪われてしまうのであろうか。

3　逸脱者とレッテルを貼られ「性的人間として生きる」ことを社会的に奪われてきた

「逸脱」は、ヴォルフェンスベルガーによって「比較的重要と考えられる側面について、他者ときわめてはっきり差異があり、それが否定的に値ぶみされる」[注14] と定義されている。逸脱していると思われている人には、主要な八つの歴史的・社会的役割（疑似人間としての逸脱した人、脅威としての逸脱した人、恐怖の対象としての逸脱した人、病人としての逸脱した人、嘲笑の対象としての逸脱した人、憐れみの対象としての逸脱した人、永遠の子としての逸脱した人、聖なる子としての逸脱した人）[注15] が担わされていた。そして、「一定の役割が特別に与えられ」[注16]、「社会の主流から隔離されて周辺に置かれ」[注17] てしまうなどの社会的仕打ちが行われていた。たとえば、

　　私たちはインディアンを保護地区に、黒人をゲットーに隔離している。老人は特別に養護ホームに集められていて、（中略）ホームそのものは人口中心地の郊外、遠隔の地にしばしば設置されている。情緒障害者や精神遅滞者は、はるか離れた郊外の施設に収容されるのが普通である。そして、人間としての終局的な逸脱のもたらす不快をさけるために、病院には"死の病棟"もあったし、現在もある。[注18]

このような社会的仕打ちは、差別や偏見と表裏一体のものであり、世界の至るところで散見されていたできごとでもあった。とりわけ知的障害のある人に対しては、公然となされてきた。ニィリエは、1960年代のアメリカの障害者施設の実態を次のように記している。

　いわゆる良いと言われている収容棟・家屋・居住区画でさえ大きすぎ、明らかに鮨詰め状態で、職員不足なのである。寝室は、たいてい30～40人定員として設計されており、二つの寝室に分かれて寝るとしても、居住者は一つのデイルームを一緒に利用しなければならない。真新しい施設であっても、寝室が壁一枚で28人ずつの二つの区画に分けられているというのを見たことがある。しばしば、児童対象なのか、成人対象なのか、最重度対象なのか、軽度対象なのか、といったことにかかわりなく、あらゆる建物が同じ構造から成っているのである。
　こうした状態は、個人間の交流さえほとんど不可能な最低限度の社会的生活を想定したものである。そこには、プライバシーは全く存在せず、個人的な事柄は全くなし得ない。そのような収容棟は、ただ人間性の無視と非個人的な生活状態を提供するにとどまる。こうした収容棟に住む人は、名前も番号も持たずに、個性を喪失するような状態にいると思われる。^{注19）}

日本の障害者施設の実態は、どうであっただろう。昨今の入所施設は個室が保障されるなど、そのありさまは大きく変わってきているが、今なおかつての入所施設と本質的には変わらない実態が続いているといっても過言ではない。以下に紹介するのは、解体されるはずだったが今なお存続している著名な入所施設における2003年7月に行った訪問・観察記録である。

　利用者の居室は、ほとんどが2～4人の雑居部屋である。「個室」と呼べる部屋は一つきりで、扉のガラスにはレースのカーテンがついており、鍵がかけられている。中をそっと覗くと、テレビやラジカセ、本棚、漫画、ソファーなどが持ち込まれており、それなりの雰囲気を持った部屋になっている。
　しかしそのほかの雑居部屋の入り口は開け放たれ、簡素なベッドやソ

ファー（ベッド）が置かれている。パーテーション代わりにたんすを置いて、何とか個人のスペースを作ろうとしている様子が窺えるが、部屋内に装飾品もなく、無機質で貧相な住環境である。利用者の持ち物らしきものは、数人を除いてほとんどない。衣類は別室に集められており、その部屋には鍵がかけられている。

　トイレ内は、扉のない個室、カーテンで仕切られた個室、目隠しにならない上下から覗ける扉のついた個室がある。トイレットペーパーは見当たらない。利用状況を見ていると、誰も手を洗わないし、スタッフに手洗いを促されてもいない。唯一聞いたスタッフの声かけは、「〇〇さん、ズボンは中に入ってから下ろしてください！」だった。[注20]

　ごく限られた閉鎖的な空間で暮らさざるを得ない人が今なお大勢おり、真っ当な人間として見られることはなく、「性的人間として生きる」ことを奪われ、絶望の淵にいる。彼らから「性的人間として生きる」ことを奪ってきたのは、紛れもなく社会であり、社会を構成する私たちである。閉鎖的空間での生活を経験をしてきた人たちは、次のように語る。私たちは、彼らが強いられてきた苦悩を思いやり、彼らの問いかけに真摯に耳を傾ける必要がある。

　　小さい頃、本当は親と一緒に暮らしたかったのに、入所施設に入れられた
　　何も悪いことをした覚えがないのに、入所施設にいくことが決まっていた
　　管理だらけの生活は、刑務所みたいだった。ずっと社会に出てみたかったけど、職員に「自分では何もできないでしょ」「自分でできるようになってから」と反対されつづけた[注21]

　　社会に出てみたかった
　　自分で決めて、自分でやりたかった
　　地域の人と関係をもてるようにした方がいい
　　地域でのびのびしたらいいんじゃないですか
　　地域に出よう
　　ぼくたちもがんばります[注22]

彼らの語りや訴えから、社会の中で懸命に生きている知的障害のある人の姿が目に浮かぶ。同時に、一人ひとり違っていていいと考え、自分の人生を精一杯一人のかけがえのない人間として生きていこうとする当事者像も浮かんでくる。また、私たちは、入所施設で暮らしながらも、社会に出て暮らすことを夢見て、人に恋し、人を愛し、愛する人と共に過ごすというごくあたり前の「性的人間として生きたい」という思いを持ち続け、ついに実現させた人がいることも忘れてはならない。

4　知的障害のある人はなぜ「性的人間として生きる」ことを社会的に奪われてきたのか

　津田は、「障害者差別解放過程の理論化のために」の中で、次のように述べている。

　　何気ない差別意識は、我々の心と体にしみついていて、視線や言葉づかいなどに端的に表れる。こうした視線や言葉づかいに現れる差別意識は、多分に無知や偏見と密接に関連している。[注23]

　津田は、また、次のように続ける。

　　相手を無知や偏見ゆえに畏怖し、なるべく自分から遠ざけておこうとする行為は、差別の基本的な要因となっているように思われる。（中略）人々が差別の対象者を遠ざけようとし、実際に遠ざけることで無知や偏見が生じ、逆にその無知や偏見によって差別が強化されるという循環関係として捉えられなければならないからだ。[注24]

　そのうえで、津田は、「差別」の発生過程の循環とその本質を次のように提示する。

差別する意識→排除しようとする意識→無関心の奨励→無知・偏見→差別の強化、こういった循環を、差別現象の本質の一側面として考えることができるだろう。そしてこの循環こそが、思い込みを氷解させる人間的な直接的関係の形成を阻害しているのだ。[注25)]

　社会の成り立ちは、人間関係の成り立ちである。人と人、他者と自分との相互関係の中で人間関係は成り立っている。もし私たちが「差別の循環」という人間関係の成り立ちの中に組み込まれているとするなら、弱い立場の知的障害のある人は、容易に「性的人間として生きる」ことを奪われてしまうに違いない。「差別の循環」のもとになっている「差別する意識」は、「まなざし」を通して瞬時に「違いを識別」してしまうことを、栗原彬は次のように述べる。

　　はじめにまなざしがある。まなざしが他者に注がれて自己との違いを識別する。ちがいを認めたまなざしは自分自身へ投げ返される。そのつどの状況の中で、他者に投げられたまなざしは、瞬時に、そのつどの自他のアイデンティを振り分ける。
　　しかし、まなざしはちがいの識別にとどまらず、その先に行く。まなざしは、その違いに力関係をもちこむ。上下、優劣、貴賎、正常－異常、中心－周縁、完全－欠如。いずれにせよ、まなざしは、一方のアイデンティには価値付与的に、他方のアイデンティには価値剥奪的に働く。まなざしが権力的関係をつくり出し、そのことが関係の両端にある人間の総体を傾斜的に、非対称的に規定するとき差別が完成する。[注26)]

　まなざしによって他者にある価値を付与し、それが剥奪的に働き、他者との間に否定的な障壁ができてしまうと、他者に対してなんらかの意識や態度が生まれ、人としての関係形成すらも危うくし、他者を見下し、容易に差別が形成されてしまう。このことを津田は、障害のある人を例に挙げ、次のように述べている。

障害者は、男女間の、いや同性間でさえ、生き生きとした人間関係を形成することが難しくさせられている。（中略）障害者は生き生きと生活することを構造的に奪われているのだといえる。[注27]

　津田の言う「生き生きと生活することを構造的に奪われている」ことと、知的障害のある人が「性的人間として生きることを社会的に奪われている」こととは同義と見てよいであろう。
　津田は、「障害者差別の諸局面」の「行為」の項で、差別現象には「差別する意識→排除しようとする意識→無関心の奨励→無知・偏見→差別の強化」のような循環が見られるとした。もちろん現社会には、「共生意識」を持ち続けている人も、「出会い」を重ねながら「共生体験」をしている人も少なからず存在している。しかし、神奈川県相模原市の津久井やまゆり園で植松聖死刑囚が起こした大量殺傷事件のように、いまだに差別・排除意識をもち続けている人がおり、知的障害のある人が「性的人間として生きる」ことを認めようとしない人たちがいる。一方で、このような意識は、私たちの心の中にも巣食っているかもしれない。内在化された無意識の「差別意識」を「強化」し、その循環の中に私たちが置かれているということに私たちは気づく必要があるだろう。知的障害のある人にとっては、とても受け入れることのできない「差別の循環」であり、このような「差別の循環」こそが、知的障害のある人から「性的人間として生きる」ことを奪ってしまう歴史的・社会的差別や排除の実相ということができる。このような私たちが無意識のうちにつくり出している「差別の循環」こそが、様々な権利侵害を引き起こし、権利侵害発生の要因やメカニズムとなっているのではないだろうか。
　権利侵害を受ける立場に立たされることの多い障害当事者が、歴史的・社会的差別や排除の実態の渦中にいたことを、アドルフ・ラツカは次のように表現している。

　ディスアビリティ当事者として、私たちは、どの国に住んでいるかを問わずに、常に二流の市民であった。教育、雇用、住宅や交通、社会における政治・文化・経済生活に関していつでも、どこでも、私たちは他の市民と同じ

選択を持たされずにきた。（中略）

　私たちが二流の市民というのには、多くの理由がある。一つには、社会がすべての市民にはつくられていないからである。社会は人口の約10%にあたる人々を常に差別しているが、これはみな、何らかのディスアビリティを持つ人々である。私たちは、住宅に住み、仕事を得、社会的・文化的に活動することを、身体と態度の障壁を設けて否定されている。

　私たちは、歴史を通じて、圧力を受けてきた。（中略）

　私たちが二流の市民であるもう一つの理由は、私たちの多くが、技術的援助、住宅改造、およびパーソナル・アシスタンスのような援助サービスを必要とするからである。これらのサービスが存在しておらず、また不十分なサービスしか受けられないところでは、私たちは平等な機会を得ることができず、永久依存を宣告されているようなものである。私たちの多くが施設に収容されて、このような機会を逸し、人間としての成長を妨げられ阻害された生活を運命づけられている。（中略）

　私たちの多くがなぜ依存しているのかの第三の理由は、私たちが小さい子どもの頃から次のように洗脳されてきているからである。いわく、ディスアビリティ当事者はハンディがあり、社会に貢献できない、私たちの人生は生きるに値しないと。私たちの多くが、このようなことを信じ込まされてきたのである。[注28]

　ラツカは、障害当事者が「性的人間として生きる」ことを社会的に奪われ、二流の市民として位置づけられてきた事実を、自らの体験を通して余すことなく短い言葉で的確に表現している。障害当事者のまわりにいる人たちに対してだけでなく、組織的・体系的に形づくられた社会システムに対しても批判的な鋭い目を向けている。

5　おわりに──「誰もが性的人間として生きる」

これまで知的障害のある人が歴史的・社会的に差別され排除され、逸脱者と

レッテルを貼られ、絶望の淵に追いやられ、「性的人間として生きる」ことを社会的に奪われてきたことを見てきた。しかし、それでもなお、彼らは、地域社会で、「性的人間として生きる」ことを夢見て、自分たちの夢を叶えようとする気持ちをもち続け、「性的人間として生きよう」としている。そこで、筆者たちが送った次のようなメッセージを、再度思い起こしてほしい。

　どんなに重いちえ遅れの子も、結婚し、幸福な家庭生活をきずいてくれるよう願い、そのために親と教師が、親と指導員が、保母が、何をしなければならないのかを考えながら編集しました。[注29)]

　このメッセージは、筆者たちが 1976 年に刊行した書籍の扉に記したものである。新しい時代の幕開けを告げるかのようなこの主張は、当時は実現性のない突拍子もない夢物語と批判された。しかし、この主張は「性的人間として生きる」ことを社会的に奪われてきた人たちへの応援のメッセージであり、夢を実現させるために、私たち支援者が「何をしなければならないのか」を一緒に考え、支援のあり方を検討し、実践化に向けて歩み出していこうと呼びかけたものだったように思う。この間、様々な支援のあり方が検討され、実践もされてきたが、浮かんでは消え浮かんでは消えの繰り返しであったため、残念ながら共通の認識と普遍的な取り組みとはなっていない。しかし、もうそろそろ共通の認識と普遍的な取り組みへの助走を始める時期に入っているのではないだろうか。

　ニィリエが 1965 年から FUB[注30)]で始めた「疎外された生活から解放され、自尊心を高め、自己イメージを変え、より豊かな意味のある人生を送る機会」[注31)]を提供するための社会生活トレーニングや「やさしい言葉で書かれた本」[注32)]や教材の開発も、59 年後の今日、世界各国の福祉・教育の分野で広く取り入れられ、実践されるようになってきている。また、ニィリエが 1972 年に提案した知的障害のある人の「自己決定の権利」[注33)]は、障害者権利条約[注34)]の採択（2006 年）・批准（2014 年）を通して、52 年後の今日、広く多くの人たちに浸透し、当然の権利として定着してきている。

　1970 年代に台頭してきたピープル・ファースト運動では、セルフ・アドヴォ

カシーという概念を使い、自分たちの権利を自分たちで擁護することの必要性を訴えてきた。

> 　じぶんにかんする権利をじぶんでまもるとは、じぶんのことを、じぶんで、はなし、じぶんで、こうどうすること、をいいます。じぶんにとって、なにがいちばんよいのかを、きめたり、そのためには、どうしたらよいのかを、考えることをいいます。つまり、人として、じぶんにかんする権利を、人につたえること、をいいます。^{注35)}

しかし、一方で、次のように、自助努力の必要性も強調している。

> 　じぶんの権利をじぶんでまもることができる人、になるには、べんきょうが、ひつようです。そのための、時間が、ひつようです。そのことを、おぼえておきましょう。さいしょは、しっぱいする、かもしれません。じぶんたちの、権利をつたえ、そのために、たちあがるのは、そう、かんたんなことでは、ありません。でも、がっかりしないでください。やりつづけましょう。あなたが、じぶんの権利をじぶんでまもることができる人、になるだけでなく、どうしたら、ほかの人たちも、じぶんの権利をじぶんでまもることができるようになるのかを、おしえてあげましょう。でも、それは、すぐに、かんたんに、できることではありません。^{注36)}

ピープル・ファーストのセルフ・アドヴォカシー概念は、知的障害のある人自身が社会であたり前に一人の人間として生きられる社会を、自分たちが主体的に動き、自分たちの意思と主張で創りあげていこうとする動きを導き出し、あらゆる場面での当事者参画をも導き出してきている。この概念の登場により、知的障害のある人が歴史的・社会的に排除・差別されてきた状況から抜け出し、社会の一員として受け止められるようにもなってきている。この概念を拠りどころに、やがて、あたり前に性的人間として生きられる社会を実現させることも可能になるような気がする。1960年代・1970年代当時の私たちの思いや願いが、知的障害のある人自身の動きを通して確実に浸透しているように感じて

いるのは、筆者だけであろうか。

注

1 Craft, A., 1987, Mental Handicap and Sexuality : Issues for Individuals with a Mental Handicap, their Parents and Professionals. In Craft A (ed.) Mental Handicap and Sexuality, Costello（＝河東田博他訳「知的しょうがいとセクシュアリティ」『四国学院大学論集』第 85 号、201-226 頁、1994 年、202 頁）

2 1976 年に刊行された書籍（小杉長平、大井清吉、河東田博編『ちえ遅れの子の性と結婚の指導』日本文化科学社）に収載の元特別支援学校（養護学校）長・室橋正明の論文（129-131 頁）に記載されていた。

3 津田英二「障害者差別解放過程の理論化のために」『生涯学習・社会教育学研究』第 20 号、31-39 頁、1996 年、34 頁。

4 ストックホルム「ちえ遅れ両親に関するプロジェクト・レポート」（Rapport från projektet Utvecklingsstörd som föräldrar: Stockholms landsting, 1983 年）。
   このレポートは、1979 年スウェーデン全国日刊紙上で「ちえ遅れの親たちは子どもをもつべきではない」「ちえ遅れの親たちも子どもをもってもよい」という 1 年にわたる論争を受けて、ストックホルム県が行った「ちえ遅れ両親に関する実態調査」結果報告書である。

5 小比賀鈴子・河東田博「スウェーデンと日本の性教育と福祉」現代性教育研究月報 第 2 巻、第 12 号、3 頁、1984 年。

6 日本国憲法（Constitution of Japan）は 1946 年 11 月 3 日公布。1947 年 5 月 3 日施行。憲法は、国民の権利・自由を守るために、国民が定めた最高法規（日本弁護士連合会ホームページ　https://www.nichibenren.or.jp/）。

7 Wolfensberger. W., 1972, The principle of normalization in human services, National Institute on Mental Retardation.（＝中園康夫・清水貞夫編訳『ノーマリゼーション−社会福祉サービスの本質』学苑社、25 頁、1982 年。）

8 毎日新聞「障害者子宮摘出の教授語る「後ろめたさ　ない」」1993 年 6 月 12 日。

9 読売新聞「スウェーデン、6 万人に強制不妊手術？」1997 年 8 月 26 日。

10 Worrell, B., 1988, People First: Leadership Training Manual. National People First Project.（＝河東田博 訳『ピープル・ファースト：当事者活動のてびき』現代書館、2010 年。「第 2 部 リーダーになる人のために」として所収、104 頁。）

11 金永子「多民族・多文化共生福祉の創造」日本社会福祉学会第 54 回全国大会報告要旨集、26-27 頁、2006 年 10 月 7 日（立教大学）、27 頁。

12 同上書、27頁。

13 同上書。

14 前掲書（＝中園・清水、1982年）、26頁。

15 同上書、97頁。

16 同上書、32頁。

17 同上書、45頁。

18 同上書。

19 Nirje, B., 1969, The normalization principle and its human management implications. In R.Kugel、and W.Wolfensberger,(Eds.), Changing patterns in residential services for the mentally retarded.Washington, D.C.: President's Committee on Mental Retardation. （＝河東田博他訳編『ノーマライゼーションの原理』現代書館、1998年、27頁。）

20 厚生労働科学研究費補助金（障害保健福祉総合研究事業）2003年度総括研究報告書『障害者本人支援の在り方と地域生活支援システムに関する研究』（主任研究者　河東田博）2004年、63-64頁。

21 ピープルファースト東久留米編『知的障害者が入所施設ではなく地域で暮らすための本－当事者と支援者のためのマニュアル』生活書院、2007年（83-84頁）。

22 同上書、1頁。

23 前掲書（津田、1996年）、34頁。

24 同上書。

25 同上書。

26 栗原彬「差別とまなざし」栗原彬編『日本社会の差別構造』弘文堂、1996年（13頁）。

27 前掲書（津田、1996年）、32頁。

28 この長い引用は、アドルフ・ラツカが、下記訳書を出版した際、「日本の読者の皆さんへ」の中で記したものである。
Ratzka,D. A., 1986, Independent Living and Attendant Care in Sweden: A Consumer Perspective. World Rehabilitation Fund（＝河東田博・古関－ダール・瑞穂訳『スウェーデンにおける自立生活とパーソナル・アシスタンス』現代書館、1991年。）

29 小杉長平、大井清吉、河東田博編『ちえ遅れの子の性と結婚の指導』日本文化科学社、1976年。

30 FUB: Riksförbundet för barn, unga och vuxna med utvecklingsstörning、スウェーデン知的障害児・若者・成人連盟。ベングト・ニィリエ（Bengt Nirje）は、ＦＵＢで1961年〜1970年事務局長を務めていた。

31 前掲書（＝河東田他、1998年）、44頁。

32 同上書、16 頁。

33 「自己決定の権利」は、もともと下記文献に所収され、世界の福祉関係者に大きな影響を与えた。

Nirje, B., 1972, The right to self-determination. In Wolfensberger, W., Normalization: The principle of normalization in human services. National Institute on Mental Retardation.

34 障害者権利条約：Convention on the Rights of Persons with Disabilities（日本政府公定訳では、「障害者の権利に関する条約」となっている）

この条約は「私たちのことを私たち抜きで決めないで（Nothing about us without us）」を合言葉に世界中の障害当事者が参加して策定され、2006 年に国連で採択、2014 年1月に日本政府が批准した（ＤＰＩ日本会議ホームページを参考に、一部修正した）。

35 前掲書（＝河東田、2010 年）、100 頁。

36 同上書、114 頁。

第3章
「誰もが性的人間として生きる」ためにはどうしたらよいのか

1　はじめに

　第1章では、知的障害のある人の性が社会的に奪われ、性を語ることすら認められず、「性的人間として生きる」ことができずにきたことを記した。第2章では、今後どのような形で社会的支援の連携や支援策をつくりあげていったらよいのかを探るために、知的障害のある人が「性的人間として生きる」ことをなぜ社会的に奪われてきたのかについて記した。
　第1章・第2章を振り返ってみると、知的障害のある人の性が明らかに社会的に奪われてきたものだったことがわかる。そこで、本章では、社会−性的なできごとが歴史的・社会的に奪われてきたことを改めて確認し、「性的共生」にどう向かっていったらよいのか、つまり、「誰もが性的人間として生きる」ためにはどうしたらよいのかを検討していくことにする。

2　「誰もが性的人間として生きる」ための「性的共生社会」構想

　長きにわたる社会的・歴史的な経過や変化の中で、知的障害のある人は、誰からも顧みられることなく切り捨てられ、迫害され、虐げられてきた長い時期があった。しかし、人は、本来、誰であれ、どこにいても大切にされ、「性的人間として生きる」権利をもっている。この権利は社会的な関係や人と人との性的な関係の中で育まれる営みだが、一方で、ある特定の人やグループを社会的に管理し、差別してきた歴史的事実がある。社会−性的な自由や平等を得たいと思っていても、性的な営みが社会によって妨げられ、排除されてきた人や

グループが実際に存在していたのである。

　社会的な人間としての諸関係をないものにし、「性的人間として生きる」ことを奪われ、人間性をも否定されてしまう時代があった。こうした時代には、「優生思想」が見られ、「障害者無性論」（「無性の存在」という障害者観）も当然視されていた。人里離れた入所施設に隔離され、性的行動を見つけられると厳しく罰せられていたことも、恋愛・男女交際・結婚が禁止されていたことも、同意なしで強制的に不妊手術（子宮摘出・卵管／精管結紮等）をさせられてきたことも、公然と行われていた。

　つまり、ある特定の人や集団を管理し、社会－性的な営みを否定的に価値づけることによって、性的差別の対象とし、知的障害のある人のような社会的に弱い立場にある人の性的権利をことごとく奪い取り、性的に管理し、排除していったのである。その結果、知的障害のある人を意識的に排除してしまう行為や思い込み（知的障害のある人は体が成長しても性的には成熟しない。もし仮に性的に成熟しても、彼らには、性的成熟を統御できる力がない。彼らには、結婚生活を維持できる能力がない。彼らには、子どもを育てる能力がない。彼らに性の知識を与えると、性の加害者になるのではないか、等）が社会的に正当化されてしまっていたのである。

　また、社会は、ある特定の人やグループの社会－性的な関係に違いを見つけ、否定的な価値を付与し、遠ざけ、管理し、ある特定の人やグループの動きを制約しようともする。そのいい例が、第1章で取り上げた1977年の結婚の条件をめぐる大井－室橋論争であった。大井清吉が示した結婚の条件は、新しい社会的価値観にもとづく斬新的な考え方であり、「性的共生」への呼び水となっていった。

　さらに、社会には、表面的には一人ひとりの知的障害のある人を大切にし、社会－性的に自由で、多様性があることを認めようとするが、社会の価値観やまわりの人たちを意識し、まわりの人たちとの間に違和感を感じ取ると、無意識のうちに偏見や差別的な目で見てしまうという特徴がある。近年、LGBTQ（Lesbian＝女性同性愛者、Gay＝男性同性愛者、Bisexual＝両性愛者、Transgender＝出生時に割り当てられた性別とジェンダー・アイデンティティが異なる人たち、Questioning＝性的指向と性自認が定まっていない人）などの性的少数者（知的障害の

ある人の中にも LGBTQ の人がいる）が徐々に市民権を獲得しつつある。しかし、性的少数者を性的多様性を有する一人の人として見るのではなく、私たちとは違う異質な人としてある特別な目で見てしまう傾向が根強く残っている。また、知的障害のある人は「障がいの無い人と同じように性を感じ、悩んで、喜びながら、自分の力、そして周りの力を活かして現実に立ち向かっている、一人の等身大の人間」[注1] であり、「複雑な感情と矛盾した側面を併せもった一人の人間として」[注2]、社会に適応しながら懸命に生きようとしている。私たち（親や家族、関係者も含め）は、洋の東西を問わず、社会の目を気にし、わが子（障害があるなしにかかわらず）に対して過保護、過干渉、過小評価の傾向があるが、このことが知的障害のある人の社会−性的な問題をより一層複雑にしていることに気づかされる。

　誰もが社会の一員として平等に受け入れられ、一人ひとりが大切にされ、共生的な社会−性的関係を構築しようとする。このような関係を構築しようとする中で、人と人とが出会い、その出会いが深められ、生き生きとした社会−性的関係が築かれていくようになる。こうした社会−性的に平等な関係を「性的共生社会」と呼ぶことにする。「性的共生社会」では、誰もが自由、かつ、平等で、一人ひとりのその人らしさや性的価値観が尊重され、社会−性的権利が擁護され、自発性が生まれ、知的探究心を満たすことができ、心地良さ・快適さ・喜び・安心感を得ることができ、個人的にも社会的にも性的に満足を得ることができるようになる。二人の先達（ニィリエとバンク−ミケルセン）は、「自然に男女が共に暮らすことにより、意欲が高まり、行動や環境をより良くする結果となる。（中略）結婚することでより良い生活を送ることになるかもしれない」（ニィリエ、1969 年）[注3] と考え、「結婚する権利、子どもを生む権利、および、たとえ結婚していなくても、また子どもをつくるのでなくても、性生活をいとなむ権利」（バンク−ミケルセン、1976 年）[注4] を有していると強調した。この二人の先達は、知的障害のある人の性的権利を概念的に整理し、「性的共生」、つまり、「誰もが性的人間として生きる」ことの正当性をいち早く私たちに示してくれていた。2019 年 5 月以降出続けている旧優生保護法違憲判決も、「性的共生社会」を目指そうとする動きの中でもたらされたものと解釈することができる。

さらに、坂爪真吾のように、2014年から3回にわたり「生と性のバリアフリーフォーラム」を主催し、「生と性のバリアフリー憲章」[注5]を定めるなど、「性的共生社会」構想を模索し始める人も出てきている。また、第2章で示したように、「性的共生社会」構想を推し進めていくためには、あらゆる検討・決定の場にあらゆる当事者（外国人、女性、子ども、高齢者、障害者、性的少数者等）が参画していくことも必要となる。様々な社会−性的な政策決定のプロセスに当事者が参画するだけではなく、参画に携わる人として当事者も登用される必要がある。当事者参画が実現されれば、知的障害のある人が一人の人間として輝きながら社会−性的な存在として共に生きていくことができるようになっていくに違いない。

3　知的障害のある人が「性的人間として生きる」ことへの挑戦

　ヴォルフ・ヴォルフェンスベルガーは、知的障害のある人が性的人間として生きるためには、社会福祉システムと密接不可分であることを次のように述べている。

　　例えば、若い女性が、男性とデートして、交際することを学ぶと、彼女はひとりの男性にひきつけられていく。やがて若いカップルは、性的関係をもつことを決め、寮母に避妊の指導を求める、（中略）間もなく少女は、相手の男性と同居し、国の精神遅滞者サービスシステムが、2人にアパートを提供する。最終的には、少女は結婚することになろう。彼女は子どもをもたないかもしれない。さらに社会−性的関係をもっているということで、精神遅滞者サービスがあわてることはない。彼女へのサービスは、変わることなく提供されつづけるのである。[注6]

　また、ヴォルフェンスベルガーは、「性についてのノーマリゼーション化」[注7]という言葉を使いながら、知的障害のある人が「性的人間として生きる」とはどういうことかを、次のように述べている。

スウェーデンの施設では、売店で春本を売っている。それは、地域社会の新聞売場でも入手可能なのだし、施設の居住者が、こうした状況に慣れていないと、後日地域社会でのリハビリテーションの時に、不適応を示すかもしれない、と考えているからである。

　若干のホステルでは、居住者の男性がヌード写真を通信販売で購入することが許されている。というのは、隠すよりもオープンにして、指導監督した方がいいと考えるからである。また、施設によっては、居住者のカップルが一緒に住むことが許され、場合によっては、２人のために小部屋が用意される。やがて、こうしたカップルは、結婚することも許されるであろう。[注8]

さらに、ヴォルフェンスベルガーは、次のようにも述べる。

　一般の文化で通常とみなされるセックスおよび社会－性的な権利や恩恵を、障害者にも可能なかぎり与えるような諸手段がとられるべきだ。[注9]

　サービスの点で明らかにいえることのひとつは、結婚した障害者のカップルのために、居住施設を考えなければならないことである。そして、少なくとも精神遅滞の分野では、原則的には分散した、小規模で専門化した、地域社会に統合された居住施設からなる住宅サービス・システムが将来開発されるべきである。[注10]

ヴォルフェンスベルガーが紹介したスカンジナビアでの取り組みは、スウェーデンのデイセンターから出されたマスターベーション、恋愛、結婚、セックス、LGBTQ といった性に関するごく普通のできごとが盛り込まれているＤＶＤ（グルンデン、2005 年）や、コンドームの装着の仕方やセックスの仕方などを知的障害のある人の性の経験をもとに記している成人教育用当事者向けテキスト（スウェーデン性教育協会マルメ支部『みんなのセックス』、2017 年）に活かされている。スカンジナビアでは、長年にわたる取り組みを通して、知的障害のある人が「性的人間として生きる」ことを社会福祉システムと連動させなが

ら社会的に後押しし続けていることがわかる。

　スカンジナビアでの取り組みほどではないにしろ、わが国でも知的障害のある人が「性的人間として生きる」ことへの挑戦を後押ししようとしてきたし、これからもなされていくであろう。そして、実際に、知的障害のある人が「性的人間として生きる」ことを後押しするための挑戦が数多くなされてきている。

　たとえば、特定非営利法人 UCHI（神奈川）や社会福祉法人愛育会障害者就業・生活支援センターわーくわく（徳島）、社会福祉法人南高愛隣会ぶ〜け（長崎）などで行われている当事者に寄り添いながら行っている挑戦である[注11]。UCHIでは「結婚や子育ては本人の意思決定支援の延長線上にあるという考え方」で支援をし、わーくわくでは「あくまでも生活支援の一環としての結婚・子育て支援というスタンス」で、ぶ〜けでは、「専門のセクションを立ち上げ、会員制で運営して」いる。また、妻たちのサークルをつくる挑戦もなされていた（第1章）。さらに、スキンシップ体験（マッサージ、手や体に触れる、抱き合う、キスをする等）を通してその時の気持ちを相手に伝え、体の変化に気づくなど、直接体験型の性教育実践（「何でも話してよい快適な場であること（個人の秘密も守られること）」「性に関して語ることに慣れること」「裸でいる、裸を見る（中略）裸に対する誤解・タブーをぬぐい去ること」「異性との出会い、触れ合いを積極的に経験すること」）などもなされていた（第1章・第11章）。

　こうした動きは、知的障害のある人が「性的人間として生きる」ことを後押しするための挑戦の数々である。「性的人間として生きる」ことの喜びや嬉しさを感じ、体得することを積極的に支援し、積極的に性や結婚の支援を行おうとする動きともいえる。しかし、これらは、大いなる挑戦ではあるものの、挑戦の域を抜け出てはいない。挑戦すべき課題が未だ数多く存在しているからである。そこで、次に、これらの課題とは何かについて、そのいくつかを見ていくことにする。

4　知的障害のある人が「性的人間として生きる」上での課題

（1）性に関する不十分な教育の実態をめぐる課題

　詳細は第Ⅲ部第8章に譲るが、2020年2月から3月にかけて行った、教育・福祉関係者に焦点をあてた知的障害のある人の性／性教育に関する全国アンケート調査[注12]で、特別支援学校ではもれなく性に関する教育を行っていたものの、就労支援事業所では大多数（75％）が性に関する教育を行っておらず、性に関する教育の継続性が図られていないことが改めて明らかになった。「改めて」と記したのには理由がある。今から30年ほど前に、類似の調査を行ったことがあるからである。

　類似の調査とは、1994年に行った特別支援学校（旧養護学校）高等部在籍者と卒業生とを対象にした調査のことである。この調査では、「家庭での性に関する教育ははなはだ不十分で、学校に依存して」[注13]おり、「学校では（中略）性の教育がそれなりに行われていたが、（中略）学校で教えられなかった事柄は、卒業してからも教えられずに分からないまま放置されていることが多く、（中略）卒業生は社会的経験を積み重ねる中で、性に関する情報をそれなりに入手し理解しているものの（中略）時には援助者から、時には職場の同僚から、さらにはメディアから断片的に入手しているにすぎなかった」[注14]ことが明らかになっていた。

　1994年の調査結果は、「生涯にわたる性教育」の重要性を示唆していたのだが、30年近く経った今でも「生涯にわたる性教育」がほとんどなされていないことを今回の調査は如実に示していた。

　新旧二つの性に関する調査結果や概要は、「学校性教育は、質的に十分と言えるか」という課題と「就労の場で性をどのように捉え、対応しようとしているか。対応していないとすると、それはなぜなのか。今後どうしていったらよいのか」という課題を浮かび上がらせていた。

（2）知的障害のある人の認知・理解の難しさをめぐる課題

　知的障害のある人の性に関する認知・理解の難しさに、多くの福祉現場の職員が悩みを抱えている実態も浮かび上がっている。実際、知的障害のある人の

性に関する認知・理解度を調べてみると、対象者の認知・理解の程度によって次のように三つに類型化[注15]（詳しくは第Ⅲ部第9章を参照）できることがわかってきている。

Ⅰ型：総じて認知・理解度が高いグループ。このグループでは、抽象的理解に応じることができており、社会－性的情報量が多い。

Ⅱ型：総じて提示する情報には反応するものの抽象的理解がやや苦手なグループ。このグループでは性に関する認知・理解が乏しいものの多様な認知・理解が示されており、社会的体験の積み重ねによって認知・理解を高めていくことができると思われる。

Ⅲ型：総じて認知・理解度が低いグループ。このグループでは、日常生活の中でよく見聞きし使われている健康や性に関する情報には反応するものの、抽象的理解が困難で、認知・理解を高めるための関わり方や補助教材・教具の工夫と開発がより一層求められる。

　この三つの類型は、学校を卒業してからも、仕事をしている今でも、恋愛関係にある人も、結婚し家庭生活を営んでいる人にも共通して見られている結果である。このことは、知的障害のある人の認知・理解の難しさや幅広さにどう対応していけば、性に関する情報を適切に提供していくことができるのか、彼らが「性的人間として生きる」ことをどう支援していくことができるのか、という課題を浮かび上がらせていた。

（3）情報操作や無知の再生産・性的誘惑・性的人間関係のゆがみ
   をめぐる課題

　第1章で取り上げたように、親（関係者である私たち）は、一般的に、わが子（障害があるなしにかかわらず）に対して過保護、過干渉、過小評価の傾向がある。親から子に対する社会－性的な情報提供も限られている。そのため、知的障害のある人は、無知のまま放置され、まわりから過小評価され、幼児視され、性から遠ざけられ、情報操作され、無知の再生産へと追いやられている。一方で、知的障害のある人のまわりには性に関する情報が無数に存在しており、

彼らを性的誘惑に導くあらゆる仕掛けが待ち受けている。

　このような環境の中で育った知的障害のある人は、物事をうまく処理できない自分に対してコンプレックスを感じ、性に対する不安や悩みを増幅させていくことになる。中には望まない妊娠をしたり、セックスレスになるカップルもいる。性についての無知はそういったカップルを生み出す要因ともなってしまう。

　毎日のようにメディアを通して流されるリアルで多様な性に関する情報を、知的障害のある人が入手できていないかというとそうではなく、誰も何も教えないから、自分で、数多くの情報をなんらかの形で入手し、隠し持っている。最近では、インターネットからリアルで具体的な性的情報や場面を無料で入手できるようにもなってきている。一方、親や関係者は、相変わらず過保護・心配性・過干渉で、子に「お利口さん」[注16]でいることを求め、リスクを冒す尊厳を妨げ、情報を遮断し、無知を再生産する役を担い続けている。何も伝えず無知のまま放置されているがゆえに、知的障害のある人は、理想と現実のギャップの中で様々な不安・悩み・葛藤を抱え、ますます情報処理ができなくなり、無知を再生産し、ゆがんだ性的人間像をつくり上げていってしまっているのが実態なのである。私たち支援者も、コミュニケーションの仕方や人間関係のあり方を学ぶ機会が十分にできないまま、知的障害のある人と接しているのが実態なのではないだろうか。

5　おわりに－知的障害のある人が性的人間として生きるために

　性に関する事柄はすべての人に関係する重要な問題であるにもかかわらず、偏見や誤解または情報不足から知的障害のある人の性に関して、これまであまり問題にしてこなかった。しかし、状況は大きく変わり、知的障害のある人に対する否定的なものの考え方や性に対する物理的・心理的障壁、偏見や誤解を取り除き、性や結婚の権利を認めようとする時代になってきた。

　50年近く前にヴォルフェンスベルガーは、「障害児を生む可能性があるかどうか、子どもをきちんと育てられるかどうか、あるいはその子を経済的に扶養

できるかどうかなどの条件（中略）結婚や出産を許すかどうかの基準は、実のところ、私たちの態度こそがそれをつくっているのである」注17) と指摘していた。そのうえで、私たちの心（目）に宿る差別的で否定的な障害者観を取り除き、「多くの軽度精神遅滞者や重度障害者のうちのある者は、社会が聖礼的な結婚に要求する必要条件を、おそらく満たすことができるだろう。その他の障害者も、"密接な" 関係をもつことが可能である。人間関係は未熟であっても、性関係を享受することができる人たち」注18) として知的障害のある人を見ていくことの必要性を強調していた。

　半世紀近く経った今日、考え方が大きく変わったと言えるかどうかはともかく、わが国では、坂爪のように、「障がいの有無にかかわらず、多くの人にとって性は一生を通して一番の関心事ではないでしょうか。初恋のときめきや初体験の緊張感、出産や育児で得られる感動や学びに、障がいの有無による違いはありません」注19) と、「生と性のバリアフリー」を主張し始める人が出てきている。坂爪は、さらに、「障がいのある人が人間らしく生きていく上で必要な最低限度の性の権利がきちんと保証されていること」注20) が必要であり、「理論は既に完成し（中略）実践のための方法や人材も揃いつつ」注21) あるとして、「適切な性教育と性の健康管理の二つが揃ってはじめて、障がいのある人が社会の中で異性（あるいは同性）のパートナーと出会い、恋愛やセックス、結婚に踏み出していくための土台を提供することができます。必要なのは（中略）当事者の自力での性的自立の達成、そして社会的自立の達成を支援することです。（中略）後はそれぞれの現場で、私たち一人ひとりが理論にもとづいた実践という名の「釘」を、一本ずつコツコツと打っていくだけです」注22) と主張し、実践の積み重ねを行ってきている。

　知的障害のある多くの人は、異性／同性との交際を望み、性的体験を求め、温かな人との触れ合いを求めている。異性／同性との関係を築きながら、同棲／結婚をし、家庭をもって幸せになりたい、安定した生活を送りたいと望んでいる。私たちは、今後、そうした彼らの思いや願いを受け止め、自然に醸成される的性環境や、生涯にわたる豊かな性に関する教育を用意し、リアルな体験も含めた社会的に性を支援するための体制や実際的な場をつくりあげていく必要がある。そして、さらに、もし私たちが知的障害のある人の性や結婚の権利

を受け止めて支援しようとするなら、ヴォルフェンスベルガーや坂爪がいうように、それらの権利を社会的に支えていくサービス^{注23)}を制度的に用意し、提供していく必要がある。そして、その時が来ているのである。それこそが「誰もが性的人間として生きる」ことを支え、「性的共生社会」を目指す私たちの責務でもある。

注

1 坂爪真吾『セックスと障害者』イースト新書、2016 年、226 頁。

2 同上書。

3 Nirje, B., 1969, The normalization principle and its human management implications. In R. Kugel and W. Wolfensberger (eds.), Changing patterns in residential services for the mentally retarded. Washington, D.C.: President's Committee on Mental Retardation. （＝河東田博他訳編『ノーマライゼーションの原理－普遍化と社会変革を求めて』現代書館、2004 年新訂版、27 頁。）

4 Bank-Mikkelsen, N. E., 1976, The principle of normalization. In B. Nielsen (ed.), Flash 2 on the Danish National Service for the mentally retarded. Copenhagen: Personal Trainig School, Copenhagen.（＝中園康夫訳「ノーマリゼーションの原理」『四国学院大学論集』第 42 号、1978 年、153 頁。）

5 前掲書（坂爪、2016）227-230 頁。

6 Wolfensberger, W., 1972, The Principle of Normalization in Human Services. Toronto: National Institute on Mental Retardation.（＝中園康夫・清水貞夫編訳『ノーマリゼーション－社会福祉サービスの本質』学苑社、1982 年、249 頁。）

7 同上書、262 頁。

8 同上書、249-250 頁。

9 同上書、251 頁。

10 同上書、261-262 頁。

11 ＵＣＨＩや障害者就業・生活支援センターわーくわく、南高愛隣会ぶ〜けの当事者や担当者が、2018 年 9 月 8 日、東京家政大学板橋キャンパスで行われたシンポジウム「日本における知的障害のある人の結婚・子育て事情と支援」（2018 年度科学研究費助成事業『知的障害者の結婚・子育ての現状と支援』研究代表者：田中恵美子）にシンポジストとして参加し、知的障害のある人の結婚・子育て事情と支援の実態やあり方について具

体的に語った。

12 2019 年度科学研究費補助金・基盤研究（Ｂ）（一般）（課題番号：19H01568）「知的
　障害のある人の性をめぐる社会的実態と性教育のあり方に関する研究」で行った調査で
　ある。

13 河東田博他「知的にハンディをもつ人々の健康・性・エイズ情報獲得プロセスに関する研究」
　『JASS PROCEEDINGS』第 7 巻第 1 号 32-41 頁、日本性教育協会、1995 年、37 頁。

14 同上書、40 頁。

15 河東田博「知的障害のある人たちの性に関する認知・理解の実態と課題」『立教社会福
　祉研究』第 36 号、41-48 頁、立教大学社会福祉研究所、2017 年、44-45 頁。
　なお、第6章で最新の研究結果が示されている。

16 前掲書（中園・清水、1982 年）、249 頁。

17 同上書、260 頁。

18 同上書、258 頁。

19 前掲書、（坂爪、2016 年）、7 頁。

20 同上書、238 頁。

21 同上書、241 頁。

22 同上書、240 頁。

23 知的障害のある人の性や結婚に関する権利を社会的に支えていくサービスのことを、ヴォ
　ルフェンスベルガーは「支えになるサービス」（前掲書、中園・清水、1982 年、261 頁）
　と表現し、坂爪は「適切な性教育を受ける機会を保証する社会」（同上書、239 頁）あ
　るいは「性に対する合理的配慮」（同上書、239 頁）と表現している。

第4章
「誰もが性的人間として生きる」：その長い道のり

1　はじめに

　人と人との関係そのものが複雑かつ曖昧で混沌とした社会では、様々な生活環境が形づくられ、社会−性的な営みも生活環境によって変化していく。本章では、ある特別な生活環境を例に取り上げ、そこでどのような社会−性的な営みが行われていくことになるのか、自らが望む生活や社会−性的な営みをどうつくりあげていったらよいのかを検討していくことにする。

2　特別な生活環境下における社会−性的営み

　特別な生活環境下にある入所施設では、閉鎖的であるがゆえに、以下のように、人前でも平気でマスターベーションを行うなどの行為が容易に観察される。

　　（入所施設で見られる性に関する行為は）施設という特殊な生活環境（中略）にあることも手伝って、本来あたり前に行われているはずの自慰や性器いじりが、人前で平気で行われてしまうなどの不自然さを作り出してしまっているようです。（中略）1人遊びが多く、子どもたち同士のかかわりあいの希薄さ、職員の都合によって日課が作られ、その日課に子どもたちをあてはめざるをえず、より閉鎖的にしてしまっている。[注1]

　特別な生活環境下では、本人たちが望まないであろう「異性介護」（男性職員が女性利用者／女性職員が男性利用者のプライベートゾーンに関することを含む様々な

介護を行うこと）も平然と行われている。大井清吉は、性的な出来事を隠蔽する体質が、入所施設に限らず特別な環境下にある人たちが置かれている場合にも起こると、次のように指摘している。

　性の心理＝社会的発達は、他の心理＝社会的発達と同様、環境－広い意味での教育に依存している。心身障害児はそのような性の心理＝社会的発達を保障するような環境から遮断されている。家庭では、障害をもっている子どもを性的なものから遠ざけようと努めるし、学校でも、そのような発達を保障しようとはしない。施設では、男子棟と女子棟を分けなければいけないし、管理者は性に関する事故が起きるのを極度におそれている。それでも、事故はつぎつぎと起きるのであるが、それは内密に処理される。[注2]

　いずれも 1970 〜 80 年代までに知的障害のある人になされていた対応の仕方であるが、特別な生活環境下では、性的に管理されているため、性的行動を見つけられると厳しく罰せられたり、恋愛・男女交際・結婚も禁止されることが多い。同意なしで強制的に不妊手術を受けさせることが公然と行われることもあるし、無言の圧力で（たとえば、施設入所や地域居住の条件として提示され）やむなく不妊手術を受けることに同意せざるを得ないこともある。直近では、2022 年 12 月に発覚した北海道江差町のグループホーム入居者のうち結婚を望む人に対して不妊措置を提示していたことなどがよい例である。
　特別な生活環境は、障害者の村（独特な社会を構成している共同体）にも見られる。イギリスのノース・ヨークシャー・ムーアにあるボトン村のように、300 人以上の人たち（半数以上が知的障害のある人）が住み、様々な場所からやって来て、昔ながらの生活スタイルで農業を営みながら一緒に生活をしている所である。[注3]
　日本にも似たような障害者の村が存在するが、今日、その多くが社会福祉法人格や非営利認定法人格を取得し、わが国の福祉サービスを利用しながら、知的障害のある人の生活や活動を支えてきている。その意味では、一定の制約を受けながらも社会に適応して生活している。
　わが国の福祉サービスに頼らず、「独自の考え方に基づいて生活と活動」を

展開している組織体もある。その一つに幸福会ヤマギシ会がある。

　幸福会ヤマギシ会は、自然界の理に調和し、人間および人間社会のあり方を探求し、人間の知能により科学的に、あらゆる事柄について衆知を集めて検討し、常に最高・最善・最終的なものを見極めつつ、それを実践することによって、人間社会本来の姿「すべての人が幸福である社会」の実現を目指し行動している社会づくり実践活動体です。（中略）無所有・共用・共活（あたかも、太陽や空気が誰の所有物でもなく、誰もそれらを所有しているとは考えていない、生きとし生けるものすべてが、その恵みを共に用い、共に活かしている状態）の生き方によって、全人（自己を含む現在および将来の全人類）幸福の「真実社会」を実現することができるとするものです。（中略）

　会員有志によってヤマギシズム社会の実践モデル体として、実際にヤマギシズムの理念に基づいた社会実態（ヤマギシズム社会実顕地、通称「ヤマギシの村」）をつくっています。

　そこでは、一体生活（単に、複数の個人が集まった共同生活でも協同生活でも共働生活でもなく、不可分な構成要素として各人が一体に溶け合った「財布ひとつ」の生活）をしながら、農業・畜産・林業を中心とした生産活動を行っています。

　そのヤマギシズム社会実顕地は、理念においても実際においても「共生・循環的持続社会」となっており、現在、日本に 32 カ所、海外に 6 カ所あります[注4)]

山田ノジルが、2000 年発行の『カルト資本主義』[注5)] からヤマギシ会のことを次のように批判的に紹介している。

・"原始共産制共同体（コミューン）"の一形態。資本主義社会の根本原理である "所有" の概念を全否定している
・村内では金銭の必要はない。上下の関係もない。すべては話合いの場で決定される
・村人たちはあくまで〈自主的〉に、朝 6 時から夕方 6 時過ぎまで働く

- 我欲がなく、腹のたたない人間ばかり。全員が家族で仲良。一切の競争や対立とも無縁
- （創始者山岸がこの集団を作った経緯）独自の養鶏法を編み出し、ニワトリ社会に理想社会の縮図を見るようになっていった
- "超能力"や"生まれ変わり"を声高に叫びはしないからオカルトの臭いはやや薄いが、宗教性は否めない。創始者が霊的啓示を受けたという話も有名で、養鶏普及会発足に至るまで天理教など複雑な思想遍歴を辿っている
- 近年は世界救世教にも似たエコ主張を展開している
- "ハレハレ（晴れのち晴れ、楽しいばかりで嫌なことがないの意）"の世界で、"何でも、誰とでも「ハイ」でやれる"子どもが最高だとされる
- 自由恋愛は許されず、生活調整機関が結婚相手を見つけてくる（ウワサによると、中絶なども世話人が一方的に決めるとか……）

そして共同体生活の実態は奴隷状態であることや、財産の"寄進"ルールなどの恐ろしい話も続々登場。（中略）手紙の検閲や健康的とは言えない食習慣（当時は子どもも朝ごはん抜きの１日２食）、体罰、マインドコントロールに近い〈話しあい〉、あげくの果てに本人の意思を無視した〈調整結婚〉等、（中略）が行われている。[注6]

　ことの真偽はともかく、「独自の考え方に基づく生活と活動」を展開している具体例として紹介してみたが、独自の哲学・考え方・互助組織をつくりあげている特別な社会共同体で、自らの意思で参加をしているものの、「自由恋愛は許されず、生活調整機関が結婚相手を見つけてくる、中絶なども世話人が一方的に決める」特殊な組織体でもある。昨今話題になっているある宗教団体の結婚相手の決め方や合同結婚式などは、このような特殊な組織体の一つといえよう。

3 「性的共生」を阻む特別な生活環境下で起きていたこと

　今日、LGBTQ などの性的少数者が徐々に市民権を獲得しつつあるが、私たちには、今なお、性的少数者を私たちとは違う異質な人として、ある特別な目で見てしまう傾向が根強く残っている。知的障害のある人に対するものの見方も同様で、社会に適応しながら懸命に生きていこうとするものの、社会の目を気にし、過小評価されているために、社会−性的な問題をより一層複雑にしている。

　筆者が、かつて、地域生活支援が盛んな地域で、入所施設を出て地域で暮らしている人たちを対象とした「自己決定と生活の質」に関する調査を行った際、調査対象者に「人生の節目における自己決定」に関して聴き取り調査^{注7)}を行ったことがある。その結果、次のような声を聴くことができた。

・高等部入学：施設（学園）の先生が決めた。
・施設入所：その時、反抗した。家族全員の前で反抗した。「オレ絶対行かない」って。でも、無理矢理入れられた。お父さんが決めた。施設に行くことは、聞かされていなかった。気分悪かった。
・施設内移動：職員、偉い人が決める。前のところに残りたかったなぁ。
・施設から地域：決めたのは職員です。
・街への移動：ここにいて、街の人たちから知恵遅れだとか精薄だって思われることがいちばんイヤなんです。変わりたいんです。

　以上のことからわかるように、旧養護学校入学や施設入所が、ほとんど家族や施設職員の意向だけで決められており、施設入所後の生活や住む場所の移動に関しても、「職員が決めている」と思っていた対象者が多いことがわかった。
　また、関連研究^{注8)}の中で、結婚カップル家庭を訪問し、彼らを支援している社会福祉法人に協力を仰ぎ、結婚カップルの人生の節目節目で関わった人に集まっていただいたことがある。その結果、知的障害のある人は、一度特別なサービスシステムに組み込まれるようになると、「何処に住むか、誰と住むか、自己実現に向けてどんな支援を受けるか」についてほとんど影響力をもってお

らず、逆に必要以上の過保護下におかれ、厳しいルール、制限、さらには、本人に「あきらめ」と「適応」を迫り、自分で決めることができたのは結婚相手を決めた時の「思い」だけだったということがわかった。彼らに芽生えた「思い」は、「二人で支え合っていつまでも幸せに暮らしたい」という「願い」になり、結婚を「実現」させることになっていったのである。

この結婚カップル事例が教えてくれているのは、まわりにいる私たち支援者が彼らの人生のほぼすべてを決めていることや、地域に「参加」しつつも知的障害のある人に社会に適応することを求める私たち支援者の態度であった。

知的障害のある人の多くが似たような経験をし、共通の社会－性的な営みを送ってきていることが次の記述からも分かる。

　　対象者の多くは（中略）、低賃金の中で懸命に働いていた。対象者が結婚に至るまで、学校などから体系的なセクシュアリティに関する教育、とりわけ性や避妊に関する情報を受けた経験がほとんどないことが判明した。（中略）性に関する一般的な情報（概論）を学校で得たと答えていたが、ごく簡単な体に関する基本的な事柄しか教えられておらず、あまり役立つ内容ではなかったようである。通勤寮等で生活支援を受けるようになってからも、セクシュアリティに関する情報を得る機会には恵まれていなかった。性情報はテレビや週刊誌などマスコミからの情報や友だちからの耳情報によることが多く、字を読むのが苦手な彼らがマスコミから適切な情報を得ているとは思えなかった。性生活を送る上で特に問題と感じている人には出会わなかったが、セックスレスのカップルが複数存在していることが判明した。うまく性生活を送っていると思われる人たちの中にも、セックスに対する戸惑いと不快感を示す人がいた。セックスは疲れるから嫌だと答える人もいた。そのため、結婚してからの２人の生活や性生活そのものにも大きな影響を与えているように思われた。結婚をしても、２人で性を語り合える関係にまで発展している人たちはほとんどいなかった。（中略）しかし、現在の生活や夫婦関係にさまざまな困難や問題をかかえながらも、彼らなりの夢（一軒家をもちたい等）をもち、いつまでも仲良く（中略）支え合っていきたいという願いが強く示されていた。^{注9)}

2008 年に行った結婚カップルを対象とした別の調査注 10) では、彼らを地域で支えている支援者の考え方に左右されて結婚生活を送っていることがわかっている。つまり、福祉サービスの提供を受けながら地域で暮らす多くの知的障害のある人は、私たち支援者に付き合わされながら地域参加し、社会に適応させられながら地域で暮らしていることが多いのである。

4　「性的共生」に向けた動き

　障害の有無にかかわらず誰もが地域社会に参加し、ごくあたり前の出会い・交際・結婚・性生活・妊娠・子育てなどがごく普通に行われ、あらゆる検討・決定プロセスや場に当事者が参画し、社会－性的な営みを送っているのであろうか。

　2005 年に、関西地区で障害の有無にかかわらず幅広くセクシュアリティ支援を行っている団体が、これまでの実践のまとめを報告書として出した。「性的共生」のためにとても参考になる取り組みと思われるため、以下に紹介する。

　　ハートブレイクではセクシュアリティ支援（教育）を次のように考えています。
　　"「SEX する・しない」「結婚する・しない」「子どもをもつ・もたない」にかかわらず、「自分自身を肯定的に認められる力を養うこと」を課題に、夢と希望をなくすのではなく、苦労しながらも希望をもって生きていくきっかけのひとつとなるのがセクシュアリティ支援（教育）"
　　セクシュアリティ支援（教育）は「性のタブー・既成概念・自分の不確かさと向き合う」ことからはじまります。性はすべての人が活力にあふれ、生きていくための重要な要素であり、知的しょうがい者もけっして例外ではありません。「性」のりっしん偏は「こころ」を意味しています。つまり「性」とは「こころが生きること」であり、「性交」とは「こころがいきてまじわること」と捉えれば、「しょうがいをもつ・もたない」にかかわらず、誰に

でも誰に対してもセクシュアリティ支援（教育）はできるのです。^{注11)}

　そのために、ハートブレイクが実践してきたのは、「自分を知るために」（①手でふれて・こころでふれて・すてきなふれあい、②あなたはどこからきたの？　自分のこと好き？　知っているようで知らないカラダのこと、③自分のカラダを知ろう・相手のカラダを知ろう・性のコントロール、④伝えようカラダのこと・触れ合いと表現、⑤すてきな自分すてきな相手）や、「パートナーをつくるために」（⑥友人や恋人を作りたい・デートプランニング、⑦触れ合い方実践、⑧恋人・結婚って？　アプローチと対応トレーニング、⑨セクシュアリティ支援プログラム作り、⑩まとめ）であり、イベント編として「いい顔になろう！〜普段着のヘア＆メイクに挑戦〜」「ライブ＆パーティ〜からだ・こころワクワクすてきな出会い〜」などが行われ、結婚支援なども結婚支援編としてまとめられ、ファッションショーと結婚式のコラボを皮切りに、具体的な結婚支援が開始されていった。

　ハートブレイクの取り組みはとてもダイナミックで、楽しく、型にはまらない、世間でごくあたり前に行われていることを知的障害のある人に合わせて、わかりやすく展開していた。これこそが「性的共生」の領域で広がり、学ぶべき考え方であり、実践なのではないかと教えられた。彼らは、共に歩む「性的共生」のパートナーになろうと、次のように呼びかけている。

　　セクシュアリティに対して構えず、知的しょうがい者とふれあい・語りあい・感じ合うことからはじめてみましょう。このアプローチの先には知的しょうがい者の「結婚」「育児」など様々な課題が山積みであることは言うまでもありませんが、まずは一歩ずつ彼らと共に歩みながら考えていく姿勢が大切だと考えています。^{注12)}

　スウェーデンには、1991年の平等法と1999年に三つの雇用差別禁止法（民族・宗教・信仰上の雇用差別禁止法、障害者雇用差別禁止法、性的指向上の雇用差別禁止法が制定・施行されていたが、既存の差別禁止法をすべて廃止し、

新たな差別禁止条項を加えて 2009 年 1 月 1 日に「差別禁止法」[注 13] が施行された。この法律は、「性差、性同一性障害、民族・人種、宗教・信仰、障害、性的指向・年齢に対する差別を禁止し、他の人々と同じ価値と可能性を持てるようにすることを目的」（第 1 条）としており、「性的共生」を目指し、「誰もが性的人間として生きる」うえでの目標であり、指針となる法律といえよう。日本でも 2015 年に東京都渋谷区・世田谷区から（同性）パートナーシップ制度 [注 14] が開始され、2023 年 5 月 23 日現在全国で制定済み・制定予定のところは、278 自治体にまで上っている。性的マイノリティを含むすべてのマイノリティの人たちを包含する「差別禁止法」が日本でも検討・制定され、「誰もが性的人間として生きる」ことができる社会が一日も早く到来することを望みたい。

5　おわりに

　複雑かつ曖昧で混沌とした社会－性的な営みは、「性的共生」を奪うものだったが、今日、ようやく「誰もが性的人間として生きる」ことができる時代がやってきているように見える。しかし、本当にそうであろうか。

　福祉サービスの充実は、一人ひとりの教育や就労（日中活動）の保障・余暇活動の充実・豊かな居住空間・性と結婚の保障等、暮らしの質の高まりを保障することにつながる。管理支配された入所施設の生活ではなく、地域に一人ひとりの生活の質を高めることのできる新しいタイプの良質の住まいを誕生させること、地域生活に必要な性や結婚に関する事柄を含むあらゆる情報が一人ひとりに合った形で提供されること、一人ひとりの選択権や自己決定権を基本にしながらきめ細やかな支援内容を提供することなどが、知的障害のある人に対する物理的・心理的障壁を取り除き、彼らの性と結婚の権利の保障につながり、「性的共生社会」を現実のものとし、「誰もが性的人間として生きる」社会への光明ともなる。しかし、家族による性支援のあり方、学校や職場での性教育、知的障害のある人に対する性に関する情報提供などの面で、なお多くの課題が残されていることも事実である。

　知的障害のある人の性と結婚の権利を含む様々な権利が認められるように諸

施策を大胆に改善し、人間性豊かな社会を創ることこそ、私たちが求める共生可能な社会なのではないだろうか。そのような社会の中でこそ、「性的共生」が育まれていくような気がする。

注

1　河東田博「重い知恵遅れの子の性の指導について」『ちえ遅れの子の性と結婚を考える』第1号、2 - 5頁、ちえ遅れの子の性と結婚を考える会、1977年、4 - 5頁。

2　大井清吉「ちえ遅れの子の性教育」『ちえ遅れの子の性と結婚を考える』 第4号、1 - 4頁、ちえ遅れの子の性と結婚を考える会、1977年、1頁。

3　Judith Condon, 1998, When it's hard to learn. Franklin Watts, New York. (＝一番ケ瀬康子監修、河東田博・杉田穏子訳『学びにくいってどんなこと』ゆまに書房、2001年、17頁。)

4　幸福会ヤマギシ会ホームページ http://www.koufukukai.com/katsudo.html（2020年5月19日アクセス）。

5　斎藤貴男『カルト資本主義』文春文庫、2000年。

6　山田ノジル「ヤマギシ会の現在」『Wezzy』（正解のないWEBマガジン）、株式会社サイゾー、https://wezz-y.com/archives/57420（2020年5月19日アクセス）。

7　河野和代・小林繁市・河東田博「知的障害者の自己決定／求められる支援と生活の質に関する研究」、『心身障害児（者）の地域福祉体制に関する総合的研究』（1997年度厚生省心身障害研究高松班研究報告書、35-44頁、研究代表者：高松鶴吉）1998年、31-32頁。

8　同上書、39-40頁。

9　河東田博・河野和代・小林繁市「知的障害者のセクシュアリティと結婚生活支援のあり方に関する研究」『心身障害児（者）の地域福祉体制に関する総合的研究』（1997年度厚生省心身障害研究高松班研究報告書、37-44頁、研究代表者：高松鶴吉）1998年、40-41頁。

10　小林繁市・中里誠・坂本光敏・林弥生・大槻美香・河東田博「知的障害者の結婚生活支援のあり方に関する研究」『障害のある人々の結婚・就労・くらしに関する研究』（代表者:高松鶴吉、障害者の福祉を語る志の会）、日本財団、2005年、109-171頁。

11　ハートブレイク『知的しょうがい者へのセクシュアリティ支援プログラム』2005年、1 - 2頁。

12　同上書、2005年、2頁。

13 Sveriges Departement/myndighet, Diskrimineringslag：2008:567.
　　内縁関係（事実婚）・ＬＧＢＴ等同性パートナーシップ関係者を一般の人々と差別なく平等
　　に受け止める法律は、スウェーデンで 1973 年に制定された「内縁夫婦の財産関係に関す
　　る法律の施行と同時に内縁当事者の共用住宅に関する法律」(Lagen om ogifta
　　samboendes gemensamma bostad：1973:65) や、1987 年制定の「内縁夫婦財産関
　　係法の施行に関する法律」(Lag om ikraft trädande av lagen (1987:232) om sambors
　　gemensamma hem：1987:789) と密接に関わっており、2009 年 1 月 1 日施行の「差別
　　禁止法」を導いたと思われる。
14（同性）パートナーシップ制度とは、地方自治体が、同性カップルに対して、二人のパートナー
　　シップが婚姻と同等であると承認し、自治体独自の証明書を発行する制度。自治体によっ
　　て、「同性パートナーシップ宣誓」「パートナーシップ宣誓制度」「パートナーシップ制度」
　　など、様々な呼び名がある。

第Ⅱ部
性教育の義務化と当事者用性教育テキスト
：スウェーデンと日本

第 5 章
性教育の義務化とその発展：スウェーデンの場合

1　はじめに

　「性的共生」（「誰もが性的人間として生きる」こと）へと導くには、家族による支援、学校における性教育、知的障害のある人への性に関する情報提供などが必要だが、今なお多くの課題が残されている。

　スウェーデンの学校における性教育、および、生涯にわたる性教育を取り上げることで、「性的共生」を妨げている諸課題を見出すことができるかもしれない。そこで、スウェーデンで性教育がなぜ必要とされ、どのように導入されてきたのか、性教育がどのように行われ、生涯にわたってどのように行っていく必要があるのか、を見ていくことにしよう。ただし、日本とは違って、スウェーデンには出産・育児休暇、病気休暇、5週間もの長期年次休暇、手厚い社会保障制度などがあり、これらの社会的・環境的要因がスウェーデンの性教育と密接に関連しているということを念頭に入れておく必要がある。また、法的結婚によらない共同生活が公的に認可され、法的に保護されるなど、多様なライフスタイルが社会的に保障されていることも念頭に入れておく必要があろう。駅の構内・車内を問わず抱擁する人たち、夏の公園では裸で日光浴をする人たちが見られ、1989 年にはヌーディスト村をストックホルム市が公式に認可するなど、日本とは異なる社会−性的な環境を創り出してきていることも念頭に入れておく必要がある。

　スウェーデンでは早くから性教育が義務化されている。しかし、そこには長い社会的・歴史的背景と経過があった。

　そこで、まず、カール・グスタフ・ボエシウス（Carl Gustaf Boëthius）の論文（1974 年[注1]、1984 年[注2]）を拠りどころに、スウェーデンにおける性教育の義

務化に至るまでの流れから見ていくことにしよう。

2　スウェーデンの学校性教育義務化に至る経緯

　1760 年には、医学部の学生を対象に、人間性科学（human sexology）の講義が、生物学者カール・フォン・リンネ（Carl von Linné）によって行われていた。また、1815 年には、労働者階級の多産による生活の貧しさを救う手段として、政治経済学者・哲学者ジェレミィ・ベンサム（Jeremy Benthan）により、産児制限を行うよう提案された。1897 年以降、10 年ほどの間に、女学生を対象とした性に関する教育が、女医カロリーナ・ヴィーデストローム（Karolina Wideström）によって数多くもたれてもいた。

　さらに、20 世紀に入ると、特筆すべき様々なできごとが展開されるようになっていった。1903 年から 1906 年にかけて行われた教職員大会で、性教育の必要性が認められるようになった。1908 年には、性病の増加に伴い、一国会議員によりコンドームの使用を推奨する性教育に関する議案が提出された。2 年後の 1910 年には労働者家庭におけるコンドームの使用に関して国会で論議され、政府の諮問委員会が学校で性教育を行うように答申した。1918 年には性病予防に関する法律が国会を通過し、1921 年には政府諮問委員会が、詳細な初等・中等学校用性教育計画書を初めて報告書としてまとめた。1925 年には、学校教育庁が、中等学校における性教育を公的に受け入れることを認めた。

　これらの論議や性教育の取り扱いは、避妊法も知らず、知っていても、避妊具すら買えなかった貧しい時代（19 世紀から 20 世紀初頭にかけ、150 万人を超える人たちが北アメリカなどに海外移住を余儀なくされたほど貧しい時代があった）に、多くの子を産み、家族全体が生活に貧していたという社会的状況と関連していた。

　1920 年代から 1930 年代にかけて活躍したのが、ジャーナリストのエリーゼ・オットセン - ヤンセン（Elise Ottesen-Jenscn）だった。彼女が掲げた三つの要求「避妊具についての情報提供と貸与、中絶の権利、学校での性教育の実施」は、社会的・政治的要求とまでなっていった。彼女の努力は、1933 年のスウェーデ

ン性教育協会の設立となって現れ、やがて、1942年の性教育実施を求める政府勧告、1956年の性教育の義務化を引き出すに至った。

　以上がボエシウスの論文からの要約だが、1977年に出された「(性と)対人関係に関する学習指導要領」(Samlevnadsundervisning)[注3]からも引用・要約し、補足しておこう。

　1945年に初めて出版された教師用性教育手引書は、性教育の義務化とともに、1956年に改訂され、1956年に学校監督庁(Kungle Skolöverstyrelsen)の公文書として示され、1965年には学校監督庁から性教育指導指針に関する通達が出された。1974年には国家性教育検討委員会から性と対人関係に関する学習指導要領(Sex-och samlevnadsundervisning)に関する答申が出されたが、性教育推進賛成・反対の激しいやりとりが国家性教育検討委員会の中でたびたびなされたという。1974年の答申には、特別支援学校における性教育指導指針(Handledning och studieplan i sexualundervisning för särskolan)も含まれていた。そして、1977年には Sex という用語が表題から消され、内容にも修正が加えられて、「(性と)対人関係に関する基礎学校用学習指導要領」が示されたのである。なお、本章で「(性と)対人関係」と記したのには理由がある。表題から「性」(Sex)という用語がなくなったものの、この学習指導要領には次章で紹介するように、「性交」を含む数多くの性に関する指導指針が盛り込まれていたからである。比較的新しい文献[注4]でも類似の歴史的経緯と内容を確認することができたことを付記しておきたい。

　しかし、この「(性と)対人関係に関する学習指導要領」も、多くの年数が経過し、見直しが迫られることになった。マス・メディアの性情報の氾濫が若者に与える影響も大きくなり、学校現場でも社会−性的な問題を数多く抱えるなど、個人と個人を取り囲む社会が急速に、しかも構造的な変化を示し始めてきていたからであった。ＡＩＤＳやＬＧＢＴＱ等にも向き合わざるを得なくなり、新たな問題の質をもたらしてきていた。その結果、「(性と)対人関係に関する学習指導要領」は、2011年に大幅な改訂がなされ、2018年の学習指導要領[注5]には、表題で改めて Sex という用語が使われ「性と対人関係に関する教育」(Sex- och samlevnadsundervisning)という概念が盛り込まれて今日に至っている。

3　スウェーデンの学校性教育の実態

　スウェーデンの義務教育は、7歳からの9年間である。義務教育校は基礎学校と呼ばれ、3年ごとに、低学年レベル、中学年レベル、高学年レベルと区分けされている。上述した1977年の「(性と) 対人関係に関する学習指導要領」(以下「1977性教育学習指導要領」) は、9年間の基礎学校に適用されていた。

　「性関係をともにして生ずる親密な人間関係は、お互いの心を豊かにする機会でもある」という文言で始まる「1977性教育学習指導要領」には、四つの目標が掲げられていた。この目標を達成するために、各学年でどのような方法を採用し、どのような内容が盛り込まれるべきかが記されていた。

　「1977性教育学習指導要領」の概要を知るために、四つの目標と、各学年レベルごとの「(性と) 対人関係に関する教育」(以下、「性教育」) の目標を簡単に見ていくことにしよう。

(1) 性教育の目標

①責任と思いやりのもてる、また、仲間の世話ができるような人間関係がもてるように、そして、相手とともに幸せのよりどころとなる性を経験できるように、解剖学・生理学・心理学・倫理学・社会的関係に関する知識を獲得できるようになること。

②最も表現したい、奨励されるべき、基本的で一般的な価値を受け入れることができるように、また、客観的で公平と思われる、しかし、相反する価値をもつ立場の人を受け入れることができるように、性的な関係や他の対人関係に関する様々な主義・イデオロギー・価値についての知識を獲得できるようになること。

③性とは、人間の生活の統合された一部であること、そして、個人の発達、社会関係、社会構造と密接に関連しているということを理解できるようになること。

④性の複雑な性質を理解し、対人関係において個人の立場を受け入れること

ができるようになること。

（2）基礎学校各学年レベルの性教育の概要

①低学年レベル（7〜9歳／1〜3年）

　性と対人関係に関する心理学的・倫理学的・社会学的な物の見方・考え方、男女の外見上の違い、性器の構造と機能、月経、性交、マスターベーション、避妊具、受精、妊娠、出産、不妊、養子、露出症と小児愛

〔留意事項〕

　子どもたちの情緒的・社会的・認知の発達に基づいて、継続的に行うこと。教職員・保護者の共同の取り組みによって実施すること。

②中学年レベル（10〜12歳／4〜6年）

　性と対人関係に関する心理学的・倫理学的・社会学的な物の見方・考え方、初歩的な思春期の心理、性器、思春期の生理、月経、夢精と遺精、マスターベーション、性交、受精、避妊に関する初歩的な知識、妊娠と胎児の発達、出産と授乳、性病に関する初歩的な知識、同性愛、様々な性本能（露出症と小児愛に関する初歩的な知識）

〔留意事項〕

　子どもたちの思春期の特徴（精神的・身体的成長と変化）。男女差・個人差に留意すること。性教育に対して様々な価値基準をもつ人々（移民の児童・生徒など）がいることに留意すること。

③高学年レベル（13〜15歳／7〜9年）

　性ホルモン、思春期、思春期の心理、結婚と家族に対するキリスト教的ものの見方・考え方、婚前交渉に関する様々な考え方、キリスト教以外の宗教やイデオロギーからみた結婚・家族・性役割、ポルノグラフィー、性器の解剖学と生理学、性交、同性愛、ペッティング、マスターベーション、様々な性本能、避妊具、性病、不妊、不妊手術、中絶、インポテンツ、文化の違い－ヨーロッパと他の諸国における性生活と家族生活の形態の違いの例（性人類学）、10代の社会、性教育の背景要因、性役割、売春、性本能・恋愛・愛・お互いに誠実であること（性成熟・情緒的成熟・社会的成熟）、家族生活、単身生活、養子、どこで情報を得たりアドバイスを受けたりする

ことができるか

［留意事項］

　生徒間の発達差に留意すること。性に関する医学・生物学的側面と心理・倫理学的側面の双方が学べるようにすること。

　以上で述べた性教育の目標や各学年レベルの概要は、性教育学習指導要領にもとづいて、1年生から始められることになっていた。しかし、進め方は、各学校の判断に委ねられているのが実態で、多くの学校では、クラス担任や専科教員が独自に教えるだけでなく、各学校に配置されている養護教諭・学校心理士・学校ソーシャルワーカー（これらの専門家は、2～3校受けもっている場合が多い）と連携をしながら行っていた。

　「Lgr80」[注6]という「1980学習指導要領」によると、性教育は、スウェーデン語（文学やマスメディアを通した学習について）・美術（美術鑑賞を通した学習について）・保健体育（健康と衛生について）・技術家庭（性役割について）・一般教科オリエンテーリング（性と対人関係について）で行われることになっていた。

　一般教科オリエンテーリング（Orienteringsämnen）とは、総合科目ともいえるもので、自然教科（人間と自然・人間の活動）と社会教科（人間と環境・人間の活動・歴史と現代社会・人生・宗教）から成り立っていた。たとえば、5年生が使用する一般教科オリエンテーリング・自然教科の教科書第2巻には、「あなたの体と健康」という章が設けられていた。この章には、体の構造の理解、血液と傷の手当て、内性器・外性器の構造、性交、胎児と人の成長、思春期、女性の性成熟、月経という内容が含まれていた。

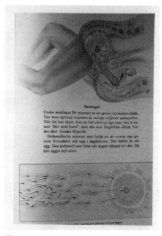

図1
5年生教科書掲載イラスト

　性交を例にとると、正上位でセックスをしている男女のカラーの性交イラスト（図1参照）が示され、教科書には、「性交の時には、男性のペニスを女性の膣に挿入し、膣内でたくさんの精子を出します」[注7]と説明がついていた。

性交イラストの下には、たくさんの精子が卵子に向かって泳いでいる様子がカラーイラストで示されていた。初経がきた際の心情を示したカラーイラストもあり、楽しい対話のページとなっていた。

　また、学校における性教育の計画や内容を生徒代表を含めた「保健委員会」で検討し、「保健と性に関する教育」として実施している学校もあった。ストックホルム県北部にあるマルグレーテレンズ学校（Margretelundsskolan）もその一つで、1988／1989年度に立ち上げられた「保健委員会」で検討されていた。

　「性教育計画」は、1990／1991年度以降、生徒と教職員、地域教育関係者の協力を得て実施されていた。[注8] ここでの目標・内容・方法は次の通りだが、原学級での取り組みと並行して、通級型障害児学級でも同様の教育が行われていた。

　　［目標］自分や他人のこと、社会のことをよく知り、心身共に健全に発達するために必要な知識を獲得する。
　　［内容］何が体にとってよいことか、悪いことか。心身共によい状態を保つためにはどうしたらよいか。表現・理解・評価・応用など一連のトレーニングを通して正確な健康に関する知識を獲得すること。異なる立場の人を理解するための体験活動。自分に対する認識と理解。性と対人関係。麻薬・シンナー・酒・タバコの害について。食事と栄養。十分な休息と睡眠。物理的・精神的環境（整理整頓、おしゃれ、暴力、友情他）。余暇活動
　　［方法］課題別学習（週1回）。小グループでの話し合い。実習中心の活動。個別面談の実施。地域関係機関の積極的利用・協力

　生徒たちは、このような本や実際的な体験を通してたくさんの事実を知り、自分の立場を認識し、自己を確立するきっかけをつくっていた。この教科書は性教育を受けた生徒たちの多くに、社会的自立や親離れを促進することはあっても、「寝た子を起こすな」といった心配はいらない、と教えてくれているようであった。これらの学習は、各教科の指針に沿って行うのが原則だが、特別教科として行ったり、課題別学習の日を設けたりと様々であり、今日も変わる

ことなく続けられている。

　「1977 性教育学習指導要領」をもとに展開されていたスウェーデンにおける性教育の結果がどのように評価されていたのかを、ロナルド・ゴールドマンとジュリエット・ゴールドマン（Ronald Goldman and Juliette Goldman、以下「ゴールドマン夫妻」）が 1979 年から 1980 年にかけて実施した調査（1982 年発表[注9]）の中で明らかにしていた。

4　スウェーデンの学校性教育への評価

　ゴールドマン夫妻が行った調査には、オーストラリア・イギリス・アメリカ・スウェーデンの 5・7・9・11・13・15 歳の男女児計 838 人が参加していた。この調査の目的は、子どもたちの性知識の程度を測定すること、性思考に因果関係や段階があるのかどうか、そのプロセスを見い出すことにあった。この調査の結果、スウェーデンの子どもたちは、「性病」「避妊」という二つの言葉を除いて、性に関する用語をよく知っており、それらの意味についても、他の国々の子どもたちよりも、有意に、はるかに多く理解している、ということがわかった。また、調査の中で提示された裸の男女のイラストに対しても、他の参加国の子どもたちとの間に、大きな反応の違いが見られていた。すなわち、スウェーデンの子どもたちは、裸の男女のイラストに抵抗なく答えることができていたのである。これらの結果に、ゴールドマン夫妻は、スウェーデンで長い間取り組まれてきた性教育の効果が表れており、性に対してよりオープンな文化を形成してきているためであろう、と結論づけていた。

　ゴールドマン夫妻が行った調査の結果と同様の結果を本書第 9 章でも見い出すことができる。第 9 章の中で確認していただきたい。また、筆者らが行った 1987 年のスウェーデンの義務制基礎学校で働く養護教諭 246 名を対象にした健康と性に関する調査[注10]でも見い出すことができる（日本でも同様の調査を行ったため、比較のために、括弧内で日本を N と記す）。その結果、90% もの養護教諭が、受けもち校で、「健康と性に関する教育」を実施していた（N、27%）。このうち、57% の養護教諭が学期（2 学期制）に 2 〜 3 度（N、21%）、

養護教諭の 25％が月に２〜３度（N、２％）、養護教諭の５％が週に２〜３度（N、２％）実施していた。実施内容は、性と対人関係 71％（N、23％）、食物と運動 69％（N、８％）、体について 63％（N、５％）、麻薬・シンナー・酒・タバコの害 38％（N、４％）、生活様式・文化６％（N、１％）、環境６％（N、１％）、人生について９％（N、１％）。以上の結果から、スウェーデンの養護教諭は様々な健康と性に関する内容を教えていたことがわかった。この結果は、ゴールドマン夫妻の調査結果同様、スウェーデンで取り組まれてきた性教育の効果によるものと結論づけることができた。

　性教育の内容が具体的であればあるほど、性教育を行う教員の資質や力量が問われてくる。その際に必要となるのが教員の資質や力量を高めるための研修である。スウェーデンでは、多くの教員養成大学で、性に関する教育の講座を設けるようになってきており、希望に応じて短期・長期の教員研修を受けることができるようになっていた。性教育に関する専門研修を受けにくる教員もいた。各種養成講座を通して自然に性に関する研修を受けられるようになっているわけだが、これまで性教育に関する講義を十分に受けてこなかった教員の多くは、「教員研修から、意識の変化を含め、大きな成果を得ることができた」[注11]と答えていた。

　このように、性に関する教育を有効に進めるためには、教員研修が欠かせない。障害のある子どもたちの性を肯定的に受け止めるにはどうしたらよいのか、性に関する教育を行う際にどのような情報提供の仕方が効果的なのかを学ぶことで、性教育を有効に進めていくことができるに違いない。

5　スウェーデンの知的障害のある子どもの性教育は どのように行われているのか

　1945 年の教師用手引き書も、1956 年の教師用手引き書改訂版も、1965 年の学校監督庁性教育指導指針に関する通達も、「1977 性教育学習指導要領」も、障害のない子どもを念頭に入れて検討・作成されることが多かった。そのため、知的障害のある子どもの性教育を担う現場では、学級担任や教科担当の教員が、

子どもに合った教材・教具を自らつくるか、既存の教材を利用してわかりやすく伝える努力を余儀なくされていた。また、親の理解を得ることや教職員の共通理解を得ることが難しく、性に関する継続した取り組みが十分にできていないのが実態[注12]のようだった。

1979 年のスウェーデン全国日刊紙上での「ちえ遅れの親は子どもをもつべきではない」「ちえ遅れの親も子どもをもってもよい」という 1 年にわたる論争を受けて、ストックホルム県が行った「ちえ遅れ両親に関する実態調査」の報告書である『ちえ遅れ両親に関するプロジェクト・レポート』[注13]も知的障害のある子どもの学校性教育の実施に影響を与えていた。

一方で、障害のある子ども／人に対する性に関する取り組みをもっと積極的に・具体的に・実際的に行うことはできないのだろうかと考える専門家（性科学者・心理学者・障害者団体代表、他）たちがおり、その人たちがささやかな実験を試みていた。1970 年、ある盲学校で、専門家の助言とボランティアの協力を得ながら「人間の体：男の体、女の体」という授業が行われたことである。この取り組みは、1971 年に 16 ミリカラー版（上映時間 20 分）[注14]で紹介された。スウェーデン性研究所が製作したもので、視覚障害当事者の意見を取り入れ、全裸の男女ボランティアに触れながら体の構造を知ってもらおうという試みであった。固い模型で学ぶのではなく、温もりの伝わる方法をというのがこの取り組みの趣旨であったが、この教材は国内外で評判になり、障害のある子どもにわかりやすく・実際的で・役に立つ性教育を展開するにはどうしたらよいのかについての論議を、より一層深めることになった。

性教育の実施内容は、各学校の判断に任されているため、スウェーデンの学校で知的障害のある子どもにどの程度性教育を行っているのかは定かではない。そこで、筆者が、1990 年にスウェーデンと日本で実施したアンケート調査結果を参考に、スウェーデンの学校で知的障害のある子どもに性教育（健康と性に関する教育）を、どの程度・どんな内容を含んで行っていたのかを見てみたいと思う（括弧内は日本、Nと記す）。

1990 年に実施したスウェーデンの特別支援学校教員 20 名（N、111 名）を対象にしたアンケート調査[注15]によると、健康と性に関する指導を行ったことのある教員が 85％（N、24％）おり、教員の 65％がクラスでの一斉指導を行って

いた（Ｎ、クラス指導 15％、個別指導 20％、グループ指導 28％）。約半数の 47％が男女一緒に行っており（Ｎ、21％）、大多数のスウェーデンの教員が、体について（94％：Ｎ、76％）、性と対人関係（94％：Ｎ、51％）、栄養と運動（82％：Ｎ、30％）、環境（71％：Ｎ、24％）、人生について（88％、Ｎ、7％）等、数多くの内容を授業の中で取り扱っていた。また、大多数（85％）の教員が、HIV ／ AIDS についても教えていた（Ｎ、12％）。この結果から、スウェーデンの特別支援学校教員の健康や性に関する情報提供は質・量ともに高いことがわかった。

　先述した基礎学校におけるゴールドマン夫妻の調査（1982 年）や筆者らの調査（1987 年）同様、この調査からも、養護教諭を含め、スウェーデンの教員が「健康と性に関する教育」を高い割合で実施し、健康や性に関する情報を知的障害のある子どもに教えていたということが判明した。一方で、障害のある子どもの性教育は、障害のない子どもと比較すると遅れていると指摘している論文[注16]も見られていた。

6　スウェーデンの知的障害のある子どもの性教育は学校卒業後どのように行われているのか

　小中高 12 年間の義務教育を終えた後の性教育は、民間の成人教育機関を中心に生涯教育として盛んに行われている。1960 年代後半、知的障害者のための成人教育に国庫補助金[注17]がつけられるようになってから、学校卒業後の継続教育の必要性が認識され、その充実策が講じられるようになってきた。週何時間かの仕事や日中活動の合間にも、成人学校で教育を受けることができるようになってきたため、成人教育は人生を豊かに過ごすうえで欠かすことのできない貴重な学びの場となっている。ストックホルムの成人学校などでは、今も「性と共同生活」に関する講座が用意され、関心のある若者たちが参加している[注18]。

　成人教育の各種講座を通して趣味や活動の輪を広げ、性に関する情報を得て、男女交際の仕方を学び、共同生活の営みを会得していくことができるようになっていってほしいという願いが込められている。そのためにも、やさしく書

かれたテキストや視聴覚教材、使いやすい教材・教具の開発や実際的な教育方法の検討や開発も必要になってくる。

1980年代後半に統合教育が推し進められ、伝統的な分離された特別支援学校などが廃止されると、その建物や跡地を利用して研究センターがつくられ、教員の養成や支援のあり方、教材・教具の開発などが行われるようになってきた。「スウェーデン知的障害児・若者・成人連盟（RFUB）」[注19]などの組織的な支援も欠かせない。わかりやすい本や新聞を出版・発行しているRFUBは60年以上のわかりやすい教材をつくってきた歴史をもっており、1960年代後半から、絵や写真がふんだんに使われている当事者用テキストや音声・ビデオ教材などを数多く製作している。小グループ学習用の手引書、立体的模型や絵・写真による補助教材、知的障害のある人自身の性や男女交際・結婚などに対する期待や願いが描かれた本や性教育補助教材・教具もたくさん開発され、豊富に取り揃えられている。

知的障害のある人向けの当事者用テキストは、絵カードや写真で構成されたシンプルなものが多いが、自分自身を知り、自分に自信をつけるためにいろいろなことにチャレンジしてみようと提案しているテキストもある。こうしたテキストは、いずれも、人間の性の営みはごく自然な当たり前の行為であり、人生を豊かにしてくれるものなのだというメッセージを読者に伝えようとしている。

スウェーデン性教育協会（RFSU）と共同プロジェクトを組み、わかりやすい性教育用ビデオ教材づくりを行っている団体の一つにイェテボリ・グルンデン協会（Föreningen Grunden i Göteborg）[注20]がある。イェテボリ・グルンデン協会の理事は全員知的障害当事者であり、職員を雇用しながらデイセンター活動などを展開している団体だが、性に関するＤＶＤなどは、メディア部門が製作している。

第1章で紹介したスウェーデン性教育協会（RFDU）マルメ支部の動画『みんなのセックス』[注21]には、グルンデン協会マルメ支部が関わっている。

イェテボリやマルメのグルンデン協会から出されているＤＶＤなどを見ていると、性に関する情報がわかりやすく提供され、生涯にわたる性教育への手引きになっていることに気づかされる。

7 おわりに

　本章で取り上げた 20 世紀初頭までのスウェーデンの負の社会－性的状況（避妊法も知らず、知っていても、避妊具すら買えなかった貧しい時代に、多くの子を産み、家族全体が生活に貧していた）を変えようと、オットセン－ヤンセンらが強く求めた要求（避妊具についての情報提供と貸与、中絶の権利、学校での性教育の実施）は、社会的・政治的要求とまでなり、性教育の義務化（1956 年）を引き出すに至った。スウェーデンの性教育義務化の歩みは、「性的共生社会」に欠かせない大切なものをたくさん教えてくれていた。

　しかし、スウェーデンの知的障害のある人の社会参加や社会統合は 1970 年代に入って急速に進められてきたという状況を考えると、知的障害のある人の社会－性的営みへの取り組みはスウェーデンにあっても大変遅く、不十分であったといえる。その実態は、残念ながら、今なお変わっていないような気がする。知的障害のある人の思いや願いが、社会の動きにかき消されてしまうことが多々あったからである。たとえば、1987 年 8 月にウプサラ市で行われた 3 日間にわたる北欧精神遅滞連盟会議[注22] を総括する形で、最後に演壇に立ったエリザベス・ブルーベリィ（Elizabeth Bluberg、知的障害当事者）の講演に耳を傾けてみればよくわかる。

　　生まれてまもなく、私は、施設に入れられました。その時のことは詳しくは知りませんが、（中略）その当時は、怒りたくなることや、悲しくなることがたくさんありました。（中略）私に将来何が起こるかわかりません。しかし、それが私の人生なのです。（中略）人間の価値とは、一体何でしょう。（中略）それは、私にとって最も大きな問題です。（中略）すべての人間は、同じ価値を受け、他人のことを考えなければなりません。（中略）私たちは、地域社会の中で生き、住みたいと願っています。[注23]

ブルーベリィの講演に耳を傾けている時、1968 年に行われたマルメ会議を

もとにまとめられたベンクト・ニィリエの「自己決定の権利」を思い出した。マルメ会議に参加をした知的障害のある人たちは、性や結婚について「私たちは、それ相当の年齢になれば、異性と一緒になる権利をもちたい。また、自分たちで適当と思う時に結婚する権利をもちたい」[注24] と主張していたのである。知的障害のある人の「性」や「結婚」への思いや願いは、今なお変わることなく訴え続けられている。それは、スウェーデンにあっても、知的障害のある人が「性的人間として生きる」思いの実現にはいまだほど遠いということを示しているのかもしれない。

注

1 Boëthius, C.G., 1974, The Battle for Sex Education in Sweden. In SIDA: Sex education and social development. pp.75-83, Swedish International Development Authority (SIDA), Stockholm.

2 Boëthius C.G., l984, Swedish sex education and its results. Current Sweden 315, The Swedish Institute, Stockholm.

3 Skolöverstyrelsen, 1977, Samlevnadsundervisning.

4 Skolverket, 2014, Sex- och samlevnadsundervisning i särskolan.

5 Skolverket, 2018, Sex-och samlevnadsundervisning-en introduction, jämställdhet, sexualitet och relationer i läroplanerna.

6 Skolöverstyrelsen , 1980, Läroplan för grundskolan

7 Skolöverstyrelsen, 1989, Orienteringsämnen-gren 2, Liber utbildningsförlag, Stockholm.

8 Margretelundsskolan, 1989, Hälsofostran. Stockholm.

9 Goldman, R. and Goldman, J., 1982, Children's conceptualization of development. La Trbe University, Melbourne.

10 Katoda, H., W-Lindgren, G. and Mannerfeldt, R., 1990, School nurses and health education for pupils with and without intellectual handicaps: a study conducted in Japan and Sweden. Nurse Educational Today, 10, 437-447.

11 Bråkenhielm, A., Eiretelt, C., Gradin, A, Israelsson, K., Lantz, I. and Norbelie, B., 1982, Lära leva tillsammans. Social departmentet and Liber förlag, Stockholm.

12 知的障害のある人の性教育研究者オーベ・ローレン（Owe Røren）や、身体障害のある

人の性教育研究者インゲル・ノルドクヴィスト（Inger Nordqvist）へのインタビューを、筆者がスウェーデンに滞在していた1988年に、両氏のご自宅や所属する研究所に伺って行った。

13 Stockholmslandsting, 1983, Rapport från projektet Utvecklingsstörd som föräldrar.

14 スウェーデン性研究所が製作した『Sex and the handicapped』（心身障害者と性）というタイトルの16ミリカラー版で、日本では1995年にアーニ出版が「彼の手はわたしの手－心身にハンディをもつ人びとの性と愛」（障害をもつ人の性と愛シリーズ）というタイトルでビデオ化した。

15 Katoda, H., 1993.6, Parents' and teachers' praxes of and attitudes of young people with mental handicaps: A study in Stockholm and Tokyo. Journal of Mental Deficiency Research, 37, 115-129, The Royal Society for Mentally Handicapped Children and Adults.

16 Nadia, E. M., 2011, Is sex and sexuality a human right? A qualitative study about disability and sexuality, Malmö Högskola.

17 Nirje, B. , 1969, The normalization principle papers. Uppsala, Sweden.（＝河東田博他訳編『ノーマライゼーションの原理』現代書館、1998年、「まえがき」16頁。）

18 たとえば、Sex För Alla の講座は、2020年9月28日、Studieförbundet Vuxenskolan Stockholm で行われた。

19 RFUB：Riksförbundet för barn, unga och vuxna med utvecklingsstörning（スウェーデン知的障害児・若者・成人連盟、もともとは親の会だったが、今日では知的障害当事者会員を受け入れ、親の会・当事者の会となっている。なお、当事者の会は組織内独立を果たし、独自の全国組織をもっている。）

20 Föreningen Grunden i Göteborg. イェテボリ・グルンデン協会を拠点に、今や20以上の支部を有する全国組織にまで発展してきている。

21 RFSU Malmö och Grunden Malmö, 2017, Sex För Alla.

22 第18回北欧精神遅滞連盟会議（Nordiska förbundet för personer med utvecklingsstörning）1987年8月4〜7日（ウプサラ大学）。

23 エリザベス・ブルーベリの演説日本語訳全文は、下記文献に掲載してある。
河東田博『スウェーデンの知的しょうがい者とノーマライゼーション』現代書館、1992年、108-114頁。

24 Nirje, B., 1972, The right to self-determination. In W. Wolfensberger, Normalization. National Institute of Mental Retardation.（＝河東田博他訳編『ノーマライゼーションの原理』現代書館、1998年、第6章「自己決定の権利」、90頁。）

第6章
当事者用性教育テキストが教える「性的共生」
：スウェーデンの場合

1　はじめに

　スウェーデンでは、早く（1956年）から性教育が義務化されている。性教育の義務化は、貧しい時代から脱却する方法の一つ（貧しいがゆえの多産の解消・中絶の自由など）ではあったが、性に対してよりオープンな環境を用意することにもなった。そして、いつしかフリーセックスの国というイメージがついてまわるようになったが、現地で長い間暮らしてみると、そのようなイメージで簡単に語ることはできず、むしろ合理的で健全な国であるということが少しずつわかってくる。芸術作品を猥褻だとして問題にしたり、カット・修正することもない。むしろ、性暴力を否定し、ポルノショップを抗議行動によって閉店に追い込んだ運動団体もあるほどである。

　筆者の手元に、幼児から外国人まで、字を読むのが苦手な人なら誰でも手に取って使うことができる Horst Tuuloskorpi の写真集『１２３』[注1] がある。副題には、「１から1000までの数」と書かれている。この写真集は、数を理解するためだけではなく、ごく自然な人間関係と日常生活を淡々と映し出すことで、多元的な「性的共生社会」の姿をも映し出している考え深い本である。

　下記に示す写真１〜３を見てもらうと、私たちの日常生活の中で性はごく自然なものであり、社会には多種多様な人たちがおり、多種多様な人たちがお互いに出会い、協働し、問題意識を共有し、違いを知り、互いを理解し、新しい発見をし、喜びや楽しみを見出しながら社会−性的に共生していることがわかるだろう。

写真1　　　　　　　　　　写真2　　　　　　　　　写真3
写真集『１２３』　　　　　『１２３』の一コマ　　　『１２３』の一コマ

　スウェーデンでは、幼児期からの性教育、学校での性教育、生涯にわたる性教育、さらには、家族による性支援もあって、誰もが性的人間として生きることができるような「性的共生社会」へと導く好循環が生み出されてきた。

　では、知的障害のある人に対して、幼児期からどのような性に関する情報が提供され、学校性教育にバトンタッチをしているのかを見ていくことにしよう。そのうえで、学校性教育を学び終えた知的障害のある人が、どのように性に関する情報を入手し、日々の交際や生涯にわたる性生活にどのように活かしているのか、「誰もが性的人間として生きる」ための「性的共生社会」とするためには何が必要とされているのか、を見ていくことにする。

2　幼児期に提供されている性に関する情報

　性に対してよりオープンな社会－性的環境を、幼児期からどのように用意しているのかを見ていくために、まず、２冊のスウェーデンの幼児用性教育本を取り上げる。Maj-Brith Bergström-Walan の『Sex : Samlevnadskunskap för barn i förskolåldern』（原題訳『セックス：就学前の子どもが社会で共に生きていくために』1976 年、原著１⇒邦訳書名『ロッタとあかちゃん』1986 年、訳書１）[注2] と Panilla Stalfeldt の『Kärlek boken』（原題訳『愛の本』2001 年、原著２⇒邦訳書名『愛のほん』2010 年、訳書２）[注3] である。

古橋エツ子によると、（スウェーデンの）「性教育は幼児から始めており、絵本『ロッタとあかちゃん』などを使用している」[注4]という。この訳書1の書き出しの部分にある「先生と親へのメッセージ」に、「この本は就学前の子どもを対象に、性を理解させ、社会で共に生活することについて理解させることをねらって簡潔にしかも正直に内容を表現しました」[注5]と記されている。このメッセージに記されている「社会で共に生活すること」とは何か、「簡潔にしかも正直に内容を表現」するとはどういうことなのかを、以下見ていくことにする。

写真4
訳書1『ロッタとあかちゃん』

写真5
訳書2『愛のほん』

　訳書1は、「6歳の女の子の絵物語」で始まる「基礎的な性知識を内容とする「物語篇」」と、「写真を多く使った「主題篇」」で構成されている。[注6]なお、原著1・訳書1の「物語篇」は章立てがないため、「主題篇」は各章の内容をどのくらいのページ数で説明しているかを把握するため、該当するページを示しながら説明する。

　「物語篇」の内容をページごとに見ていくと、5～7頁には子どもから大人まで（全員裸）の家族がサウナで汗を流しているカラーの絵が、8～12頁には妊娠・出産のカラーの絵が、13～14頁には授乳と育児のカラーの絵が、15～17頁にはお医者さんごっこ・性器への関心のカラーの絵が、18～19頁に

は愛とセックスのカラーの絵が、20頁には避妊のカラーの絵が、21頁には家族とあかちゃんの名前に関する白黒の絵が描かれている。

　また、「主題篇」の内容を頁ごとに見ていくと、１．いろいろなひと：同じ人間でも見かけが違うこと（22頁）、２．いろいろなきもち－相手によって気持ちが変わること（23頁）、３．こどもからおとなへ：男性と女性（全員裸）はみな成長すること（24～25頁）、４．おとこのことおんなのこのちがい：性器の違いとおしっこの仕方（26～27頁）、５．おとなになる：内性器が発達しセックスすると子どもできるようになること（28～29頁）、６．セックス：好きになり愛し合いセックスをするようになること（30～31頁）、７．せいめいのたんじょう：セックスをすると生命が誕生すること（32～33頁）、８．しゅっさんのようす：あかちゃんの誕生のようすが詳しく描かれていること（34～37頁）、９．こどもがいないひと：子どものできない人がいることや親のいない子どもがいること（38～39頁）、10．こどもをつくりたくないとき：避妊をすると子どもができないこと（40頁）などが、白黒の写真とわかりやすい言葉で説明されている。

　以上のことからわかるように、訳書１は、「社会で共に生活すること」とは、誰もが人を好きになり、愛し合い、セックスをすること（性器も性行動も隠すとなく表現すること）が自然であり、お互いに「簡潔にしかも正直に」伝え合いながら生活していくことだとわかる。

　訳書２は、目次がなく、いきなり「愛」と「セックス」に入っていくユニークな絵本である。絵も愛らしく、楽しいものになっている。１頁は「愛してるっていう感じはね（中略）あまーいソーダの泡につつまれているみたいだったり」「たくさんのチョウチョがはばたいていくみたいだったり」「おなかの中がフワフワの綿でいっぱいみたいな気分なの（中略）」で始まり、２頁の「愛しさが恋になることもあるわ（中略）」と展開していく。しばらくさまざまな「愛」の形が紹介され、14頁で愛の表現の一つとして「セックス」が素敵なイラスト付（６．訳書２イラスト「セックス」参照）で次のように紹介される。

　男の人には、つきでたペニスがあります。
　女の人には毛におおわれたあながあります。

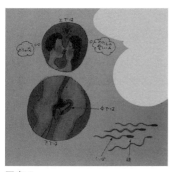

写真6
訳書2の一コマ

それは赤ちゃんがほしいと願うふたりにとってすばらしいことです。

ペニスがぴったりとあなに合います。

少しするとペニスから白いえきがあなにふきだします。それが精子です。

あまりに小さいので見ることはできません。

それらは、女の人の中にある卵にむかって泳いでいきます。

そして競争します。注7)

　15頁は「最初に卵に着いたのが勝ち」から始まり、胎児の着床へと続いていく。その後、「恋」と「愛」に関する豊かな内容が表現され、25頁目でこの本が終わる。幼児に包み隠さず、面白おかしく、「愛」と「セックス」を語り、伝えようとする姿勢が見られる。

　以上のことから、訳書2も、「社会で共に生活すること」とは、人を好きになり、愛し合い、自然にセックスをするようになるということを、「簡潔にしかも正直」に伝えようとしていることがわかる。

　この2冊の幼児用性教育絵本がスウェーデン全体の幼児用性教育の姿を表しているかどうかはともかく、「誰もが性的人間として生きる」ことが自然で当たり前なのだというメッセージが込められている。この2冊の幼児用性教育本に共通しているのは、人間の実際の姿・行動様式・行動特徴、つまり、愛・交流（交際）・セックスなど、わが国では隠しがちな事柄を、ありのまま端的に表現し、幼児たちに伝えようとしているということである。

3　スウェーデンの若者の社会－性的実態

　妊娠・出産が社会福祉政策として位置づけられ、出産後も夫婦（カップル）への性教育がなされ、幼児期から自然な形で性に関する情報が提供されている

スウェーデンは、まさに性に対してオープンな社会−性的文化環境が用意されていることがわかった。このような社会−性的文化環境の中で育った若者たちの実態を、次に示したい。

　スウェーデンの若者は、日本の若者よりも性成熟が遅い傾向がある。[注8] それにもかかわらず異性との性的交わりは早く、週末のパーティなどは若い彼らの社交場となる。そのため、スウェーデンでは早くから性教育の義務化が検討され、1956年以降全児童を対象とした性教育を行ってきたことはすでに記した。学校性教育プログラムの作成には、生徒代表も加って行われているところが多く、若者の視点で授業を組み立てようとしているため、性教育への関心は非常に高い。また、小さい時から自律・自立心を養うように教育され、早い時期から親とは異なる集団で過ごすなど社会−性的な自律・自立が奨励されている。一方で、スウェーデンの若者の間で、早期喫煙・飲酒、人種・民族差別、ＤＶなどの社会的問題が存在しているのも事実である。

　こうしたスウェーデンの若者事情を確認するため、2007年7月に首都ストックホルムに調査に入ったことがある。この時の調査[注9]の結果、驚くことに、じつに多くの「非行的行動」や「いじめ」、さらには、「飲酒」と「性的逸脱行動」が見られていた。これらの社会的問題は、いずれも自由な文化的環境のなかで育まれる社会−性的な営みと関係しており、若者が飲酒を伴いながら非行的行動や性的逸脱行動を引き起こしていた。こうした社会的問題は、自己決定・自己責任の曖昧さにより、環境や諸行動の負の相互作用により引き起こされているのではないかとも指摘されていた。このように、オープンな社会−性的文化環境の中で育った若者たちは、必ずしも健全な姿ばかりを示してはいなかった。

　スウェーデンでは、対等・平等の人間関係を維持するために何を大切にし、何をしなければならないのかを長い間考え続けてきた。様々な問題や課題に対処できるような社会的支援システムの構築が検討されてきた。しかし、すべてがうまくいっているわけではないこともわかった。今後は、様々な社会−性的な問題を抱えながらも対等・平等の人間関係を維持するために何を大切にし、何をしなければならないのかを考え、性や人間関係に関する自分の意見をしっかりもって互いに向き合い、語り合い、連帯・平等志向への努力を行っていく必要がある。そのことが「性的共生」（誰もが社会の一員として平等に受け入

れられ、一人ひとりが大切にされる共生的な社会-性的関係）へと導いてくれるように思われる。

　しかし、スウェーデンが、「性的共生」とはほど遠い、人間がつくり出す現実社会であることを認識させられるできごとも見受けられる。たとえば、筆者が長期滞在中（2008年度）に目にした2008年5月13日付『Metro』[注10]が、19歳の知的障害のある妻に100人以上もの男性の相手（売春）をさせて金儲けをしていたという記事（44歳の夫が逮捕され、裁判を受けている様子）が掲載されていた[注11]。このような実態は、「性的共生」の構築に向けた動きとはとても言い難かった。

　スウェーデンには「性的共生」とはほど遠い実態があるものの、「性的共生」に向けた動きが、至るところで脈々と続けられている。その動きを、スウェーデンの知的障害当事者用性教育テキストを通して見ていくことにしよう。

4　スウェーデンの当事者用性教育テキストが教える「性的共生」

　学校性教育を学び終えた知的障害のある人が、どのように性に関する情報を入手し、日々の交際や性生活にどのように活かそうとしているのかを見ていきたい。そこで、スウェーデンの知的障害のある人がよく用いているテキストを取り上げ、どんなことを大切にしながら性に関する情報を提供しようとしているのか（基本原理／基本編）、また、具体的にどのような内容を提供しようとしているのか、を見ていくことにする。

　生涯性教育の「基本原理／基本編」の例として、Isidor LaabanとEwa Lundbergの『Som alla andra』（原題訳『他のすべての人と同じように』2002年、原著3）[注12]を取り上げる。スウェーデン第2の都市イェテボリにあるグルンデン協会・メディア部門が製作し、「自己決定・分かち合い・民主主義」という副題がついている本である。性や交際・結婚／共同生活は、人生のほんの一コマでしかないが、最も大切なものであり、社会や隣人・知人とのつながりの中で支えられ、育てられていくものだ、というメッセージを基本原理としてもっている本でもある。また、生涯性教育の「具体的内容／実際編」の例として、

Ulla Andersson と Birgitha Eklund の『Oss emellan』（原題訳『わたしたちの間に』1980 年、原著 4 ⇒邦題書名『わたしとあなた』1982 年、訳書 3）[注13] を取り上げる。さらに、Evy Kollberg-Johansson と Yvonne Folkesson の『Vitalar om sex』（原題訳『性について話しましょう』1984 年、原著 5 ⇒邦題書名『性について話しましょう』1994 年、訳書 5）[注14] と Rasmus Fonseca と Becky Nelson の『Sex För Alla』（原題訳『みんなのセックス』2017 年、原著 6）[注15] を取り上げる。いずれもスウェーデンの知的障害のある人が用いている当事者用テキストであるため、わかりやすい言葉で書かれ、わかりやすい内容となっている。内容はシンプルだが、非常に具体的である。どのように具体的なのかを、表紙及び特徴のある写真やイラストを内容と共に示しながら見ていくことにしたい。なお、原著と訳書に違いが見られているため、その違いの一端を紹介し、内容も訳書から引用する。また、訳書がないものについては、筆者が仮訳し、紹介する。

（1）原著 3 『Som alla andra』

　原著 3 の表紙には、原題『他のすべての人と同じように』が記され、イラストと共に、女性のつぶやき「彼の気持ちはわかるけれど、どうしたらいいのかわからないわ」と書かれている（写真 7 参照）。表紙裏には、「他の全ての人と同じように－決定・分かち合い・民主主義に関する本」と書かれ、「目次」が用意されている。「目次」を見れば、本書の内容をある程度把握することができる。「目次」は、次のように、15 章から成っている。

　1．あなたに、2．これが私の人生、3．こうすればあなたにもできる、4．しごと、5．お金、6．住まい、7．わたし、8．いろいろな人たち、9．一緒に、10．障害者の機会均等化に関する基準規則。11．LSS[注16]、12．民主主義、13．政治、14．国会と政府、15．連絡先

　これらの中から、社会－性的な内容を含んでいると思われる章を見てみよう。第 2 章「これが私の人生」には、「グループで話し合おう・誰が決めるの？自分の人生は自分で決める。どのように決めるの？」と記されている。同様に、

写真7　原著3
（原題訳『他のすべての人
と同じように』）

写真8
原著3の一コマ

　第7章「わたし」には、「自分のことや自分の体のことはあなたにとって最も
大切なことです。あなたがどのように見られ、何を食べたいのか、誰と一緒に
いたいのか、どうしてほしいのかを、自分で決め、責任をもってやりましょう。
たとえば、病院に行くこと、妊娠？、セックス、体と洋服、（中略）自分の考
えていることを話すことが大切です」と記されている（写真8参照）。また、第
8章「いろいろな人たち」には、「グンナールの両親。アンネの上司。ヘッドヴィー
クが考えていること。マイコが病院で。リーサがインターネットで。ミリアム
のパートナーと子ども。リヌスの共同生活。エヴァとビッテの愛。あなたはそ
の時どうしたらいいの？」と記されている。さらに、第9章「一緒に」には、「他
の人と一緒に決めよう。多くのことを変えることができる。（中略）自分の所
属するグループでもできる」と記されている。
　以上のことからわかるように、この本では、体や愛・セックスなどに関する
ことも含め、自分に関すること、対人関係の中で生じるあらゆること、自分の
将来のことなどを自分で決めることができるようにしていくことが大切だとい
うこと、どのように決めていったらよいのかを問いかけている。
　国連による国際障害者年(1981年)から障害者の機会均等化に関する基準規則(1993
年)、機能障害者の援助とサービスに関する法律（LSS、1994年）、障害者権利条約(2006
年）へと続く「完全参加」「平等」「連帯」「自己決定」という新しい概念を基軸に、
社会−性的な問題をあらゆる人間の権利として取り上げ、わかりやすく表現している。

（２）原著 4 『Oss emellan』
　原著 4 の原題訳は『わたしたちの間に』となっており、「あなたとわたし、
私たちの感情、私たちはどう生きるか、に関する本」という副題がついている
（写真 9 参照）。これを日本語訳した訳書 3 ではタイトルを『わたしとあなた』に、
副題を「愛って性ってなんだろう」としている（写真 10 参照）。また、訳書 3
表紙には、原著 4 第 5 章 38 頁の絵を使用し、原著 4 第 6 章 44 頁の裸の家族
写真（写真 11 参照）と 54 頁の男女が裸でセックスをしている写真（写真 12 参照）
をイラストに差し替えて出版している。

写真 9
原著 4 （原題訳『わたしたちの間に』）

写真 10
訳書 3 『わたしとあなた』

写真 11
原著 4 の一コマ

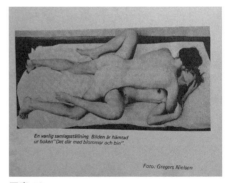

写真 12
原著 4 の一コマ

「目次」は8章立てになっているが、以下各章の小見出しを紹介してみよう。なお、筆者の手元にある原著4の初版は1980年に出版されており、本書とは別に「グループリーダーへ」というリーフレットが付いていた（訳書3には、あらかじめ、「はじめに－この本を使うにあたって－グループリーダーへ」が付け加えられている）。この本はわかりやすく書かれた当事者用性教育テキストだが、6～8人で学習するにあたり、学習グループのリーダーが使えるように用意されたテキストであることがわかる。文章が多いものの、わかりやすい内容となっている。

　１．わたしたちみんなちがいます　でも同じなんです、２．自分のことは自分できめるけんり、３．わたしたちはおたがいにひつようです、４．住むこと－だれかといっしょに　またはひとりで、５．友情－愛情、６．わたしたちのからだ、７．子どもはほしいですか　それともほしくないですか、８．おわりに

　これらの中から、社会－性的な内容を含んでいると思われる章を見てみよう。
　第２章「自分のことは自分できめるけんり」では、「どんなふうに住んでいるの？　あなたはしごとをしていますか？よかについて自分できめますか？けんり」について記されている。同様に、第３章「わたしたちはおたがいにひつようです」では、「感情をあらわすこと。かわいい男の子とつよい女の子」について記されている。また、第４章「住むこと－だれかといっしょに　またはひとりで」では、「どのように住むのがいちばんよいでしょうか？　親の家からうつるのはむずかしいです。ほかの人はどのように住んでいるのでしょうか？　どうせい。けいざいについて話そう。どうせいそれともけっこん？　だれのもの。りこん。しんだとき」について記されている。第５章の「友情－愛情」では、「友情。愛情。愛情をあらわすこと。ふたつのだいじなきまり」について記されている。さらに、第６章の「わたしたちのからだ」では、「生理。そして、つぎは（中略）。ほかの人のことをかんがえなさい。性器にはいろいろななまえがついています。つぎのようなこともあります。うまくいかないとき。せいけつ」という内容になっている。第７章の「子どもはほしいですか　それ

ともほしくないですか」では、「コンドーム・リング・ピル。そのほかのほう
ほう。ふにんしゅじゅつ。ちゅうぜつ・かんがえることはだいじ」という内容
になっている。

　以上のことからわかるように、自分の体を知ること、愛やセックスを含め対
人関係の中で生じるあらゆることに気づき・知り・考え、自分で決めることが
できるようになっていくことが大切だと問いかけている。とりわけ、「愛」や
「セックス」を考える際、「１．人がしたくないことを　むりにしてはいけません。
２．自分がすきでないことを　するひつようはありません」という「ふたつの
だいじなきまり」は、特に本書からの重要なメッセージだと思われる。

（３）原著５『Vi talar om sex』
　原著５の趣旨を生かし、訳書４のタイトルも内容も忠実に日本語に翻訳され
ている（写真13・写真14参照）。原著５には写真がないものの、内容がわかる
ように、一部を除き見開きのページのどこかにイラストが描かれている。（２）
で取り上げた原著４との類似点・相違点を、「目次」を通して見ていくことに
しよう。なお、「まえがき」には次のように記されており、この本が「性」に
特化した当事者用性教育テキストになっていることがわかる。

　　わたしたちは、みなさんに、性についてわかりやすく書かれた本があると
　いいなと思い、この本を書きました。
　　この本には、性ということ、そして、性をどのように考えたらよいのかが
　書いてあります。性のことは、だれでも思っています。性とは、だれでも感
　じる自然なものなのです。
　　この本を読んで、みなさんが自分の性をどのように考えたらよいのかが、
　わかるようになってほしいと思います。あなたも、友だちやあなたの知って
　いる大人の人と、性について話したいと思うようになるでしょう。そう思っ
　たときには、おたがいに話しあい、学びあってください。注17)

「目次」は11の章立てになっているが、「目次」に記されている各章各節も

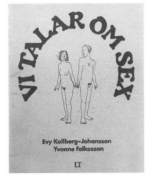

写真 13
原著 5（原題訳『性について話し
ましょう』）

写真 14
訳書 4『性について話しましょう』

含めて次に紹介してみよう。

　　1．自分が感じていること・ほかの人たちが思っていること：10 代である
　　こと・恋をするということ・知的しょうがいと性・ほかの人たちが思ってい
　　ること、2．小さな子どもと性、3．赤ちゃんのころ、4．3 才から 7 才の
　　間、5．もうすぐ大人になるあなた：からだの変化・女性のからだ・初経と
　　月経・男性のからだ・夢精・からだのせいけつ、6．性のいろいろな楽しみ
　　方：マスターベーション・ペッティング、7．セックスとオーガズム：セッ
　　クス・みんなはじめて、8．妊娠と中絶、9．ひ妊法と不妊手術：ピル・Ｉ
　　ＵＤ（リング）・コンドーム・不妊手術、10．同性愛、11．気になること

　原著 5（訳書 4）には、先ほどの『わたしとあなた』（訳書 3）とは大きく異
なる点を見出すことができる。それは、私たちがこれまで躊躇してきた性に関
するきわめて具体的な点に視点を当てているということである。この視点は、
執筆者たちの具体的な実践の中から導き出されている。また、執筆者たちは、
知的障害のある人が性に関する具体的な事実を知りたがっている反面、体につ
いての理解がほとんどできておらず、自分の体やマスターベーションなどにつ
いて話すことにためらいを感じ、妊娠や中絶に関する理解が不十分なのは、性
に関する情報を彼らにほとんど提供してこなかったためではないかと考えて導

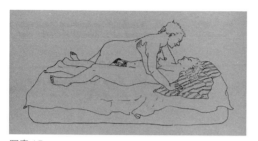

写真 15
原著 5 の一コマ

写真 16
原著 5 の一コマ

き出されたようである。そこで、性について（セックスやコンドームなどについても）気軽に話すことができるようにとの思いを込めて「性について話しましょう」という表題が付けられたようである（写真 15・写真 16 参照）。

（4）原著 6 『Sex För Alla』

写真 17
原著 6（原題訳『みんなのセックス』）

　原著 6 は、原著 3 同様「完全参加」「平等」「連帯」「自己決定」という基本原理を基軸に、社会－性的な問題を権利として取り上げつつ、原著 4 や原著 5 よりもさらに性に関するきわめて具体的な点を取り上げている（写真 17 参照）。そのことを、「目次」を通して確認していくことにしよう。なお、「目次」は以下のように 4 章立てになっているが、付録には、これまでの本には見られない、とても具体的な「からだの構造」「対人関係」「コンドームのつけ方」に関するカラーイラストがたくさん掲載されている。

　この本の組み立て：この本で使われている言葉・この本はどう使うの？ この本はどうやって作られたの？ この本を作るのにどんな人たちが参加したの？
1．セックスの方法：セックスのやり方・コンドームのつけ方を学ぶ・コンドームのつけ方 1 －ミオ（Mio）の説明・コンドームのつけ方 2 －コンドームをつけてみよう・対人関係について学ぶ・対人関係についての学

び１－絵を見て話し合おう・対人関係についての学び２－動画を見てみ
よう・コーヒーの夕べ（夕方コーヒーを飲みながら）・自分たちのやり
方で話し合おう。

２．わかりやすさ・性教育・性教育の役割：参加者とわかりやすさ・性教育
の支援者・性教育のテーマ・性教育の役割。

３．支援者の雇用と社会サービスの利用：支援者の雇用・雇用するのはみな
さん・支援者を雇用するために社会サービスの利用を。

４．（性の営みの）方法を学ぶための資料・コンドームのつけ方を学ぼう１
－ミオ（Mio）の話を聴いてみよう：ミオは彼にコンドームを使ってほ
しいと思っている・ミオは彼にどう言えばいいだろうか？・コンドーム
を使いたくない彼をどう扱ったらいいのだろうか？

　（付録１．からだの構造：男女の外性器とセックスの楽しみ方に関する様々
な絵、対人関係について学ぶための絵１－絵を見ながら語り合おう）、コン
ドームのつけ方に関する説明１－ミオ（Mio）の話を聴いてみよう、コンドー
ムのつけ方に関する説明２－コンドームを装着してみよう（付録２．社会保
険事務所への依頼文）。

　以上のことからわかるように、原著６は性に関するきわめて具体的な点に視
点を当てているだけでなく、人間の権利としてのセックスを楽しむためのやり
方を伝えようとしている。無理なセックスを強いることなく、自然な対人関係
の中からセックスが生まれることや、望まない妊娠や性病を避けるためにはコ
ンドームを使うこと、しかし、コンドーム使用には難しさが伴うこと、セック
スの仕方もセックスパートナーも多様であることを多彩な絵やイラストを示し
ながら、また、経験者の経験談を通して伝えようとしている。これまでにない
具体的な本となっていることが、「目次」に目を通しただけで理解することが
できるのではないだろうか。

5 おわりに

2004 年刊行のベストセラー『セックスボランティア』（河合香織著）^{注 18)} の第 5 章に筆者の発言内容や取り組みが紹介されている。本章に関わりのある個所を、少々長くなるが抜粋してみよう。

　2003 年 4 月から 11 月まで月 1 回のペースで「知的障害者と支援者の性のワークショップ」^{注 19)} が大阪で開催された。（略）講座は、知的障害者と、家族や施設の職員などの支援者とで別々に受ける。知的障害者は、自分自身を知るために、布製のピンクや黄色や水色を使用したカラフルな男性器と女性器の模型を使って、「大陰唇」「小陰唇」「膣口」「クリトリス」「精巣」などの性器の名称を覚えていく。さらに、パートナーを作るために、デートプランをみんなで話しあったりもした。恋人や結婚についてイメージを連想するために、たくさんのタレントの写真の切り抜きから好みのタイプを選び、この人がこう言ったらどう答えようか、ということを考えた。支援者は、知的障害者の性のコントロールをどのように支援していくかを学び、避妊や性感染症などについて学んだ。（中略）しかし、20 代 30 代を中心とした知的障害者を対象としているにしては、少し幼すぎる内容ではないだろうか。
　報告会のコーディネーターを務めたのは（中略）河東田博さんだ。彼は、そこで疑問を投げかけていた。「今回の講義は本当に役に立っているでしょうか。私は、あまり役に立っていないと思います。一番難しい問題である、コンドームの使い方や、セックスの仕方は実際やってみないとわからないからです。子どもを作ることはおろか、セックスも禁止しているという現状も知的障害者の施設のなかではいまだにあります。性の支援ですが、過激だからといって目を覆うのではなくて、リスクを乗り越えて取り組むべきではないでしょうか。」
　実は、河東田さん自身がさらにつっこんだ取り組みをしていたのだ。（中略）^{注 20)}

筆者の「つっこんだ」取り組みとは、主に異性との触れ合いを中心としたも

ので、「リアルな体験」に近い取り組みのことを指している。この「つっこんだ」取り組みは、スウェーデンの性に対してよりオープンな社会－性的文化環境の中で育まれた性教育実践や、数々の当事者用テキストなどから示唆を受けて取り組まれたものである。2003 年に行われたワークショップを通して筆者が言及したことは、20 年近く経った今でも変わらず必要とされている。

　スウェーデンには、「寝た子／人を起こすな」とか、性の加害者・被害者になることを恐れて性的営みを隠そうとする文化はなさそうである。むしろ、幼児期から学齢期・成人期に至るまで、自然な人間としての性の営みを育もうとする積極的な取り組みが随所で行われている。スウェーデンで行われている当事者用性教育テキストを使った性教育実践からの学びは、今後も私たちに多くの示唆を与えてくれるに違いない。

　本章で取り上げたスウェーデンで作成された写真集や原著 1 ～原著 6（訳書 1 ～ 4 も含む）などの当事者用テキストは、当事者の性（対人関係としての愛やセックスのあり方を含め）を誰にでも享有されるべき権利として真正面から取り上げ、日常生活の中の自然な営みとして描いている点で共通していた。「性的共生」時代の性教育は、「誰もが性的人間として生きる」ためには不可欠であり、性を真正面から取り上げて論じ、語り合い、協働の取り組みを通して伝え合い、自分たちのものにしていく必要があるのではないだろうか。

注

1　Tuuloskorpi, H., 1984, 1 2 3 – Bilder från 1 till 1000. Gidlunds.

2　Bergström-Walan, M-B., 1976, Sex : samlevnadskunskap för barn i förskolåldern. LiberLäromedel.（＝二文字理明訳『ロッタとあかちゃん──スウェーデン幼児からの性教育』香匠庵、1986 年。）
　　なお、本章では、原著を入手できなかったため、訳書を使用した。

3　Stalfeldt, P., 2001, Kärlek boken. Eriksson & Lindgren.（＝川上麻衣子訳『愛のほん』小学館、2010 年。）
　　なお、本章では、原著を入手できなかったため、訳書を使用した。

4　古橋エツ子「スウェーデン：育児保障におけるジェンダーギャップへの取組み」（連続シン

ポジウム岐阜発「わが国の政策課題への処方箋－諸外国におけるジェンダーギャップへの取組み」）第 123 回日本法政学会（会場：岐阜聖徳学園大学羽島キャンパス 9 号館 1 階講義室）2015 年 11 月 28 日。

5　前掲書（＝二文字、1986 年）、3頁。

6　同上書。

7　前掲書（＝川上、2010 年）、14 頁。

8　Katoda, H. Health and sex education of schoolchildren with intellectual handicaps-A study in Japan and Sweden. Almqvist & Wiksell International. 1991 年、39 頁。

9　この調査は、スウェーデンの首都ストックホルムを訪問した 2007 年 7 月 18 ～ 23 日に行われた。2019 年 9 月 12 ～ 22 日に、ストックホルムを再訪したが、この時の主要な話題がスウェーデンが生んだ環境活動家 Greta Thunberg さんの話題と彼女の呼びかけに呼応する形でなされた学校ストライキで占められていたため、若者の社会－性的な話題を紙面で探すことができなかった。

筆者が 2007 年 7 月に目を通した新聞とは、以下の 4 紙（日刊紙）である。

　　Dagens Nyheter（ダーゲンス・ニーヘーテル）

　　Svenska　Dagbladet（スベンスカ・ダーグブラーデット）

　　Afton Bladet(アフトン・ブラーデット)

　　Expressen(エクスプレッセン)

4 紙の若者の社会－性的な話題を整理してみた結果、以下のように、4 グループに分けることができた。

　　（1）A グループ：保健体育と肥満対策

　　（2）B グループ：非行的行動といじめ

　　（3）C グループ：飲酒と性的逸脱行動

　　（4）D グループ：子どもの単身移住と移民問題

スウェーデンの若者になぜこのような特徴が見られ、社会的話題や問題となっていたのかを、グループごとに見ていくことにしよう。

（1）保健体育と肥満対策

　　戸外で運動をしたり、どこかのクラブに所属してコミュニケーションを取ることが少なくなり、家にこもって過ごす若者やパソコンやゲーム機などメディア媒体機器を使用する若者が増えてきていた。

（2）非行的行動といじめ

　　若者の児童喫煙・飲酒、ゲーム・インターネット漬け、落書き、いじめ、引きこもりなどの問題が散見され、家庭や学校における養育（教育）・子どものしつけの低下とも関

係しているとの指摘がなされていた。

（3）飲酒と性的逸脱行動

　　自由な社会的環境の中で育まれる早い時期からの飲酒や、家族ぐるみ、または友達同士で週末に行われるパーティでは、酒が出されることが多い。飲酒に伴う解放感やこうした環境下での早い時期からの異性との交際、体の成熟などがセックスの低年齢化や性感染症の増加をもたらし、時には性的逸脱行動も見られていた。

（4）子どもの単身移住と移民問題

　　移民の多くは、仕事が得やすく住みやすい大都市圏へ流れてくる。また、受け入れが容易な子どもたちを先に移住させ、後で家族が移住してくるという人たち（家族）もいる。その結果、スウェーデンの移民の割合は、国民総数の 15％くらいになってきており、長年住んでも潜在的なアイデンティをめぐる問題や悩み（帰属性、文化的価値観の相違、将来への不安等）が浮上してきていた。

10 2008 年 5 月 13 日付『Metro』。Metro（メトロ）は、1995 年にストックホルムで発行された朝刊としてはスウェーデン最大の無料全国紙だったが、スウェーデン再訪の 2017 年には財政悪化のため廃刊していた。

11 2008 年 5 月 16 日付『Metro』のストックホルム版 2 面「Han sålde sin fru till over 100 män」（自分の妻を 100 人以上の男に売っていた）が、19 歳の知的障害のある妻に 100 人以上もの男性の相手（売春）をさせて金儲けをしていた 44 歳の夫が裁判を受けている様子を掲載していた。

12 Laaban, I. & Lundberg, E., 2002, Som alla andra. Föreningen Grunden, Grunden Media.Allmänna Arvsfonden と Justitiedepartmentet の補助金を受けてグルンデン協会・メディア部門が製作したものである。

13 Andersson, U., & Eklund, B., 1980, Oss emellan. Nykterhetsrörelsens Bildningsverksamhet.（＝直井京子訳『わたしとあなた―愛って性ってなんだろう』社会評論社、1982 年。）

14 Kollberg-Johansson, E. & Folkesson, Y., 1984, Vi talar om sex. LTs förlag.（＝河東田博・河東田誠子訳『性について話しましょう』大揚社、1994 年。）

15 Fonseca, R. & Nelson, B., 2017, Sex För Alla. RFSU Malmö & Grunden Malmö.

16 LSS とは、1994 年に施行された「機能障害者の援護とサービスに関する法律」（Lag om stöd och service till visa funktionshindrade, 1993:387）で、日本の障害者総合支援法に相当する法律である。

17 前掲書（＝河東田・河東田、1994 年）、3 頁。

18 河合香織『セックスボランティア』新潮社、2004 年、129-133 頁。

19 黒瀬久美子『知的しょうがい者へのセクシュアリティ支援プログラム』ハートブレイク、

2005 年。

20 前掲書（河合、2004 年）、129-133 頁。

第７章
性教育の実態と当事者用性教育テキスト：日本の場合

１　はじめに

　スウェーデンでは、早く（1956 年）から性教育が義務化され、幼児期からの性教育、学校での性教育、生涯にわたる性教育、さらには、家族による支援もあって、「性的共生社会」へと導く環境創出の好循環が生み出されていた。しかし、日本では、学習指導要領から逸脱しているという理由から、数年前まで（2003 ～ 2013 年及び 2018 年）東京都議会議員（政治家）や東京都教育委員会（教育行政）による性教育への介入が行われ、「性的共生社会」へと導く環境創出が著しく阻害されてきた。

　学校性教育に政治家や教育行政が強権的に介入したことで、「性的共生」に向かって歩み続けている多くの人たちの努力を踏みにじり、「性的共生」から大きく遠ざけられる結果となってしまった。

　今から 27 年前（1997 年）の 7 月、旧七生養護学校（現七生特別支援学校）で、「中学部の女子生徒と高等部の男子生徒が性的交渉をもっていたことが発覚し、（中略）学校全体で適切な性教育などの指導を行う必要があると認識されるようになり、（中略）「こころとからだの学習」」[注1] が行われていた。この学習は、関係者の連携と創意工夫により、「より平易に、より具体的に、より明確に、より端的に、より誇張して、繰り返し教える」[注2] ものだった。この学習の中で行われていた取り組みが、都議会で問題にされ、「最近の性教育は、口に出す、文字に書くことがはばかられるほど、内容が先鋭化している」[注3] との指摘を受け、状況が一変することになった。そして、政治家や教育行政、メディアを巻き込み、社会問題化した。教育行政による事情聴取、ビデオ・教材等の没収、関係教職員の大量処分までなされた。このような強権的な動きに対して、2005

年から2013年まで、裁判所（地裁・高裁・最高裁）を舞台にした不当な性教育への介入に対する闘いが行われてきた。最終的には、政治家・教育行政の「過激性教育」判断の根拠には誤りがあること、「こころとからだの学習」は「望ましい取り組み」であり、教育現場の自主性が広く認められるべきであるという判決[注4]を勝ち取って終結した。裁判で勝訴はしたものの、社会的に攻撃を受け続けた現場教職員や関係者の心の傷はなかなか癒えず、性教育実践に踏み出せないでいる関係者が大勢いた。

　そこで、本章では、旧七生養護学校で行ってきた性教育の内容と方法からの学びを、（1）誰もが性的な関心をもっていること、（2）性に関する情報をどのように提供すればよいのか、の二つに整理し、「性的共生」（「誰もが性的人間として生きる」こと）へと導くためのヒントを見出していこうと思う。

2　誰もが性的な関心をもっている

　旧七生養護学校の「こころとからだの学習」は「校内で性的な「問題行動」が表面化」[注5]したことから始められた。

　詳細は第Ⅲ部第8章に譲るが、筆者が行った2019年度の全国アンケート調査によると、知的障害のある人の大多数が自分や相手の体に興味をもち、性的な関係を持とうとしていたことが明らかになっている。

　そこで、性的な関心をもち始めている知的障害のある子どもに、学校で性に関する情報をどのように提供しているのかを、いくつかのテキストを拠りどころに見ていくことにしよう。

　知的障害のある子どもが利用できるように用意されたテキストが、『わたしたちのからだ』[注6]（写真1参照）である。5部構成になっており、ひらがなが多く使われ、漢字が使われていてもすべてルビがつけられ、「けんこうとからだ」に焦点があてられている。非常に具体的で、わかりやすく、誰にでも利用できるテキストとなっている。

　1部の「男の子と女の子」「子どもとおとな」、4部の「からだの成長」「女の子の成長」「初潮と月経」「月経と生理用品」「月経の手当てのしかた」「月経

のきろくのしかた」「月経中の生活」「男の子の成長」「せいつうとむせい」、5
部の「すきな人ができたら」「としごろになったら」、などが「性」に関する内
容だが、「性交」に関する項目は見当たらない。

　「すきな人ができたら」では男女交際を扱っており、交際をするにあたって
の留意事項が記されている。「としごろになったら」では性の被害と加害を扱っ
ており、マナーやルールを教える内容となっている。

写真1
『わたしたちのからだ』

写真2　『イラストでわかる
養護学校の性教育辞典』

　知的障害のある子どもが、学校時代にどのような性に関する情報を得ている
のかがよくわかるテキストも、いくつか出版されている。その一つが『イラス
トでわかる養護学校の性教育事典』注7)で、もう一つが『ワークシートから始
める特別支援教育のための性教育』注8)である。

　『イラストでわかる養護学校の性教育事典』(写真2参照)は2部構成で、1
部が「授業づくり事例集」、2部が「性教育を実施するために」となっている。
このテキストは性教育を担当する教師向けに使われているため、内容理解のた
めにイラストが豊富に使われ、授業指導案のようなつくりとなっている。した
がって、(ルビなしの)普通の漢字交じりの文章で説明がなされている。

　このテキストには「お風呂でからだを洗おう(男子)」「お風呂でからだを洗
おう(女子)」「マスターベーションの仕方を知ろう(男子)」など、『わたし
たちのからだ』では取り上げていない性に関する内容が具体的に記されている。

写真3 『ワークシートから始める特別支援教育のための性教育』

なお、このテキストでは、「性交」に関する項目そのものがない。

『ワークシートから始める特別支援教育のための性教育』（写真3参照）は、第1章「解説編」、第2章「実践編」、第3章「資料編」、第4章「素材編」という4章構成となっている。第2章「実践編」はとてもよくできており、「指導略案」（1．題材・単元の構成、2．授業の説明、3．目標・評価、4．本時の指導）、「（すぐに使える！）ワークシート＆イラスト集」（6〜8頁相当のイラストと九つのコラムを含む。CD-ROM 収録）から成る、学校ですぐにでも利用できる優れたテキストといえる。また、コラムの項（二次性徴、子育てと子離れ、カタカナ言葉にご用心！、あいだと距離感、ルールとマナー、プライベート・ゾーン、理念と理想、思春期とは何か、教師と教員）も用意されている。

このテキストの「実践編」のワークシートは生徒用として用意されているため、ひらがなが多く使われ、漢字が使われていてもすべてルビがつけられ、具体的で、わかりやすく、生徒と一緒に学び合い、伝え合いながら利用するものとなっている。教職員が学校全体で編者の専門家と一緒になって検討し、つくられた指導略案がもとになっており、多くの学校ですぐに使用できるテキストとなっている。なお、このテキストにも、「性交」に関する項目はない。

3　性に関する情報をどのように提供すればよいのか

これまでいくつかの性教育テキストを紹介してきたが、これらのテキストは子どもたちの実態や理解の程度に合わせながら、創意工夫し、わかりやすく伝えていくことで、「子どもたちの自己肯定感、安心感を育む」ねらいがある点で共通していた。

先述した旧七生養護学校の「こころとからだの学習」で問題視されたのも、まさしく子どもたちの「自己肯定感、安心感を育む」ためのものであり、性に

関する情報を「わかりやすく提供しようとした」実践や教材にあった。その時の実践や教材は、主に、「からだうた」「子宮体験袋」「箱ペニス」「スージー＆フレッド人形」であった。これらの実践や教材は、2013年の最高裁判所の最終判断で正当かつ合理的であることが認められており、「性に関する情報をどのように提供すればよいのか」を検討する手がかりとなる。

「からだうた」は、「性教育の時間を開始するにあたりその意識付けをするための区切りになる歌が必要との趣旨で作成され、（中略）漫然と授業を受けるのではなく授業内容が意識の中に残るための工夫」[注9] がなされたもので、身体の部位の名前を連ねた歌詞をのせ、授業の始まりにボディタッチしながら歌うものだった。

「子宮体験袋」は、以前「妊娠した教師が教室に来て、生まれ出る命への思いを語ることで、誰もが愛されて生まれたことを伝え、その授業である子どもがつぶやいた「ぼくもお腹に入ってみたいな」という声」[注10] から生まれた「子どもが入れる大きさの布でできた袋」[注11] のことである。

「箱ペニス」は、「精通の指導用」[注12] としてつくられた道具で、「何について先生が話をしているのかまったく理解できない生徒のために具体的なビジュアルイメージをもって」[注13] もらうためにつくられた。

「スージー＆フレッド人形」は、「赤ちゃんについて教えているときに、具体的に重さ、形などイメージでわからせ、生徒に実感させるために単なる赤ちゃん人形として使用」[注14] するためにつくられた。

「からだうた」は旧七生養護学校の教員たちの創意工夫によって生まれた独自のユニークなものだが、そもそも歌は、「①生理的・身体的なレベルの直接的な影響、②間接的な影響、③人々をつなぐ社会的側面」[注15] があり、旧七生養護学校での取り組みは、理に適ったものだったのである。

また、「子宮体験袋」や「スージー＆フレッド人形」「箱ペニス」などのユニークな性教育教材は、以前からなんとかよい教材を生み出したいと考えた人たちが、試行錯誤しながらつくろうとしていた教材の一つでもあった。こうした教材の必要性を南正子は、次のように記し、試作したものを教育現場に取り入れていた。

養護教諭である私は、1993年4月、それまで慣れ親しんできた高等学校から盲学校への転勤を命じられました。（中略）盲学校では学齢相当の学習ができる生徒はほんのわずかです。この中での性教育は至難の業であると思えました。（中略）障害者に対する性教育の必要性は以前から叫ばれていましたが、実際にはごく一部で実施されていただけでした。（中略）性器に関してはさりげなく避けて通っており、ただひとつのかたまりと感じられるものです。（中略）しかし、私にとって生殖器は人間の起源"ルーツ"であり、（中略）生命そのものの意味をもっていました。冷たく固いプラスチック素材より、あたたかい生命を感じる手触りのソフトな材質のほうが生殖器にふさわしいはず。そこでジャージーやメリヤスを材料にして、さまざまな試作品の製作にとりかかったのでした。[注16]

　南の手作り教材は、南が属している「ハートブレイク」（性教育講演活動を行っている専門家集団）の手作り教材集（写真4参照）[注17] に活かされ、「見て、触れて、聞いて、（中略）理解を深めていく」「性教育視聴覚教材」（写真5参照）[注18] へと発展していったのではないかと思われる。
　「ハートブレイク」の「性教育視聴覚教材」を（社）日本家族計画協会クリニック所長の北村邦夫が、「明るく、楽しく、元気よくが性教育に求められている」[注19] と、次のように紹介している。

　　巨大性器模型は中でも圧巻である。お腹全体を隠すほどの女性性器模型。尿道あり、クリトリスあり、実に精密にできている。子ども達の前で鎮座奉ります人の胴ほどもある男性性器模型。空気注入器を備えて圧力を加え勃起していく様は、会場の子ども達に驚異と笑いを誘う。（中略）僕の手元にも、茶筒を利用して作ったペニス模型がある。海綿体も動静脈もあって、既にテレビ出演も果たしている代物である。[注20]

　恐らく、旧七生養護学校の教員たちは、「ハートブレイク」の手作り教材などを参考に、独自のユニークな手作り性教育教材（「子宮体験袋」や「スージー＆フレッド人形」など）を作成したと思われる。また、「箱ペニス」も、先に紹介

写真4
『楽しい性教育』

写真5
『楽しい性教育』の一コマ

した長崎の養護学校の実践とそこで使われていた教材を参考に、独自に作成したものと思われる。創意工夫してつくられる手作り教材こそが、性に関する情報をわかりやすく提供し、子どもたちの理解を促進するツールであることを教えてくれているのではないだろうか。

4　就労の場における利用者の性の問題と
　　性に関する情報の提供の仕方

　創意工夫してつくられる手作り教材は、知的障害のある子どもだけでなく、学校卒業後の知的障害のある人にも役立つはずである。そこで、次に、学校卒業後、就労支援事業所などで働く人に、性に関する情報をどのように提供していったらよいのか、その基本的考え方や当事者用テキストがどのような内容で構成されているのかを見ていくことにする。

　学校卒業後、就労の場などで働いている知的障害のある人に、性に関する情報をどのように提供していったらよいのだろうか。参考文献や実践例をもとに、検討してみたい。

　性教育の「基本的な考え方」を示している例として、『セックスと障害者』[注21]と『楽しくセクシュアリティ支援のすすめ』[注22] を取り上げる。

　『セックスと障害者』（写真6参照）は、最終章（エピローグ）で、「基本的な考

え方」に通じる内容を「生と性のバリアフリー憲章」[注23]として次のように示し、「障がいのある人の性の問題は、個人の問題ではなく、社会の問題である」[注24]と指摘している。

1．障がいのある人に性があることは「あたり前のこと」です。
2．障がいのある人にとって、性は「自尊心の基盤」です。
3．障がいのある人にとって、性は自立や就労などの「社会参加のための原動力」です。
4．障がいのある人の性の問題は、「支援者の性」の問題でもあります。
5．障がいのある人の性の問題は、社会の性問題を反映する「鏡」です。

写真6
『セックスと障害者』

また、「誰もが性的人間として生きる」ためには、「生と性のバリアフリー社会」を構築していくことが必要だ、と次のように指摘している。

　必要なのは「正解」の探求ではなく「結論」の積み重ねです。（略）現状を少しでも改善していけるような結論をその都度出しながら、一歩ずつ前進していくこと。
　そうした実践の先にこそ、障がいの有無にかかわらず、全ての人が生涯にわたって自らの性に関する尊厳と自立を守ることができる、真の意味での「生と性のバリアフリー社会」が実現するはずです[注25]

　『楽しく!!セクシュアリティ支援のすすめ』(写真7参照)は、セクシュアリティ支援にあたっての「基本的な考え方」を示している。それは、「性を含めて豊かに生きていく」ことを基本に据え、「自身の立ち位置を再確認し」「幅広い角度で性教育を実施」してほしい[注26]、ということである。そして、「何のために！？」性（セクシュアリティ）を伝えようとしているのか、と問いかけ、その展開項目を次のように示している。

命の大切さ（受精・着床・生まれる、産む）

第二次性徴（月経・射精・その他）

性感染症 （種類・感染経路・感染防止策）

避　　妊 （OC（ピル）・EC（緊急避妊）・コンドー
　　　　ム他）

人生設計他（妊孕性を含めて生き方を考える）

自分や他者のカラダやこころ（違いを認め、お互
いの尊重）

DV・デートDV（被害者も加害者もなくすために）

LGBTQ・SOGI（性のグラデーションを伝
える）

交際・恋愛・結婚（コミュニケーションの大切さ）

人との関わり（感情表現・距離感・アサーティブネス）

その他（ゲームやネットのつかい方・安全に対するスキルなど）

写真7
『楽しく!!セクシュアリティ
支援のすすめ』

「自身の立ち位置の再確認」には、「どんな手法で伝えようとしているか」「誰に伝えようとしているか」[注27] などにも触れている。このテキストのもとになったと思われる『知的しょうがい者へのセクシュアリティ支援プログラム』（第Ⅰ部第4章参照）の「性はすべての人が活力にあふれ、生きていくための重要な要素」[注28] という指摘は、「生と性のバリアフリー」に通じる内容となっている。

5　知的障害当事者用性教育テキストから学ぶ実際的な性

『性・say・生』（写真8参照）[注29] は、写真やイラストを通して具体的な性のあり方を教えてくれる画期的な当事者用性教育テキストで、多くの当事者・関係者に役立つものとなっている。このテキストは全国手をつなぐ育成会連合会（親の会）から刊行されている。親の会が刊行したものとしては異色のものと

写真8
『性 say 生』

いえる。ストレートに「性」を取り上げているからである。

　この当事者用性教育テキストは、各章共、当事者向けのテキスト部分と支援者向けの解説部分とから成っている。当事者向けテキストの特徴は、ひらがなを主体に、漢字も使用し、漢字にはルビがつけられ、やさしく書かれ、豊富なイラストが用意されている点である。

　「はじめに」には、結婚カップルの結婚時のあいさつや結婚に至るまでの様子が紹介されている。そして、恋人がほしい人、結婚したいと思っている人、好きな人とキスやセックスをしたいと思っている人に読んでほしいと呼びかけ、「性行為（セックス）は、遊びではありません。心から愛し合う二人だけに許された、愛の行為です」注30）と語りかける。「支援者のみなさんへ」には、冒頭から次のような文言に出会う。

　この本を手にして、パラパラッとページをめくり、驚かれたのではないでしょうか。（中略）「ここまで教えるのか？」と疑問に思われた方も多いのではないでしょうか。注31）

何に「驚くのか」、何を「ここまで教えるのか」を、目次のいくつかの章の小見出しを通して見ていくことにしよう。なお、このテキストには、「からだにやさしく・性を知ろう」という副題が付いている。

はじめに
１．すてきな・からだ
２．いとおしい・からだ　相手・異性のからだを知る
　（１）からだのしくみ・性器を知る　（２）性器の　おはなし・プライベートゾーン　（３）月経→大人になった しるし　（４）勃起・夢精・射精　（５）こんなときに勃起したら

3．きもちいい・からだ
　（1）ペニスとクリトリスをさわると きもちがいい!!
　（2）男の子の マスターベーションの しかた
　（3）女の子の マスターベーションの しかた
4．すきになる・こころ
5．ふれあう・からだ
6．だきあう・からだ
　（1）もっともっと だきしめたい、いっしょに なりたい!!
　（2）セックスって なあに？？
　（3）セックスする 場所は？
　（4）コンドームの つかいかた
　（5）アダルトビデオの うそ？
　（6）セックスをするうえで たいせつなこと
　（7）セックスの しかた
　（8）きもちを つたえあう
7．からだに・やさしく
　（1）セックスすると 妊娠する　（2）避妊
　（3）妊娠・出産　（4）妊娠を知る
　（5）人工妊娠中絶　（6）性感染症
8．生みだす・からだ
　（1）赤ちゃんが できる　（2）赤ちゃんが できたら
　（3）赤ちゃんを 育てる しあわせ
　（4）赤ちゃんを 社会のなかで 育てる
9．だいじな・からだ

　目次を見ただけで「ん？」「ん！」と感じ、関心させられ、時に笑わせられ、考えさせられてしまうものばかりである。たとえば、第2章の「勃起・夢精・射精」には、次のような説明がある。

　男の子が 大人に 近づくと、

朝、ペニスが 大きく かたくなって 膨らんでいて
びっくりすることが あります。
これは 勃起 といって
からだが 大人になる 準備をしている しるし。
ペニスに たくさんの血液が サッーと 入ったから
ふくらんで かたくなったのだけど、
また 少しずつ 血液が もとへ もどっていくと、
もとの かたさと 大きさに なります。
ほら 小さくなったでしょ注32)

　夢精についても語られ、夢精の処理の仕方も示される。イラストには「朝立
ち」のことも書かれ、「こんなときに 勃起したら」と続く。
　第3章の「男の子の マスターベーションの しかた」も参考になる。たとえば、
次のような流れが示され、注33) イラストでマスターベーションの仕方が丁寧に
描かれている。

　①ティッシュと エッチな本を 用意しましょう。
　②だれもいない場所に 行きましょう。
　③ペニスを 手で にぎりましょう。
　④エッチな 本を 見ます。
　⑤ペニスが だんだんに 大きくなってきます。
　⑥エッチなことを どんどん考えて、手を ペニスの上下に 動かします。
　⑦きもちよくなったら、スピードアップです。
　⑧ペニスから 精液が でそうになったとき、ティッシュで ペニスを 包みます。
　⑨ペニスから 精液が出たら、射精の 成功です。
　⑩ティッシュは ゴミばこに すてましょう

　時に笑わせられ、「おい　おい　おい」と思ってしまう人がいるかもしれな
いほどリアルな描写である。このような描写の仕方は、「女の子の マスターベー
ションの しかた」でも同じである。

第6章の「だきあう・からだ」では、「性交」についても伝えている（写真9参照）。（1）から始まり、（8）と続いてこの章が終わる。

（1）もっともっと だきしめたい、
　　　いっしょに　なりたい‼
（2）セックスって なあに？？
（3）セックスする 場所は？
（4）コンドームの つかいかた
（5）アダルトビデオの うそ？
（6）セックスをするうえで たいせつ
　　　なこと
（7）セックスの しかた
（8）きもちを つたえあう

写真9
『性・say・生』の一コマ

「（7）セックスの しかた」では、イラストを見ただけで理解できるように、その流れが図解で示されている（写真10参照）。

キスをする
→服の上から やさしく さわる
→服の中に 手を入れて さわる
→服を脱ぐ（お風呂に入ってもいい）
→やさしくキスする
→ペニスが 勃起する
→バギナが 濡れてくる
→コンドームを つける
→ペニスを バギナに入れる
→腰を動かす
→女性が 最高に 気持ちよくなったら
→男性は 射精します
→コンドームを 取る

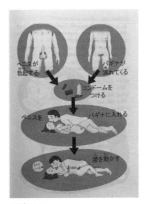
写真10
『性・say・生』の一コマ

→気持ちを　伝え合う[注34]

　第7章の「からだに・やさしく」〔（1）セックスすると　妊娠する　（2）避妊　（3）妊娠・出産　（4）妊娠を知る　（5）人工妊娠中絶　（6）性感染症〕も参考になるし、第8章の「生みだす・からだ」、特に、「（4）赤ちゃんを社会のなかで　育てる」は大切な視点なのではないかと思われる。

　このテキストは19年前に親の会から出版されたが、今なお刊行されており、多くの親や関係者に驚くほど多くの刺激を与え続けている。発行元の親の会、さらには、親の会に所属する親や関係者から、批判的意見や異論もなく出版されたのであろうか。多くの親や関係者が、「年齢的にまだ早い」「教えるものではなく自然と学ぶもの」「余計な刺激は与えないほうがいい」と思っているだろうし、多くの親が教えたいのは「清潔」「付き合い方」などではないかと思われるからである。

　このテキストの内容が親や支援者に理解され、学校卒業後の就労支援事業所等の現場で、家庭で活かされ、知的障害のある人の手元にも置かれ、一緒に考え、伝え合いながら、有効に役立てられていくことを切に願っている。

おわりに

　七生養護学校性教育事件に対する地裁・高裁・最高裁判決を受けてのことと思われるが、2017年に小・中学校、2018年に高等学校学習指導要領・特別支援学校学習指導要領が改訂[注35]され、各都道府県教育委員会（たとえば、東京都教育委員会）も「性教育の手引」（含性教育の基本的な考え方や指導事例等）を改訂することになり、「学習指導要領に示された内容をすべての児童・生徒に確実に指導すること」となった。しかし、たとえば、中学生の保健体育1年生で「生殖にかかわる機能の成熟や受精、妊娠」は扱うものの、「性行為」や「性交」を含む「妊娠の経緯」は扱わず、「学習指導要領に示されていない内容を含む指導については、在籍する児童・生徒の状況から校長が判断し、指導を行う場合は事前に学習指導案を保護者全員に説明。保護者の理解・了解を得た児童・

生徒を対象に個別指導（グループなど同時指導も可）を実施すること」[注36) になったことを、どう受け止めればよいのであろうか。「性に関する知識を友達や先輩から得ている子が多く」[注37) とか「ネットでいろんな情報に出合っているのに、中学の学習指導要領では性交について教えないことになっている」[注38) という批判が現場から指摘されていることを考えると、何も変わっていないように思うのは、筆者だけであろうか。

　幼児期から学齢期・成人期に至るまで、自然な人間としての性の営みを育もうとする積極的な教育こそが今こそ求められている。その意味で、知的障害の有無に関わりなく幼児・小学生向けに書かれ、多くの人たちに今なお広く読まれ、参考にされている『あっ！そうなんだ！性と生』[注39) はとても参考になる（写真11参照）。この子ども用テキストはひらがなが多く使われ、漢字が使われていてもすべてルビがつけられている。また、子ども向けの絵本編と大人向けの解説編があり、絵本編だけでも十分理解が深まる優れた「性と生」のテキストである。このテキストの解説には、次のように記されている。

　　　子どもは、性交について知りたいと思っているのではないのです。精子と
　　卵子が一つになるしくみを知りたいのです。ですから、そのことを科学的に
　　伝えることが求められています。[注40)

　このテキストの他にはないユニークな箇所は、「赤ちゃんはどうやってできるの？」だと思われるため、その箇所をこのテキストから引用し、紹介してみよう（写真12参照）。

「卵子と精子が であうと 赤ちゃんのもと（受精卵）に なるのよ」

（子：卵子と 精子は どうやって であうの？）
（男性の）ペニスは かたく 大きく なります
（女性の）ワギナは しめって ペニスが はいりやすく なります
そして ペニスを ワギナに いれて 射精します
すると たくさんの 精子が 卵子をめざして

ほそい くだの中を すすみます

そのなかの ひとつの 精子が 卵子に はいりこんで 受精卵と なります

受精卵は 小さくて はりのさきのくらいの 大きさ

それが いのちの はじまり

なのです^{注41)}

写真11 『あっ！そうなん
だ！性と生』

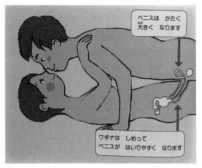

写真12
『あっ！そうなんだ！性と生』の一コマ

　このテキストは、幼児も含むすべての人たちに「妊娠に至る経緯」や「赤ちゃんの誕生」を嘘偽りなく伝えようとしていた。

　日本における知的障害のある人の性教育の実態には心細い面が多々見られたが、『性・say・生』や『あっ！そうなんだ！性と生』のように、性に関する情報を包み隠さず伝えようとする素敵なテキストも確かに見られていた。

　子どもの発達段階によって伝えるものと伝えないものを選別し操作することは、「性に関する内容をすべての児童・生徒に確実に指導すること」とは相容れない。「妊娠に至る経緯」や「赤ちゃんの誕生」などの性に関する情報を、いかに適切にわかりやすく伝え、理解できるようにしていくか、その創意工夫を積み重ねていく努力とプロセスの中にこそ大きな意味があるのではないだろうか。知的障害のある人の性（対人関係としての愛やセックスのあり方を含め）は誰にでも享有されるべきものであり、日常生活の中の自然な営みとして取り上げ、学びを深めていく必要がある。「性的共生」時代の性教育は、「誰もが性的

人間として生きる」ためには不可欠であり、性を真正面から取り上げて語り合い、協働の取り組みを通して伝え合い、自分たちのものにしていく必要性がある。

注

1 児玉勇二『性教育裁判－七生養護学校事件が残したもの』岩波ブックレット第 765 号、2009 年、34 頁。

2 同上書、91 頁。

3 同上書、5 頁。

4 児玉勇二『知的・発達障害児者の人権－差別・虐待・人権侵害事件の裁判から』現代書館、2014 年、95 頁。

5 同上書、66 頁。

6 緒方直助・大井清吉編（絵：吉田美穂）『わたしたちのからだ』福村出版、1986 年。

7 長崎・障害児への性教育を考える会『イラストでわかる養護学校の性教育事典』明治図書、1996 年。

8 松浦賢長編、松浦賢長・千葉県立柏特別支援学校（イラスト：駒﨑亜里）『ワークシートから始める特別支援教育のための性教育』ジアース教育新社、2018 年。

9 児玉、2014 年、78 頁。

10 同上書、66-67 頁。

11 同上書、66 頁。

12 同上書、79 頁。

13 同上書、80 頁。

14 同上書。

15 サワイ健康推進課「特集テーマ：心と体を癒す『音楽の力』」（sawai.co.jp、2023 年 10 月 14 日アクセス）

　この特集テーマで、「音楽の力」を次の三つに整理している。

　　① 生理的・身体的なレベルの直接的な影響（自律神経系に作用して、心拍や血圧が変化し、興奮や鎮静、リラクゼーションなどの効果がもたらされる）

　　② 間接的な影響（音楽を聴くことによって記憶や感情に影響を与え、楽しかった思い出に浸るうちに、心が明るくなることがある）

　　③ 人々をつなぐ社会的側面（誰かと一緒に歌ったり、音楽に合わせて体を揺らしたりダンスをしたりすることで、親密感や仲間意識が芽生えることがある）

16 南正子「どうしても、教材が必要だったから」黒瀬久美子『楽しい性教育－手作り教材の

つくり方・いかし方』ハートブレイク、2002年、29頁。

　南は、元盲学校養護教諭で、現在ハートブレイク性教育指導講師である。

17　黒瀬久美子『楽しい性教育－手作り教材のつくり方・いかし方』ハートブレイク、2002年。

18　北村邦夫「発刊に寄せて」同上書、3頁。

19　同上書。

20　同上書。

21　坂爪真吾『セックスと障害者』イースト新書、2016年。

22　黒瀬清隆編『楽しくセクシュアリティ支援のすすめ』ハートブレイク、2021年。

23　前掲書（坂爪、2016年）、228-229頁。

24　同上書、230頁。

25　同上書、232頁。

26　前掲書（黒瀬、2021年）、4頁。

27　同上書、5頁。

28　黒瀬久美子『知的しょうがい者へのセクシュアリティ支援プログラム』ハートブレイク、2005年、1頁。

29　堀口雅子・中里誠・杉浦ひとみ・堀江まゆみ・佐藤繭美・谷川耕一『性・say・生』全国手をつなぐ育成会連合会、2005年。

30　同上書（堀口他、2005年）、2頁。

31　同上書。

32　同上書、23頁。

33　同上書、32頁。

34　同上書、57-61頁。

35　2017年小・中学校学習指導要領、2018年高等学校学習指導要領・特別支援学校学習指導要領改訂。

36　東京都教育委員会『性教育の手引』2019年3月。

37　朝日新聞「（フォーラム）性教育、どこまで」2018年4月16日（埼玉県内の中学校や高校で性教育の講演を続ける助産師の桜井裕子さんの発言）。

38　朝日新聞「体のこと　自分で決める権利を」2020年12月9日付（助産師のシオリーヌさんの発言）。

39　浅井春夫・安達倭雅子・北山ひと美・中野久美・星野恵他編著（絵：勝部真規子）『あっ！そうなんだ！性と生』エイデル研究所、2014年。

40　同上書、64頁。

41　同上書、20-21頁。

第Ⅲ部

知的障害のある人の性教育と
性に関する認知・理解の実態と課題

第8章
知的障害のある人の性教育の実態と課題

1　はじめに

　知的障害のある・なしにかかわらず、誰でも成長に伴い、性的関心が芽生え、性的欲求が出てくる。性的欲求が出てくれば、性的な問題も起こってくるはずである。

　実際、2019年度末に行われた特別支援学校の養護教諭を対象とした全国アンケート調査[注1)]によると、大多数の回答者が学校内で「性の問題に直面」（88.1%、n=135）しており、知的障害のある人は、学校に在籍している時から性に興味・関心をもち、様々な形で性に関する問題を引き起こしていることがわかっている。また、子どもの「性の問題」に直面した際、半数近くが「職員会議等での検討・支援」（44.2%）で、「保護者・学校管理職との協議」（27.9%）、「性教育等」（7.6%）、「他機関との連携」（7.6%）（いずれも n=197）などのような対処を行っていた。性教育については、半数近くの学校で「学習指導要領にもとづく対応」（45.3%、n=179）を行い、学校全体で協力し、チームを組んで指導していた。集団指導と個別指導をバランスよく組み合わせるなどの「様々な指導を組み合わせた対応」（23.5%）や「校医や家庭と連携した対応」（26.3%）、「ニーズに応じた対応」（3.4%）（いずれも n=179）などもなされていた。なぜこのような様々な方法を組み合わせながら実施しているのか、その回答が、知的障害のある子どもの「性教育」の難しさにあることがわかった。その理由として、半数以上が教育効果が不明・理解度に問題・個人差・心身の発達のアンバランス・自己肯定感の不十分さ・人との距離のとり方がわからない・繰り返し指導が必要、等の「認知・理解の課題」（61.4%）や集団指導の難しさ・適当な教材／教具がない・計画が立てにくい等の「指導方法の課題」（27.8%）（いずれも n=176）な

どが浮かび上がってきた。こうした知的障害のある人の性に関する問題は「学校入学前から」存在し、学校で性教育を行っただけでは解決されず、学校卒業後の就労の場における課題としても残されている可能性を示唆していた。

　では、学校卒業後の就労の場では、知的障害のある人の性の問題にどのように対処しているのであろうか。本章では、2019年度に実施した「知的障害のある人の性教育に関するアンケート調査」結果を拠りどころに、学校卒業後の就労支援事業所で知的障害のある人（以下、「利用者」）にどのように「性の問題」が見られ、利用者の「性の問題」にどのように対処しているのか、どうしたら就労支援事業所で利用者に性に関する情報を提供していくことができるのか、さらには、どうしたら就労支援事業所への性教育導入を可能とすることができるのか、その課題とは何か、を検討していくことにする。

2　調査の方法と内容

　2020年2月10日から3月10日にかけ、厚生労働省都道府県別障害者施設一覧[注2]をもとに、全国の就労継続支援A型事業所（以下、「A型事業所」）250カ所及び就労継続支援B型事業所（以下、「B型事業所」）250カ所を営む就労支援事業所500カ所をランダムに抽出し、これら就労支援事業所のサービス管理責任者[注3]（以下、「回答者」）を対象に、郵送法による「知的障害のある人の性教育に関するアンケート調査」を実施した。就労支援事業所全体の回収率は34.6％（173カ所／人）、A型事業所の回収率は30.8％（77カ所／人）、B型事業所の回収率は38.4％（96カ所／人）だった。

　なお、以下のような質問項目を用意し、調査内容とした。

（1）回答者自身のことについて
　　　回答者の年齢、就労経験年数、サービス管理責任者経験年数
（2）知的障害のある人の性の問題について
　　　a.職場で知的障害のある人たちの性の問題に直面したことはありますか？

b.「ある」場合、それはどのような性の問題でしたか？　その性の問題にどう対処されましたか？

（３）職場で「性に関する教育／勉強会」を実施しているかどうかについて

a. 職場で「性に関する教育／勉強会」を実施していますか？

b.「実施している」場合、どのように実施していますか？

c.「実施していない」場合、それはどうしてですか？

（４）職場で「性に関する教育」が必要かどうかについて

a. 知的障害のある人たちに「性に関する教育」は必要だと思いますか？「必要」な場合、その理由についてもお教えください。

b.「必要」な場合、どのような内容の性の教育を行ったらよいと思いますか？

c. 職場で「性に関する教育」を実施しようとした場合、誰が、どのように実施すればよいと思いますか？

d. 職場における「性に関する教育」の難しさは、どんなところにあると思いますか？

　調査結果は、表１〜 13 まで一覧表化した。表には調査結果の人数を実数で、百分率（％）を括弧書きで示し、本文中でも同じような結果の表記をした。なお、n は回答者総数である。また、統計処理を別途〈カイ２乗検定〉で行ったが、調査結果をわかりやすく伝えることを優先し、統計処理の結果は必要に応じて示すことにする。

3　調査の結果

（1）回答者の性別

　調査結果は以下の通りだったが、利用者と雇用契約を結び、最低賃金の保障と社会保険の加入が義務づけられ、給料を支払う雇用型のＡ型事業所と、利用者と雇用契約を結ばず、売り上げから工賃を支払う非雇用型のＢ型事業所との間には、利用者実態と利用者支援の面で違いがあると思われたため、就労支援

事業所全体（以下、「全体」）、Ａ型事業所（以下、「Ａ型」）、Ｂ型事業所（以下、「Ｂ型」）という３種のデータを示しながら調査結果を見ていくことにする。

　表１からわかるように、回答者の性別は不明が多かったものの、男性が42.8％（74人）、女性が43.9％（76人）とほぼ同じ割合であった。Ａ型は女性の割合（36人、46.8％）のほうが男性の割合（30人、39.0％）よりもやや多く、Ｂ型は男性の割合（44人、45.8％）のほうが女性の割合（40人、41.7％）よりもやや多かった。なお、回答者は男女比がほぼ均等で統計処理上も有意差が見られなかったため、性別は無視して論を進める。表内の「全体」とは、断りがないかぎり、Ａ型とＢ型での総数を指す。

表１　各就労支援事業所における回答者の性別（実数は人数、括弧内は％）

性別	男	女	不明	計
全体	74 (42.8)	76 (43.9)	23 (13.3)	173 (100.0)
Ａ型	30 (39.0)	36 (46.8)	11 (14.3)	77 (100.1)
Ｂ型	44 (45.8)	40 (41.7)	12(12.5)	96 (100.0)

（２）回答者の内訳

　表２からわかるように、回答者の年齢は、50歳以上（77人、44.5％）が最も多く、40歳以上（139人、80.3％）が8割を占めていた。Ａ型もＢ型も同様で、40歳以上が8割を占めており、全体と同様の年齢構成となっていた。

　就労経験について見てみると、11～20年の就労経験（73人、42.2％）が最も多く、21年以上の就労経験を含む11年以上の回答者が半数以上（115人、66.5％）だった。なお、Ａ型で10年以下の就労経験の回答者が35.1％（27人）と多く、21年以上の就労経験の回答者が13.0％（18人）と少なかったこと、一方で、Ｂ型は10年以下の就労経験の回答者が16.7％（16人）と少なく、21年以上の就労経験の回答者が33.3％（39人）と多かったこともわかった。これは、Ａ型が企業就労同様の雇用と収益を生み出すため、一般企業で働いたことのある経験者をサービス管理責任者として採用する傾向があること、それに対して、Ｂ型のサービス管理責任者は福祉的関わりが求められ、長く福祉現場で

働いてきた人が就く傾向があるためと考えられた。

　サービス管理責任者としての経験について見てみると、サービス管理責任者としての経験が10年以下が最も多く（128人、74.0％）、Ａ型（60人、77.9％）もＢ型（68人・70.8％）も同様であった。これは、サービス管理責任者の役職の特徴（多くが係長クラスのポストで、時に現場管理者・施設長が兼務）とも関係していた。

　以上のことから、年齢においても、就労経験、サービス管理責任者としての経験においても、全体・Ａ型、Ｂ型との間には大きな違いは見られなかった。

表2　回答者の年齢・就労経験・サービス管理責任者経験（実数は人数、括弧内は％）

年齢	1.20〜29	2.30〜39	3.40〜49	4.50以上	計
全　体	3（1.7）	31(17.9)	62（35.8）	77（44.5）	173（99.9）
Ａ　型	2（2.6）	13(16.9)	27(35.1)	35(45.5)	77（100.1）
Ｂ　型	1（1.0）	18(18.8)	35(36.5)	42(43.8)	96（100.1）
就労経験	1.10以下	2.11〜20	3.21以上	4.不明	計
全　体	43(24.9)	73(42.2)	42(24.3)	15(8.7)	173（100.1）
Ａ　型	27(35.1)	32(41.6)	10(13.0)	8(10.4)	77（100.1）
Ｂ　型	16(16.7)	41(42.7)	32(33.3)	7(7.3)	96（100.0）
サビ管経験	1.10以下	2.11〜20	3.21以上	4.不明	計
全　体	128(74.0)	20(11.6)	1(0.6)	24(13.9)	173（100.1）
Ａ　型	60(77.9)	7(9.1)	1(1.3)	9(11.7)	77（100.0）
Ｂ　型	68(70.8)	13(13.5)	0	15(15.6)	96（99.9）

＊全体＝Ａ型＋Ｂ型、Ａ型＝Ａ型事業所、Ｂ型＝Ｂ型事業所、サビ管＝サービス管理責任者
＊年齢は「歳」で、就労経験及びサビ菅経験は「年」で表している。

（3）就労支援事業所における利用者の性の問題と課題

　「知的障害のある人の性教育に関するアンケート調査」の回答者が、就労支援事業所における利用者の性の問題をどのように捉え、どう対処しているのかを質問項目と照らし合わせながら見ていくことにする。

a．職場での性の問題

「職場で知的障害のある人たちの性の問題に直面したことがありますか？」（以下、「性の問題に直面」）という問いに、大多数の回答者が利用者の「性の問題に直面したことがある」（122人、70.5％）と答えていた（表3参照）。

表3 「性の問題に直面」の有無（実数は人数、括弧内は％）

性の問題に 直面の有無	有	無	不明	計
全　　体	122(70.5)	51(29.5)	0(0.0)	173(100.0)
Ａ　型	50(64.9)	27(35.1)	0(0.0)	77(100.0)
Ｂ　型	72(75.0)	24(25.0)	0(0.0)	96(100.0)

なお、Ａ型・Ｂ型どちらの事業所でも対象者の多くが職場で利用者の「性の問題に直面したことがある」（Ａ型50人、64.9％／Ｂ型72人、75.0％）と答えていた。

回答者が「性の問題に直面したことがある」場合、「それはどのような問題でしたか？」（以下、「性の問題」）と問いかけた。回答者が直面した「性の問題」は、概ね「性知識・性器・月経関係」「異性への関心・恋愛関係」「性交・避妊・性病関係」「性や結婚に関する相談」「その他性関連事項」の五つに分類することができた。

「性知識・性器・月経関係」とは、ペニスを触る・お尻の臭いをかぐ・ズボンをおろす・トイレの便器外放尿・性器露出・女性への性器押し付け・マスターベーション処理の放置・生理の処理がうまくできないなどだった。

「異性への関心・恋愛関係」とは、キス・触る・ストーカー行為・女性を見ると下半身がゾクゾクすると言う・相手の体に触る・車内や押入れ内で性器を触る・痴漢行為・卑猥な発言・異性にベタベタ触れることやキスするなどだった。

また、「性交・避妊・性病関係」とは、結婚／離婚／出産の繰り返し・想像妊娠・妊娠中絶などで、「性や結婚に関する相談」とは、結婚したい・子どもがほしい・妊娠したかもしれないなどの相談だった。さらに、「その他性関連事項」とは、ＡＶ‐ＤＶＤの頻繁な購入と、利用・盗み撮りなどの問題を指し

ていた。

　表4からわかるように、回答者が「性の問題」に直面したかどうかを全体で見ると、「異性への関心・恋愛関係」（75人、48.1％）が半数近くにも上っていた。また、「性交・避妊・性病関係」（33人、21.2％）も20％近くを占め、この二つの「性の問題」例だけで70％近くを占めていた。残りの回答は、「性知識・性器・月経関係」（24人、15.4％）、「その他性関連事項」（13人、8.3％）、「性や結婚に関する相談」（11人、7.1％）であった。

　A型・B型との間に大きな違いは見られず、A型・B型ともに「異性への関心・恋愛関係」（A型29人、48.3％；B型46人、47.9％）と「性交・避妊・性病関係」（A型13人、21.7％；B型20人、20.8％）が多く、全体と類似の傾向を示していた。一方で、「性知識・性器・月経関係」（A型6人、10.0％；B型18人、18.8％）では、B型の方がA型よりも多くの回答が見られていた。

　このように、A型・B型を問わず就労支援事業所では、性に関する問題（「異性への関心・恋愛関係」や「性交・避妊・性病関係」など）が顕在化しており、就労支援事業所として性の問題に対してなんらかの対応を検討する必要があると思われた。

表4　「性の問題」例（実数は人数、括弧内は％）

「性の問題」例	全体	A型	B型
1.性知識・性器・月経関係	24(15.4)	6(10.0)	18(18.8)
2.異性への関心・恋愛関係	75(48.1)	29(48.3)	46(47.9)
3.性交・避妊・性病関係	33(21.2)	13(21.7)	20(20.8)
4.性や結婚に関する相談	11(7.1)	5(8.3)	6(6.3)
5.その他性関連事項	13(8.3)	7(11.7)	6(6.3)
n=156（重複回答）	156(100.1)	60(100.0)	96(100.1)

ｂ．性の問題への対処の仕方

　回答者に「その性の問題にどう対処されましたか？」（以下、「性の問題への対

処法」)、と問いかけた。回答者の「性の問題への対処法」を整理してみると、概ね「性教育・学習会・性研修会参加」「他機関と連携し支援」「保護者や相談員と相談・協力体制」「ケース会議・職員会議・個別支援」「その他の対処法」（黙認・自然に収まるを待つなど）の五つに分類することができた。

表5　性の問題への対処法（実数は人数、括弧内は％）

性の問題への対処法	全 体	A 型	B 型
1. 性教育・学習会・性研修会参加	6(3.8)	3(4.8)	3(3.1)
2. 他機関と連携し支援	19(12.0)	7(11.3)	12(12.5)
3. 保護者や相談員と相談・協力体制	33(20.9)	11(17.7)	22(22.9)
4. ケース会議・職員会議・個別支援	96(60.8)	38(61.3)	58(60.4)
5. その他の対処法	4(2.5)	3(4.8)	1(1.0)
n=158 （重複回答）	158(100.0)	62(99.9)	96(99.9)

　表5からわかるように、「性の問題への対処法」では、6割近くが「ケース会議・職員会議・個別支援」（96人、60.8％）と回答し、「保護者や相談員と相談・協力体制」（33人、20.9％）の回答を合わせると8割を超えていた。次いで多かったのが、「他機関と連携し支援」（19人、12.0％）であった。この調査結果から、大多数の就労支援事業所が支援者相互に情報を共有しながら、時に他機関とも連携して対処にあたっていることがわかった。なお、この傾向はA型・B型でも同様で、「性教育・学習会・性研修会参加」（6人、3.8％）、「その他の対処法」（4人、2.5％）などの対応はあまり見られなかった。

c．性教育実施の有無・実施方法

　「職場で性に関する教育／勉強会を実施していますか？」（以下、「性教育実施の有無」）と質問してみたところ、表6からわかるように、「未実施」（148人、85.5％）が8割以上を占めており、「実施」（21人、12.1％）していたのは1割程度で、就労支援事業所での性教育はあまり行われていないことがわかった。な

お、A型・B型に大きな違いは見られなかった。

表6　性教育実施の有無（実数は人数、重複回答、括弧内は％）

性教育実施の有無	実施	未実施	不明	計
全　　体	21(12.1)	148(85.5)	4(2.3)	173(99.9)
A　　型	9(11.7)	68(88.3)	0(0.0)	77(100.0)
B　　型	12(12.5)	80(83.3)	4(4.2)	96(100.0)

表7　性教育実施方法（実数は人数、重複回答、括弧内は％）

性教育実施方法	全 体	A 型	B 型
1. 内部学習会	9(42.9)	1(11.1)	5(41.7)
2. 研修会参加	8(38.1)	5(55.6)	5(41.7)
3. 個別指導	4(19.0)	3(33.3)	2(16.7)
計	21(100.0)	9(100.0)	12(100.1)

　また、「実施している場合、どのように実施していますか？」（以下「性教育実施方法」）とも問いかけてみた。「性教育未実施」が8割以上を占めていたため確たることは言えないものの、表7からわかるように、就労支援事業所の多くが「性教育」という体系的・継続的なものではなく、「内部学習会」（以下「外部講師による学習会」を含む、9人、42.9％）が最も多く、次いで「研修会参加」（8人、38.1％）、「個別指導」（4人、19.0％）となっていた。なお、A型・B型間に有意差は見られなかったが、A型では9割近くが「研修会参加」（5人、55.6％）と「個別指導」（3人、33.3％）で対処しており、B型でも8割近くが「内部学習会」（5人、41.7％）と「研修会参加」（5人、41.7％）であった。

d. 性教育未実施の理由

　多くの就労支援事業所で性教育が行われていないと予測できたため、「実施していない場合、それはどうしてですか？」（以下、「性教育未実施の理由」）と問いかけてみた。

　「性教育未実施の理由」は、概ね「働くことが中心・時間が取れない」「適し

た職員がいない・教え方わからない」「利用者個々の理解や状況が異なる」「個別対応・利用者が成人・学校で教育済」「保護者理解を得るのが困難」の五つに分類することができた。

表8からわかるように、「性教育未実施の理由」は、約半数の回答者が「個別対応・利用者が成人・学校で教育済」（89人、51.7%）と回答し、次いで、「働くことが中心・時間が取れない」（32人、18.6%）、「適した職員がいない・教え方がわからない」（28人、16.3%）という回答だった。

A型・B型間に大きな違いは見られなかったものの、「働くことが中心・時間が取れない」（A型19人、23.8%；B型13人、14.1%）といった理由から性教育を行っていないのは、B型よりもA型のほうが多かった。また、「利用者個々の理解や状況が異なる」（A型4人、5.0%；B型4人、4.3%）、利用者の性の問題に対処できる「適した職員がいない・教え方がわからない」（A型13人、16.3%；B型15人、16.3%）といった悩みも浮かび上がってきており、A型・B型に共通に見られていた。さらに、A型・B型ともに、「保護者理解を得るのが困難」（A型6人、7.5%；B型9人、9.8%）という回答も見られていた。

表8 性教育未実施の理由（実数は人数、括弧内は％）

性教育未実施の理由	全 体	A 型	B 型
1. 働くことが中心・時間が取れない	32(18.6)	19(23.8)	13(14.1)
2. 適した職員がいない・教え方がわからない	28(16.3)	13(16.3)	15(16.3)
3. 利用者個々の理解や状況が異なる	8(4.7)	4(5.0)	4(4.3)
4. 個別対応・利用者が成人・学校で教育済	89(51.7)	38(47.5)	51(55.4)
5. 保護者理解を得るのが困難	15(8.7)	6(7.5)	9(9.8)
n=172（重複回答）	172(100.0)	80(100.1)	92(99.9)

e．性教育の必要性・その理由・内容

　利用者に「性の問題」が顕在化していることを考えると、就労支援事業所でも性教育実施の検討を行う必要があるように思われる。そこで、回答者に、「知的障害のある人たちに性に関する教育は必要だと思いますか？」（以下、「性教育の必要性」）と問いかけてみた。

　表9には、「性教育の必要性の有無」が、「必要」「不必要」「どちらでもない」と、三つに整理されて示されている。過半数が性教育は「必要」（99人、56.3％）と答えており、「不必要」だと答えていたのはわずか（11人、6.3％）だった。また、4割近くが「どちらでもない」（66人、37.5％）と答えており、態度を決めかねている回答者が多いこともわかった。

表9　性教育の必要性の有無（実数は人数、重複回答、括弧内は％）

性教育必要性の有無	1. 必要	2. 不必要	3. どちらでもない	計
全　　　体	99(56.3)	11(6.3)	66(37.5)	176(100.1)
A　　型	44(55.0)	8(10.0)	28(35.0)	80(100.0)
B　　型	55(57.3)	3(3.1)	38(39.6)	96(100.0)

　性教育は「必要」と答えた回答者に、「必要な場合、その理由についてもお教えください」（以下、「性教育が必要な理由」）と問いかけてみたところ、「社会人として必要・すべての人に必要」「知識不足・性被害に遭わないため」「権利を守るため・本人の成長のため」「個人差あり・ケースバイケースでの対応」「必要ない理由を知りたいなど」の五つに分類することができた。

　表10からわかるように、「性教育が必要な理由」は、「知識不足・性被害に遭わないために」（39人、37.5％）という回答が最も多く、次いで、「社会人として必要・すべての人に必要」（26人、25.0％）で、両方で60％を越える割合であった。このような回答は、A型もB型もほぼ同様であった。その他の回答

もほぼ同じ割合で見られており、「個人差あり・ケースバイケースでの対応」（19人、18.3％）、「権利を守るため・本人の成長のため」（15人、14.4％）、「必要ない理由を知りたいなど」（5人、4.8％）の回答が見られていた。なお、A型・B型間に有意差は見られなかった。

表10　性教育が必要な理由（実数は人数、重複回答、括弧内は％）

性教育が必要な理由	全　体	A　型	B　型
1. 社会人として必要・すべての人に必要	26(25.0)	9(21.4)	17(27.4)
2. 知識不足・性被害に遭わないため	39(37.5)	19(45.2)	20(32.3)
3. 権利を守るため・本人の成長のため	15(14.4)	6(14.3)	9(14.5)
4. 個人差あり・ケースバイケースでの対応	19(18.3)	6(14.3)	13(21.0)
5. 必要ない理由を知りたいなど	5(4.8)	2(4.8)	3(4.8)
計	104(100.0)	42(100.0)	62(100.0)

　また、性教育が「必要」と答えた対象者に、「どのような内容の性の教育を行ったらよいと思いますか？」（以下、「性教育の内容」）と問いかけてみた。「性教育の内容」について、実施したほうがよいと思われる性教育を「健康一般」「衛生」「人間の体」「成長」「性と人間関係」の5領域に想定して回答を求めたが、「その他複合的な内容」があることがわかった。なお、「性教育の内容」は回答の分量が多く、多岐にわたっていたため、本章では回答結果の概要のみを以下に記す。
　「性教育の内容」（n=329、重複回答）は、それぞれ、「健康一般」（34人、10.3％）「衛生」（53人、16.1％）「人間の体」（41人、12.5％）「成長」（29人、8.8％）「性と人間関係」（82人、24.9％）「その他複合的な内容」（15人・4.6％）という回答内訳となっていた。この回答内訳は、A型もB型もほぼ同様であった。

「不明」（75 人、22.8％）を除いて再集計（n=254、重複回答）してみると、7 割近くが「性と人間関係」（82 人、32.3％）「衛生」（53 人、20.9％）「人間の体」（41 人、16.1％）で占めており、Ａ型もＢ型もほぼ同様であった。

f. 性教育の担当者・頻度

多くの就労支援事業所で性教育が行われていない実態があるものの、回答者の半数以上が、性教育は「必要」と答えていたため、「職場で性に関する教育を実施しようとした場合、誰が、どのように、どのくらい実施すればよいと思いますか？」（以下、「性教育の担当者」「性教育の実施頻度」）という質問への回答を整理してみた。

表 11 からわかるように、「性教育の担当者」は、多くが「プロジェクトをつくり体制を整えチームで」（表内、「チームで」。75 人、35.4％）行い、「事業所以外の人・機関と連携をして行う」（表内、「連携」。62 人、29.2％）のがよいと答えていた。次いで、「管理者またはサービス管理責任者が率先して」（表内、「管理者」。48 人、22.6％）行う必要があると答えており、「積極的にやってみたいと思う人を中心に」（表内、「意欲者」、19 人、9.0％）という回答の順であった。なお、全体・Ａ型間、全体・Ｂ型間では違いがほとんど見られていなかったが、Ａ型・Ｂ型間では違いが見られていた。これは、「意欲者」（Ａ型 5 人、4.8％；Ｂ型 14 人、13.1％）の割合がＡ型よりもＢ型のほうが 3 倍近く多かったこと、また、「連携」（Ａ型 41 人、39.0％；Ｂ型 21 人、19.6％）の割合がＢ型よりもＡ型が 2 倍近く多かったことに起因していたためと思われた。

表 11　性教育の担当者（実数は人数、重複回答、括弧内は％）

性教育の担当者	1. 管理者	2. 意欲者	3. チームで	4. 連携	5. 不明	計
全　　体	48(22.6)	19(9.0)	75(35.4)	62(29.2)	8(3.8)	212(100.0)
Ａ　　型	22(21.0)	5(4.8)	31(29.5)	41(39.0)	6(5.7)	105(100.0)
Ｂ　　型	26(24.3)	14(13.1)	44(41.1)	21(19.6)	2(1.9)	107(100.0)

表12　性教育の実施頻度（実数は人数、重複回答、括弧内は％）

性教育の実施頻度	1. 毎週	2. 毎月	3. 学期	4. 休暇	5. 年1回	計
全　　体	5(3.0)	60(36.4)	8(4.8)	62(37.6)	30(18.2)	165(100.0)
A　　型	0(0.0)	20(29.0)	5(7.2)	29(42.0)	15(21.7)	69(99.9)
B　　型	5(5.2)	40(41.7)	3(3.1)	33(34.4)	15(15.6)	96(100.0)

　表12からわかるように、「性教育の実施頻度」は、実施したとしても「長期休暇を使って集中的に」（表内「休暇」、62人、37.6％）行うのが現実的で、「可能なら毎月」（表内「毎月」、60人、36.4％）という回答が多く寄せられていた。また、「年1回、地域に出る時・就職する時・新しい利用者が入って来た時」（表内「年1回」、30人、18.2％）という回答も見られ、就労支援事業所特有の回答と思われた。このような回答は、A型もB型もほぼ同様だった。

g.　性教育の難しさの理由
　利用者は性に関する様々な問題を職場で見せていることが明らかになってきているが、どのような体制で利用者に性教育を行っていったらよいのであろうか。回答者が利用者の健康や性・恋・交際・結婚等の相談にのり、親身に関わっている様子が調査結果から見えてきたが、性教育の難しさを乗り越え、組織的な関わりを行うことはできないものだろうか。そこで、「職場における性に関する教育の難しさは、どんなところにあると思いますか？」（以下、「性教育の難しさの理由」）という問いへの回答を整理してみた。
　回答内容は、「時間が取れない・就労支援の場」「教育効果が不明・理解度に問題有」「支援体制の不十分さ・情報提供の難しさ」「ケースバイケースでの対応」「親との共有の難しさなど」の五つに分類することができた。
　表13からわかるように、最も多かった「性教育の難しさの理由」は、「教育効果が不明・理解度に問題有」（81人、39.3％）という知的発達の遅れがもた

らす抽象的理解の困難さであった。また、知的発達の遅れに伴う対応の困難さが「支援体制の不十分さ・情報提供の難しさ」（47人、22.8％）を生み、「ケースバイケースでの対応」（31人、15.0％）を余儀なくされていた。さらに、「時間が取れない・就労支援の場」（27人、13.1％）という就労支援事業所ゆえの理由も存在していた。また、「親との共有の難しさなど」（20人、9.7％）という理由も見られていた。このような回答は、A型もB型もほぼ同様だった。

表13　性教育の難しさの理由（実数は人数、重複回答、括弧内は％）

性教育の難しさ	全 体	A 型	B 型
1. 時間が取れない・就労支援の場	27(13.1)	15(16.7)	12(10.3)
2. 教育効果が不明・理解度に問題有	81(39.3)	37(41.1)	44(37.9)
3. 支援体制の不十分さ・情報提供の難しさ	47(22.8)	20(22.2)	27(23.3)
4. ケースバイケースでの対応	31(15.0)	11(12.2)	20(17.2)
5. 親との共有の難しさなど	20(9.7)	7(7.8)	13(11.2)
計	206(99.9)	90(100.0)	116(99.9)

4　調査結果を受けて考察したこと

　回答者に対して行った「知的障害のある人の性教育に関するアンケート調査」結果の概要は、以下の通りであった。

① 回答者の多くが利用者の「性の問題」に直面しており、利用者の性の問題に対処を迫られていた。

② 多くの就労支援事業所で行われている利用者の「性の問題」への対処は、「ケース会議・職員会議」を開き、「個別」に状況を把握し、そのつど必要な支援をすることだった。「性教育・学習会」を行うようなことはあまりなされておらず、「研修会への参加」を通して職員の力量を高めようとしていた。

③ 性教育を行っていないのは、「利用者が成人・学校で教育済」という判断や、必要に応じて「個別対応」をしているからだった。また、「働くことが中心」の職場で、「時間が取れない」し、性教育の担当者に「適した職員がいない」とか、性教育の「教え方がわからない」という理由からでもあった。

④ 多くの回答者が利用者の「性の問題」に直面しているため、就労支援事業所でも性教育は必要だと考えており、必要ないと考えているのはごくわずかだった。

⑤ 性教育は、「知識不足・性被害に遭わないため」「社会人として必要・すべての人に必要」と考える回答者が多く、提供したいと思う内容も多岐にわたっていた。

⑥ 実施にあたっては、「プロジェクトをつくり体制を整えチームで」行い、「事業所以外の人・機関と連携をして行う」ことがよいと考えていた。また、「管理者またはサービス管理責任者が率先して」行うべきだと考えている回答者も多くいた。

⑦ 就労支援事業所における性に関する情報の提供は、「可能なら毎月」行いたいが、現実的には「年に1回、地域に出る時・就職する時・新しい利用者が入って来た時」に行っているのが実態であった。

⑧ 就労支援事業所で性教育がなされないのは、「教育効果が不明・理解度に問題有」という知的発達の遅れからくる抽象的理解の困難さや関わりの難しさが「支援体制の不十分さ・情報提供の難しさ」をもたらしているからでもあった。

　就労支援事業所は仕事の場であるため「忙しく」「時間が取れない」ことや、「性教育を担当できる職員がいない」「教え方がわからない」という事情が明らかになった。しかし、これらの理由から、性に関する情報を十分に提供せず、こ

のまま放置しておいてよいのだろうか。自分の体の仕組みや機能について十分に知らない人たちが、学ばずして知るようになることはないことが明らかになってきている[注4]。性に関する情報が世の中に溢れている今日、雑誌や新聞、スマートフォンなどを通していつでも性に関する情報を目にし、手にすることができるようにもなっている。しかし、これらの情報を整理する術を知らない人が多く、愛や性の楽しさや喜びを分かち合うことを知らずに、被害者になることも加害者になることもある。結婚推進室をつくるなどして、出会いの場をつくったり、性や結婚・性生活・子育ての支援を行っている事業所[注5]は限られており、まだほんの一握りでしかない。就労支援事業所などで、どうすれば、知的障害のある人に性に関する情報を提供することが可能になるのだろうか。

注

1　河東田博『知的障害のある人の性に関するアンケート調査結果報告書』浦和大学、2021年、2頁。
　　本調査結果は、全国500カ所の特別支援学校に勤める養護教諭500人を対象に、2020年2月10日から3月10日までの1カ月間、学校で知的障害のある子どもの性の問題に直面したことがあるかどうか、性の問題に直面した際どう対処したか、健康や性に関する教育をどのような内容で、どの程度実施しているか、などについて行ったアンケート調査結果である。回収率は、27.0％（135人）だった。
2　厚生労働省、都道府県別障害者施設一覧（https://www.mhlw.go.jp/, 2020年1月10日アクセス）。
3　サービス管理責任者とは、一定の実務経験および研修の受講・修了を経てなることのできる障害福祉サービスを提供する事業所全体のまとめ役。利用者個々のアセスメントや個別支援計画の作成、支援計画にもとづくモニタリング、職員の技術指導などの役割を担っている。（https://challenged.ahc-net.co.jp/, 2022年3月15日アクセス）
4　下記文献で、特別支援学校高等部に在籍の若者と（学校卒業後）障害者就労・生活支援センターに在籍の成人者とを比べ、性に関する認知・理解にほとんど差がなかったことから、性に関する事柄を学校で学ばずに学校を卒業して社会に出ても、性に関する認知・理解が高まることはないことを明らかにしている。
　　河東田博, 他、知的ハンディをもつ人々の健康・性・エイズ情報獲得プロセスに関する研究,

JASS PROCEEDINGS、第7巻、第1号、32-41頁、1995年。

5 社会福祉法人・南高愛隣会では、「結婚推進室」を設け、交際・恋愛・結婚・子育て等の支援を多面的に行っている。詳しくは、下記文献を参照のこと。

平井威／「ぶ〜け」共同研究プロジェクト『ブーケを手わたす−知的障害者の恋愛・結婚・子育て』学術研究出版、2016年。

第9章
知的障害のある人の性に関する認知・理解の実態と課題

1　はじめに

　知的障害のある人は抽象的思考が苦手で、論理的に整理することが難しいとされている。そのため、性に関する事柄を教えるのが難しいと言われている。また、知的障害のある人は、個人差はあるものの身体発育の面でも性成熟の面でも正常に発達すること[注1]、教えられなければ理解困難（無知）なまま放置されてしまうこと[注2]も、明らかにされてきている。一方で、社会には性に関する情報が氾濫しており、巷に溢れる性に関する情報をどう整理し、自分のものとしていったらよいのかが課題となっている。

　第Ⅲ部第8章で見たように、知的障害のある子どもも、知的障害のある人も、学校で、あるいは、学校卒業後の就労の場において、性への興味・関心は変わらずもち続け、他の人と性的な関係をもとうとしていることが判明した。つまり、知的障害のある人の性に関する問題は「学校入学前から」存在し、学校で性教育を行っただけでは解決されず、学校卒業後の就労の場における課題としても残されていることを示唆していた。

　知的障害のある人の性に関する認知・理解の困難さが指摘されており、それゆえに、学校卒業後の就労の場で性に関する情報の提供や性教育などの取り組みを行うことを躊躇している実態も見受けられた。そこで、本章では、知的障害のある人の性に関する認知・理解にはどのような難しさがあり、それはどうしてなのかを検討し、学校卒業後の就労の場などで働いている知的障害のある人に、性に関する情報をどのように提供していったらよいのか、どうしたら就労している利用者にも性教育を実施することができるのか、を検討する。

2　調査の目的と方法

　知的障害のある人の性に関する認知・理解度を調査し、何が難しくてどんなことなら理解しているのかを明らかにするために、A県C就労支援事業所（以下、「C事業所」）及びD県F就労支援事業所（以下、「F事業所」）で、2020年12月から2021年1月にかけ、性に関する認知・理解度調査を行った。なお、本調査は、浦和大学・浦和大学短期大学部調査倫理審査規程にもとづく調査倫理審査委員会による倫理審査の承認[注3]を得た後、調査対象者が所属する各社会福祉法人との間で「業務委託契約」を交わし、調査対象者本人や保護者から書面で了解を得て調査を実施した。

　調査対象者はC事業所で働く利用者20人（男女各10人、26～51歳の知的障害者）及びF事業所で働く利用者15人（男8人・女7人、19～65歳の知的障害者）で、C事業所及びF事業所の協力を得て、面接法により行った。

　調査は性といった個人のプライバシーに関わるデリケートな問題を取り扱っていたため、面接は第三者の立ち会いのもと、対象者と同性の調査員が実施した。面接に要した時間は一人平均約20～40分であった。

　調査内容は、「健康一般」「衛生」「人間の体」「成長」「性と対人関係」の五つの領域から成っており、各領域の項目を「健康一般」から「性と対人関係」まで順に、以下のように、1～35までの項目番号を付し、各項目の内容に見合う白黒の絵や写真を用意した。

健康一般（6項目）：
　1.食事、2.運動、3.睡眠、4.病気、5.喫煙、6.飲酒
衛生（6項目）：
　7.月経、8.入浴、9.洗濯、10.整髪、11.爪切、12.歯磨き
人間の体（12項目）：
　13.体、14.骨、15.筋肉、16.心臓、17.肺、18.脳、19.目、20.耳、21.口、22.乳房、23.ペニス、24.子宮

成長（5項目）:
　　25. 成長、26. 裸の男性、27. 裸の女性、28. 裸の女性と着服の女性、
　　29. 裸の男性と着服の男性
性と対人関係（6項目）:
　　30. 交際、31. 結婚、32. 性交、33. 避妊、34. 妊娠、35. 出産

　それぞれの項目に対して、絵や写真を提示しながら、「この絵／写真はなん
ですか」という質問を行った。得られた回答は、「部分的かつ具体的」な認知・
理解のレベル1から「全体的かつ抽象的」な認知・理解のレベル3まで、「1」
「2」「3」という三つのレベルに分類した。なお、「わからない」や間違った
回答をした場合にはレベル0とし、新たに「0」レベルを加えて「0」「1」「2」
「3」という四つのレベルを設けた。
　調査を実施するにあたり、筆者の先行調査[注4]と同じ研究方法を採用した。
これまでに3回（1989-1990年・1994年・2016年）[注5]、同様の調査を行っており、
調査方法と回答内容の分析の妥当性が確認されてきている。
　統計処理は〈カイ2乗検定〉（以下、χ^2検定）により行い、有意水準をp＜
0.05-0.001で表わしたが、本章では有意差が見られた場合のみχ^2値と有意水
準を、各表の欄外に示す。

3　調査の結果

（1）対象者と障害支援区分との関係
　対象者と対象者の支援（介護給付）の必要度を表す障害支援区分[注6]との関
係を調べるために、表1にC事業所の男女の障害支援区分の該当者数とF事業
所男女の障害支援区分の該当者数の分布の様子を示した。なお、表1欄外には、
C事業所男女間、F事業所男女間、C事業所（男女計）・F事業所（男女計）間
のχ^2値と有意差の有無を示してあるが、いずれも有意差は見られなかった。

表1　対象者の障害支援区分（実数は人数）

障害支援区分	C事業所			F事業所		
	男	女	計	男	女	計
1	0	1	1	1	1	2
2	4	4	8	4	5	9
3	5	4	9	3	1	4
4	1	1	2	0	0	0
計	10	10	20	8	7	15

＊C事業所男女間 χ^2 = 1.112、F事業所男女間 χ^2 = 1.049、C・F事業所（男女計）間 χ^2 = 3.675。
いずれも自由度（df）= 3，有意差なし。

（2）各事業所における知的障害のある人の性に関する認知・理解の特徴

表2には、C事業所とF事業所の対象者の性に関する認知・理解度（レベル0〜3）の回答（実数）分布を男女別に示してある。

①知的障害のある人の認知・理解の特徴1
a．健康一般

C事業所及びF事業所の半数または過半数の男女に「1．食事」「2．運動」「3．睡眠」「5．喫煙」の四つの項目でレベル3が多く見られていた。また、C事業所の半数または過半数の男女が「4．病気」の項目でレベル3だったのに対し、F事業所の男女がともにレベル3とレベル1が半数ずつに分かれていた。「6．飲酒」の項目は、C事業所もF事業所も、半数または過半数の男女の認知・理解が不十分で、レベル1またはレベル0のままだった。さらに、C事業所の女性やF事業所の男性は「2．運動」の項目で、認知・理解の不十分さを示すレベル1がやや多く見られていた。同様に、C事業所の男女とF事業所の男女にも、「4．病気」や「6．飲酒」の項目で、認知・理解の不十分さを示すレベル1とレベル0が多く見られ、半数近くを占めていた。

なお、「健康一般」の領域では、C事業所及びF事業所の男女間だけでなく、C事業所（男女計）とF事業所（男女計）との間にも有意差は見られなかった。

b．衛生

　C事業所の女性の約半数及びC事業所の男性とF事業所の大多数の男女が、「7．月経」の項目で認知・理解の不十分さを示すレベル1とレベル0だった。また、C事業所の半数以上の男女が、「8．入浴」「9．洗濯」の項目でレベル3（女性の「洗濯」はレベル3及びレベル2が半数ずつ）だったが、F事業所の男女はともにレベル3がほとんどなく、大多数がレベル2からレベル0だった。さらに、C事業所及びF事業所の半数以上または大多数の男女が、「10．整髪」「12．歯磨き」の二つの項目で、レベル3が多く見られていた。また、C事業所の男性全員及び女性の多くが、「11．爪切」「12．歯磨き」の項目で、レベル3だった。一方、「11．爪切」の項目で、F事業所の男性が全員レベル3だったのに対し、女性の半数以上がレベル2及びレベル1だった。

　なお、この領域では、表2の欄外表記からわかるように、C事業所の男女間だけでなくF事業所の男女間でも有意差は見られなかったが、C事業所（男女計）とF事業所（男女計）との間では「8．入浴」($p<0.01$)「9．洗濯」($p<0.01$)の二つの項目で有意差が見られていた。

c．人間の体

　「13．体」の項目では、C事業所の男性でレベル3及びレベル2が半数以上を占めていたものの、C事業所の女性では全員がレベル2からレベル0に分布し、F事業所の男女の大多数がレベル1からレベル0だった。「14．骨」の項目では、C事業所の男女の半数がレベル3だったのに対して、F事業所の男女の大多数がレベル2からレベル0だった。「15．筋肉」の項目では、C事業所の女性で半数以上のレベル3が見られたものの、C事業所の男性やF事業所の男女で、約半数または半数以上がレベル1からレベル0だった。「16．心臓」の項目では、C事業所の女性の大多数がレベル3だったものの、C事業所の男性でレベル3及びレベル0に分布が分かれていた。F事業所の男性でレベル3とレベル1及びレベル0に分布が分かれたのに対し、F事業所の半数の女性がレベル0だった。「17．肺」の項目では、C事業所の男女及びF事業所の男女がともに、レベル3及びレベル0、または、レベル1及びレベル0に回答の分布が分かれていた。また、「18．脳」の項目では、C事業所の男女及びF事業

所の男性の大多数がレベル3だったのに対し、F事業所の女性はレベル3から
レベル0まで広く回答が分布していた。さらに、「19．目」や「20．耳」「21．口」
の各項目では、C事業所の男女及びF事業所の男女の大多数がレベル3だった。
「22．乳房」の項目では、C事業所の男女及びF事業所の男性の大多数がレベ
ル3だったのに対し、F事業所の女性はレベル3からレベル0まで広く回答が
分布していた。「23．ペニス」の項目では、C事業所の男女及びF事業所の男
性の大多数がレベル3だったのに対し、F事業所の女性はレベル1からレベル
0だった。また、「24．子宮」の項目では、C事業所の男女及びF事業所の男
女がともに、レベル3からレベル0まで広く回答が分布していた。

　この領域では、表2の欄外表記からわかるように、「13．体」（p<0.01）の項
目でC事業所の男女間に有意差が見られたものの、それ以外の「14．骨」〜「24．
子宮」の項目では有意差が見られなかった。一方、F事業所の男女間では、「13．
体」〜「24．子宮」の全項目で有意差が見られなかった。なお、C事業所（男
女計）とF事業所（男女計）との間では、「13．体」（p<0.01）、「14．骨」（p<0.01）、
「22．乳房」（p<0.05）の三つの項目で有意差が見られていた。

d．成長

　「25．成長」の項目では、C事業所の男女の半数及びF事業所の男性の半数
がレベル3だったのに対し、F事業所の女性でレベル1及びレベル0だった。
また、「26．裸の男性」や「27．裸の女性」「28．裸の女性と着服の女性」「29．
裸の男性と着服の男性」の各項目では、C事業所の男女でレベル3からレベル
0まで広く回答が分布していたが、F事業所の男女ではレベル2からレベル0
まで広く回答が分布していた。特に特徴的なのは、「27．裸の女性」の項目で、
C事業所の男女がレベル3とレベル2に分布していたのに対し、F事業所の男
女がレベル1からレベル0までの回答が多く分布していた。また、F事業所の
男女の「26．裸の男性」や「27．裸の女性」「28．裸の女性と着服の女性」「29．
裸の男性と着服の男性」の各項目の半数以上がレベル1の回答に多く分布して
いたのに対し、C事業所の「28．裸の女性と着服の女性」（表内「女裸着服」）「29．
裸の男性と着服の男性」（表内「男裸着服」）の2項目だけが、レベル1の回答
に多く分布していた。なお、この領域では、C事業所の男女間でもF事業所の

男女間でも有意差は見られなかったが、表2の欄外表記からわかるように、C事業所（男女計）とF事業所（男女計）との間の「27. 裸の女性」（p<0.05）の項目では有意差が見られていた。

e．性と対人関係

「30. 交際」の項目では、半数近くまたは大多数がレベル3だった。また、「31. 結婚」の項目では、C事業所の女性及びF事業所の男女で大多数がレベル3だったものの、C事業所の半数の男性がレベル0だった。さらに、「32. 性交」及び「33. 避妊」の各項目では、C事業所の男女がレベル3からレベル0まで広く回答が分布していたが、F事業所の大多数の男女ではレベル1からレベル0またはレベル0に回答が分布していた。また、C事業所の男女も見てみると、半数または半数近くがレベル0だった。また、「34. 妊娠」の項目では、C事業所の男女もF就労支援事業所の男女も、レベル3からレベル0まで広く回答が分布していた。C事業所の半数以上の女性は、レベル3だった。また、「35. 出産」の項目では、C事業所の男女もF事業所の男女もレベル3からレベル0まで幅広く回答が分布していたが、F事業所の男女にレベル1の回答が多く分布していた。

表2　対象者の事業所（男女）別・項目ごとの性に関する認知・理解度の回答分布（実数は人数）

領域	項目	C事業所								F事業所							
		男				女				男				女			
		レベル				レベル				レベル				レベル			
		0	1	2	3	0	1	2	3	0	1	2	3	0	1	2	3
健康一般	1. 食事	2	1	1	6	0	3	0	7	0	1	2	5	0	1	1	5
	2. 運動	1	1	1	7	0	3	0	7	0	3	0	5	1	1	1	4
	3. 睡眠	0	0	1	9	0	2	2	6	0	0	2	6	0	1	1	5
	4. 病気	2	2	0	6	0	4	1	5	0	4	0	4	0	3	1	3
	5. 喫煙	1	0	1	8	1	0	1	8	0	1	2	5	0	1	0	6
	6. 飲酒	3	3	1	3	2	3	2	3	0	5	1	2	2	5	0	0
衛生	7. 月経	4	4	1	1	2	2	0	6	2	5	0	1	2	4	0	1
	8. 入浴	1	0	4	5	0	0	5	5	2	4	1	1	1	2	4	0
	9. 洗濯	2	0	2	6	1	2	4	3	0	5	1	2	1	5	1	0
	10. 整髪	1	1	1	7	1	0	1	8	0	2	1	5	1	5	1	0
	11. 爪切	0	0	0	10	0	0	1	9	0	0	0	8	0	2	2	3
	12. 歯磨き	0	0	0	10	0	1	0	9	0	0	1	7	0	2	0	5

（表2続き）

領域	項目	C事業所 男 レベル 0	1	2	3	C事業所 女 レベル 0	1	2	3	F事業所 男 レベル 0	1	2	3	F事業所 女 レベル 0	1	2	3
人間の体	13. 体	3	0	3	4	1	4	5	0	3	5	0	0	2	4	0	1
	14. 骨	3	1	1	5	2	1	2	5	0	3	4	1	1	3	3	0
	15. 筋肉	4	2	2	2	3	1	0	6	4	1	1	2	3	3	1	0
	16. 心臓	5	0	0	5	2	0	0	8	2	1	0	5	4	1	0	2
	17. 肺	4	0	1	5	5	0	0	5	2	2	0	4	3	1	0	3
	18. 脳	1	0	1	8	1	0	1	8	1	1	1	5	2	1	1	3
	19. 目	0	0	0	10	0	0	0	10	0	1	1	6	0	2	0	5
	20. 耳	0	0	0	10	0	0	0	10	0	2	0	6	1	1	1	4
	21. 口	0	0	0	10	0	0	0	10	0	1	0	7	0	2	1	4
	22. 乳房	3	0	0	7	1	0	0	9	0	1	1	6	1	2	1	3
	23. ペニス	3	0	0	7	3	0	1	6	2	0	1	5	3	3	0	1
	24. 子宮	4	0	2	4	2	1	4	3	3	2	2	3	3	3	1	0
成長	25. 成長	2	2	1	5	0	4	0	6	1	2	1	4	1	5	0	1
	26. 裸の男性	2	3	2	3	1	2	4	3	1	5	2	0	2	4	1	0
	27. 裸の女性	2	2	3	3	1	2	5	2	1	6	1	0	3	3	1	0
	28. 女裸着服	2	2	2	4	0	6	1	3	1	6	1	0	1	4	1	1
	29. 男裸着服	1	4	1	4	0	7	0	3	1	6	1	0	1	4	1	1
性と対人関係	30. 交際	2	0	0	8	0	0	3	7	1	1	1	5	0	3	1	3
	31. 結婚	5	0	0	5	0	0	0	10	2	0	1	5	1	1	0	5
	32. 性交	5	0	1	4	5	1	1	3	4	1	0	3	6	0	0	1
	33. 避妊	5	2	1	2	3	1	3	3	5	2	1	0	6	1	0	0
	34. 妊娠	1	4	2	3	0	3	1	6		3	1	3	1	2	3	1
	35. 出産	3	1	2	4	0	3	3	4	1	5	1	2	0	6	1	0

＊ 28. 女裸着服＝裸の女性と着服の女性、29. 男裸着服＝裸の男性と着服の男性
＊C事業所有意差有項目：「13. 体」（$\chi^2 = 9.512$、p<0.01）、「31. 結婚」（$\chi^2 = 8.572$、p<0.01）
＊C事業所（男女計）とF事業所（男女計）の有意差有項目：
「8. 入浴」（$\chi^2 = 15.099$、p<0.01）「9. 洗濯」（$\chi^2 = 12.322$、p<0.01）
「13. 体」（$\chi^2 = 11.351$、p<0.01）「14. 骨」（$\chi^2 = 13.184$、p<0.01）
「22. 乳房」（$\chi^2 = 8.211$、p<0.05）「27. 裸の女性」（$\chi^2 = 10.159$、p<0.05）

なお、「性と対人関係」の領域では、表2の欄外表記からわかるように、C事業所の男女間で、「31. 結婚」（p<0.01）の項目で有意差が見られたものの、それ以外の「30. 交際」「32. 性交」〜「35. 出産」の項目やC事業所（男女計）とF事業所（男女計）との間では有意差は見られなかった。

②知的障害のある人の認知・理解の特徴２：認知・理解しやすい項目と理解困難な項目

　分析結果が示しているように、Ｃ事業所及びＦ事業所ともに、対象者の性に関する認知・理解度は調査項目ごとに異なっており、大きな個人差が見られていた。

　Ｃ事業所の対象者に係る性に関する認知・理解度を見てみると、「衛生」領域の「爪切」「歯磨き」、「人間の体」領域の「目」「耳」「口」などは、認知・理解が高く、理解しやすい項目となっており、「人間の体」領域の「肺」、「性と対人関係」領域の「性交」「避妊」などは認知・理解が比較的低く、やや理解困難な項目となっていた。また、「人間の体」領域の「筋肉」「心臓」「肺」「乳房」「ペニス」、「性と対人関係」領域の「結婚」などは、認知・理解の幅が大きく、回答の有無がはっきりしている項目となっていた。

　Ｆ事業所の対象者に係る性に関する認知・理解度を見てみると、Ｃ事業所の対象者と同様、「衛生」領域の「爪切」「歯磨き」、「人間の体」領域の「目」「耳」「口」などは、特に男性で認知・理解が高く理解しやすい項目となっており、「人間の体」領域の「体」「筋肉」、「性と対人関係」領域の「性交」「避妊」などは認知・理解が比較的低くやや理解困難な項目となっていた。また、「人間の体」領域の「筋肉」「心臓」「肺」「ペニス」「子宮」などは、認知・理解の幅が大きく、回答の有無がはっきりしている項目となっていた。

　Ｃ事業所及びＦ事業所の対象者の性に関する認知・理解度調査結果を受けて整理できることは、認知・理解しやすい項目は、絵や写真自体がシンプルでわかりやすく、日常よく見聞きし、日常生活としっかり結びついているものとなっていたということである。一方、認知・理解困難な項目や、認知・理解の幅が大きく回答の有無がはっきりしている項目は、示された絵や写真が複雑で日常生活の中で聞いたことがあっても、教育を通して情報を得たことのない項目や日頃口に出してはいけないと思われている性器（「乳房」「ペニス」）などへの恥じらいによる反応と思われた。また、Ｃ事業所の男女間に有意差が見られた項目も同様で、「人間の体」領域の「体」など、裸の男女の絵や写真が使用されていたことによる恥じらいによるものと思われた。

（３）各事業所および事業所間の知的障害のある人の性に関する認知・理解の特徴

　C事業所の対象者の性に関する認知・理解に関して、「人間の体」領域の「体」（p<0.01）と「性と対人関係」領域の「結婚」（p<0.01）を除く33項目は、男女間に有意差が見られなかった。同様に、F事業所の対象者の性に関する認知・理解における全35項目で、男女間に有意差は見られなかった。

　C事業所（男女計）とF事業所（男女計）との間で有意差が見られたのは、「衛生」領域の「入浴」（p<0.01）と「洗濯」（p<0.01）、「人間の体」領域の「体」（p<0.01）と「骨」（p<0.01）と「乳房」（p<0.05）、「成長」領域の「裸の女性」（p<0.05）だった。なお、C事業所の男女間に有意差が見られていた「人間の体」領域の「体」がC事業所（男女計）とF事業所（男女計）との間でも同様の有意差が見られていたものの、C事業所の男女間に有意差が見られていた「性と対人関係」領域の「結婚」はC事業所（男女計）・F事業所（男女計）間での有意差は見られなかった。

　C事業所（男女計）・F事業所（男女計）間で有意差が見られなかった「性と対人関係」領域の「結婚」を除き、両事業所（男女計）間に有意差が見られた「衛生」領域の「入浴」と「洗濯」、「人間の体」領域の「体」と「骨」と「乳房」、「成長」領域の「裸の女性」など6項目について、その特徴を見ていくことにする。

表3　各有意差カテゴリーの該当項目表

有意差カテゴリー1	有意差カテゴリー2	有意差カテゴリー3
体＊＊ 結婚＊＊		入浴＊＊
		洗濯＊＊
		体＊＊
		骨＊＊
		乳房＊
		裸の女性＊

＊カテゴリー1：C事業所男女間の有意差　＊ p<0.05, ＊＊ p<0.01, df=3
＊カテゴリー2：F事業所男女間の有意差　該当なし
＊カテゴリー3：C・F事業所（男女計）間の有意差　＊＊ p<0.01, df=3

表３には、Ｃ事業所の男女間で有意差が見られた項目を「有意差カテゴリー１」、Ｆ事業所の男女間で有意差が見られた項目を「有意差カテゴリー２」、Ｃ事業所（男女計）・Ｆ事業所（男女計）間で有意差が見られた項目を「有意差カテゴリー３」と示してある。「有意差カテゴリー１」には「人間の体」領域の「体」と「性と対人関係」領域の「結婚」が、「有意差カテゴリー２」には全35項目で有意差がないため「該当なし」として斜線が、「有意差カテゴリー３」には「衛生」領域の「入浴」・「洗濯」、「人間の体」領域の「体」・「骨」・「乳房」、「成長」領域の「裸の女性」が表記されている。

　Ｃ事業所の男女間に有意差が見られていた「人間の体」領域の「体」は、裸の男女の絵や写真が使用されていたことから恥じらいによるものと思われたが、Ｃ・Ｆ両事業所（男女計）間で有意差が見られた６項目は、いずれも複数の絵や写真が組み合わされ、全体を把握してその概念を答えてもらうという抽象度の高い項目で、簡単には回答できず、認知・理解が困難で、対象者の認知・理解の幅も大きくなったために、両事業所（男女計）間で有意差が見られていたと思われた。

（４）性に関する三つの認知・理解群とその特徴

　知的障害のある人の認知・理解度を把握するために、対象者の認知・理解レベル３を３点、認知・理解レベル２を２点、認知・理解レベル１を１点、認知・理解レベル０を０点として得点化し、対象者の総得点の状況を見てみた。105点が満点となるため、100点満点として補正をすると、認知・理解の程度によって、80〜100点をＡ群、60〜79点をＢ群、0〜59点をＣ群と、三つの群に整理できることがわかった。

　Ａ群は、総じて認知・理解が高い対象者が多い群だった。絵や写真に対する認知・理解レベルが２以上が多く、抽象的理解ができており、有意な回答をしていた。これらの群に属している人たちは、障害支援区分とは一致していないものの、知的能力が高く、教育や社会的経験を通して得た情報量が豊富であった。

　Ｂ群は、絵や写真には反応するものの抽象的理解が苦手な対象者が多い群だった。絵や写真に対する認知・理解が低く、レベル１〜３まで多様な回答分

布を示していた。抽象的理解を要する回答になると途端に要領を得なくなり、結果としてレベル0のような「わからない」といった回答にもなっていた。この群に属する対象者は、認知・理解に大きな差が見られるものの、社会的体験の積み重ねによって認知・理解を高めていくことのできる群のように思われた。

　C群は、総じて認知・理解が低い対象者が多い群だった。多くがレベル0か1で、限られた項目だけがレベル2や3といった結果であった。レベル3に相当する項目は、「衛生」領域の「歯磨き」や「人間の体」領域の「目」「耳」「口」「乳房」で、日常よく見聞きし、日常生活の中でよく使われているわかりやすい絵や写真であった。時に言葉だけに反応している場合もあった。この群に属しているのは、抽象的理解の困難な人で、認知・理解を高めるための関わり方や補助教材・教具の工夫と開発がより一層求められる群でもあった。

　A群・B群・C群、どの群にも共通して見られていた事柄の一つに、文化的な影響による恥じらいや沈黙があった。つまり、裸や性器など人前で見せてはいけない、表現してはいけないと言われているモラルに関係している絵や写真に対してであり、恥ずかしがったり、わざと答えなかったり、「わからない」と回答していたことである。このような対応は認知・理解の高いA群の人たちの間でも見られ、「性と対人関係」領域の「性交」などでは、レベル0が多く見られていた。

　性に関する認知・理解度調査結果は、学校を卒業してからも、仕事をしている今でも、恋愛関係にある人たちも、結婚し家庭生活を営んでいる人たちも、生涯にわたって、知的障害のある人の認知・理解度に合わせて様々な情報を的確に、繰り返し提示していく必要があることを示していた。本調査結果にもとづいて行われる性教育実践も、認知・理解度に大きな差がある人たちにいつも一緒に教育することではなく、時に個別に、時に認知・理解度に合わせた少なくとも三つの群（A・B・C群）をつくり、群ごとに必要な情報を的確に、わかりやすく、丁寧に、繰り返し提供していくことが必要だということを示していた。

　性に関する認知・理解度の群分けと障害支援区分との関係についても整理しておく必要がある。

　本調査の対象者は区分1〜4で、C事業所に区分4該当者が1名いるものの、多くは区分1〜3の比較的支援の必要度が低い利用者だった。また、表4の欄

第9章　知的障害のある人の性に関する認知・理解の実態と課題　147

外表記からわかるように、C事業所の性に関する認知・理解レベルの各群「A・B・C」と、障害支援区分「1〜4」との間に有意差は見られなかった。同様に、F事業所の性に関する認知・理解レベルの各群「A・B・C」と、障害支援区分「1〜4」との間にも有意差は見られなかった。さらに、C事業所（男女計）とF事業所（男女計）の性に関する認知・理解レベルの各群「A・B・C」と、障害支援区分「1〜4」との間にも有意差は見られなかった。つまり、性に関する認知・理解度は、障害支援区分とはほとんど関係がないということを意味しており、性教育を行うにあたっては、性に関する認知・理解群と個々の参加者（利用者）の特徴によって検討されるべきだということを示唆していた。

表4　対象者の性に関する認知・理解群と障害支援区分との関係（実数は人数）

障害支援区分	C事業所									F事業所								
	男			女			計			男			女			計		
	群 A	B	C	群 A	B	C	群 A	B	C	群 A	B	C	群 A	B	C	群 A	B	C
1	1	0	0	1	0	0	2	0	0	0	1	0	0	1	0	0	2	0
2	2	0	3	1	1	2	3	1	5	1	2	1	0	1	4	1	3	5
3	1	3	0	1	2	1	2	5	1	0	1	2	0	1	0	0	2	2
4	0	0	0	0	0	1	0	0	1	0	0	0	0	0	0	0	0	0
計	10			10			20			8			7			15		

＊認知・理解群・補正点：A群＝80〜100、B群＝60〜79、C群＝0〜59
＊C事業所及びF事業所男女間、C・F事業所（男女計）間（df=3）：有意差なし

4　おわりに

　知的障害のある人の身体面の発達と感情面の発達は、一般の人たちとはなんら変わらないものの、これら二つの発達のアンバランスさが様々な問題を生じさせている。表現の仕方がわからず、未熟がゆえに自分の欲求を正直に表わし、まわりの人たちを困惑させてもいる。しかも、知的障害のある人の性に関する問題が、学校在籍中からも見られ、学校を卒業してからも、様々な形で現われ、

時に社会問題ともなってしまうという実態がある。

　知的障害のある人の性に関する問題を曖昧なままにし、学校を卒業してからも情報の整理の仕方を教えずに放置してしまうなら、社会に溢れる性的誘惑に飲み込まれ、自分ではどうしようもない状況に追い込まれてしまうということに、私たちは気づく必要がある。

注

1　Katoda, H. Health and sex education of schoolchildren with intellectual handicaps-A study in Japan and Sweden., Almqvist & Wiksell International, 1991, p141.
2　河東田博、井上須美子、沖美智子、他「知的ハンディをもつ人々の健康・性・エイズ情報獲得プロセスに関する調査」『JASS PROCEEDINGS』、第7巻、第1号、32-41頁、1995年。
3　浦和大学・浦和大学短期大学部調査倫理審査規程に基づく調査倫理審査委員会・倫理審査承認の5前提があったため、次のように対処した。
　①調査対象となる福祉関係機関（社会福祉法人、以下「法人」）から、本調査の目的・方法などを理解し協力する旨の同意書を得た。
　②知的障害のある人の保護者からも、本調査の目的・方法などを理解し協力する旨の同意書を得た。
　③知的障害のある人の性に関する認知・理解度調査を実施するにあたり、第三者に立ち会ってもらった。
　④秘匿性に留意し、調査対象となる法人や個人の映像はとらずに調査を行った。
　⑤調査協力者にも、本調査の目的・方法などを理解してもらい、十分な倫理的配慮をもって協力していただけるように、各法人と「業務委託契約書」を交わした。
4　下記文献の中で本章に係る調査方法が示されている。
　Katoda, H. 1992,The cognition of matters on health and sex in young people with intellectual handicaps: s study in Stockholm and Tokyo. European Journal of Special Needs Education. vol 7, no.2, pp117-129.
5　これまでに行ってきた3回の調査とは次の通りである。
　(1)1989年1月から3月にかけて東京都で、1990年4月から6月にかけてスウェーデン国ストックホルム県で行った調査で、同上書（Katoda, 1992）に反映されている。

(2)1994年1月から3月にかけて香川県・徳島県で行った調査で、前掲書（河東田他、1995年）に反映されている。

(3)2016年2月に茨城県で行った調査で、下記論文に反映されている。

河東田博「知的障害のある人たちの性に関する認知・理解の実態と課題」立教社会福祉研究、第36号、1-8頁、2017年。

6 障害支援区分は、2013年に施行された障害者総合支援法（正式名称：障害者の日常生活及び社会生活を総合的に支援するための法律）第4条第4項の中で、「障害の多様な特性その他の心身の状態に応じて必要とされる標準的な支援の度合を総合的に示すもの」と定義づけされている。なお、障害支援区分は6段階に区分（区分1〜6）され、区分が高くなるほど支援程度の必要度が高く、区分6が最も高い必要度となる。

第IV部

「誰もが性的人間として生きる」
：性教育実践と「性的共生」への展望

第 10 章
知的障害のある人の性教育プログラム化の検討

1　はじめに

　20 世紀末には、学習指導要領から逸脱しているという理由から、学校性教育に政治家や教育行政が強権的に介入し、政治家たちの古い社会−性的価値観への押し付けによる社会への適応を強いられ、「性的共生」から遠ざけられる動きがあった。こうした社会的動きの中で、古い社会−性的価値観の影響を受け、性教育実践に踏み込めない私たちがいた。

　そうしたなかにあっても、「性的共生」へと導く取り組みがなされていたことを第Ⅱ部第 6 章・第 7 章で知的障害当事者用テキストを通して見てきた。この「性的共生」へと導く取り組みは、性教育実践を躊躇している私たちの背中を押し、「恋人をもち、好きな人と一緒に暮らしたい、結婚をしたい」という当事者の思いや願いに寄り添い、当事者の伴走者として歩むことへと確実に導いてくれるに違いない。

　本章では、知的障害のある人に、性に関する情報を「わかりやすく」「丁寧に」「繰り返し」提供することを前提に、どのような内容の性教育プログラムが用意される必要があるのかを検討していくことにする。

2　「性教育プログラム試案」作成に向けた検討

（1）「性教育プログラム試案」作成検討のための基礎資料

　第Ⅱ部第 6 章・第 7 章で取り上げたスウェーデンの知的障害当事者用性教育テキストや、日本の知的障害当事者用性教育テキスト・授業指導案、当事者向けワークショップ・勉強会の報告書に加えて、新たな基礎資料として『Let's!!

からだ探検隊』^{注1)}を取り上げる。また、性と対人関係の基本的な考え方や指針を示してくれている『Som alla andra 』^{注2)}や、『楽しくセクシュアリティ支援のすすめ』^{注3)}の他に、「性教育プログラム試案」の構成要素を検討する際に影響を与えると思われる『ムンメル』^{注4)}、『改訂版 国際セクシュアリティ教育ガイダンス』^{注5)}を基礎資料として加え、「性教育プログラム試案」作成の検討を行ってみたい。

　新たに取り上げる『Let's!! からだ探検隊』や『ムンメル』『改訂版 国際セクシュアリティ教育ガイダンス』は、次のような特徴をもっている。

・『Let's!! からだ探検隊』（写真１参照）

　1999年以降、長崎大学宮原春美研究室で小学生（障害の有無にかかわらず）に対して行ってきた性教育講座を、社会福祉法人南高愛隣会と共同で、青年期の若者を対象に2014年から2019年まで行ってきた「性を中心とした対人関係教育プログラム」の実践をまとめたものである^{注6)}。パネルや模型、サークルシート、ペープサート（紙人形）を使いながら、ロールプレイを交えて参加者の認知・理解度や内容に合わせ、個別に、または、小グループで繰り返し行うことで内容や知識の定着を図ろうとしてきたことがわかるテキストとなっている。

　長期にわたる性教育実践をもとに作成されたテキストの内容を、目次を通して見てみよう。

写真1
『からだ探検隊』

第1章　すてきな大人って：
　①プライベートゾーン、②からだの学習、③自分の場所・みんなの場所、④安心できる距離
第2章　恋するキモチって：
　①恋するキモチ、②ふれあいってなんだろう、③インターネットのマナー
第3章　すてきな大人のマナー：
　①すてきはどっち？　②告白のマナー、③デートに行ってみよう、④デートDV、⑤ラブの形
第4章　大人が知っておきたいこと：
　①赤ちゃんができるまで、②今 妊娠しないた

めに、③性感染症の予防、④幸せな結婚のために

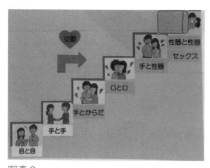

写真2
『からだ探検隊』の一コマ1

写真3
『からだ探検隊』の一コマ2

　第2章の「恋するキモチって」②ふれあいってなんだろう（写真2参照）や第3章の「すてきな大人のマナー」（写真3参照）などからわかるように、人と人との自然な出会いや触れ合いから、愛する人とのセックスに至るまで、パネルなどで具体的に示されており、「性教育プログラム試案」でも取り上げたい内容となっている。

　また、「すてきな大人のマナー」で取り上げられている内容は、同法人が設けている結婚推進室「ぶ〜け」[注7]が行っている出会いの場づくりなどでも広く利用されており、地域で素敵な人との出会いを求めて生活している多くの人たちに参考にしてほしい内容となっている。

・『ムンメル－なぜ子どもを生むのか』（写真4参照）

　訳者の北沢杏子が「あとがき（この本をめぐって）」の中に記しているように、「恋愛、共生生活、妊娠、出産、育児という誰もが体験する事柄が、日常的なアングルで素朴に詩的に進行し」[注8]、「人間らしく生きること・愛すること」（写真5参照）[注9]を伝えようとする人生論（性という営みを超え、共に愛し生活し合うパートナー同士の心の機微を網羅した共同生活に関する深い内容の本）ともいえる写真エッセイ集である。また、北沢は、次のようにも記している。

　人間にとって性とはなにか－という著者の確かな思想が織り込まれていま

す。また、とかく個人的な事柄としてかたづけられがちな恋愛、出産、育児などの日常性を、私たちがいま生きている社会と結びつけようという新しい考え方が押し出されています。

まさに、性教育に必要なのは、この視点だったのです。[注10)]

写真4
『ムンメル』

「個人的な事柄としてかたづけられがちな」性の問題を、「私たちがいま生きている社会」と「日常性」とを結びつけて展開しようという考え方が「性教育プログラム試案」にも必要ではないかと考え、基礎資料の一つとして『ムンメル』を取り上げることにした。特に、「出産準備」のために慣れない手つきで一生懸命編み物を編んだり（写真6参照）、「よごれたおむつや、おむつカバーや、おっぱいでよごれた服や、よだれかけを洗わなければなりません」[注11)]という男性パートナーの姿が描かれ、私たちに共同生活の大変さや厳しさを示していることに感心させられる。また、以下のように、女性パートナーのつらさや悲しさにも言及している。

出産後の疲れも回復していないというのに、夜中に何度も起きて母乳を与えなければなりません。これらは、（中略）つらい体験です。（中略）なんのために一日中こんなことをしているのかしら、なにもしたくない、投げ出してしまいたい、そんな気持ちになってしまうんです。[注12)]

写真5
『ムンメル』の一コマ1

写真6
『ムンメル』の一コマ2

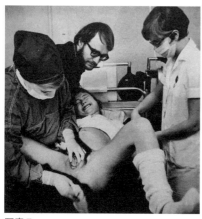
写真7
『ムンメル』の一コマ3

　北沢が「あとがき」で指摘していることを念頭に入れながら、テキスト2の
目次を見てみよう。簡潔に表現されているが、含蓄のある目次内容である。

　　なぜ子どもを生むのか
　　1. なぜ愛するのか
　　2. なぜ待つのか
　　3. なぜ生むのか
　　4. なぜ育てるのか

この四つの「なぜ」として各章で記されていることが、「なぜ子どもを生むのか」という問いの解答となってテキストの中で示されてくる。「性教育プログラム試案」にもこれらの内容を盛り込む必要があると思っているが、性教育実践の中でこれらをどのように展開していったらよいのかが思案のしどころであろう。

・『改訂版 国際セクシュアリティ教育ガイダンス』（写真8参照）
　ユネスコ（UNESCO）が中心になり、国連合同エイズ計画（UNAIDS）や国連人口基金（UNFPA）、ユニセフ（UNICEF）、世界保健機関（WHO）などいくつかの国連機関や性教育分野の専門家の協力を得て2009年に出版されたガイダンスの2020年度改訂版[注13]である。このガイダンスは、「日本の性教育に必要不可欠な指針」[注14]として位置づけられている。そのため、「性教育プログラム試案」の構成要素を検討するうえで欠かせないガイダンス（テキスト3）と考え、取り上げることにした。

写真8
『【改訂版】国際セクシュアリティ教育ガイダンス』

　テキスト3には、たくさんの情報が盛り込まれているが、目次を通してこのテキストの内容を見てみよう。

7.4　包括的セクシュアリティ教育プログラムのモニタリングと評価

7.5　包括的セクシュアリティ教育を拡大する

　このテキストでは、第3章の3.3に「障がいのある若者」に関する記述があり、以下のように述べられている。

　精神的、身体的、または情緒的障がいのある若者の誰もが性的な存在であり、最高水準の健康を維持する中で、強制や暴力のない、よろこびのある安全な性的経験をすることを含む、かれらのセクシュアリティを楽しむ権利、良質なセクシュアリティ教育と性と生殖に関する健康サービスにアクセスする権利を同様にもつ。[注15)]

　なお、本章で検討しようとしている「性教育プログラム試案」の構成要素は、テキスト3の第5章5.2に示されているセクシュアリティ教育のキーコンセプト「人間関係、価値観・人権・文化・セクシュアリティ、ジェンダーの理解、暴力と安全確保、健康と幸福のためのスキル、人間のからだと発達、セクシュアリティと性的行動、性と生殖に関する健康」だと思われるため、「性教育プログラム試案」（9領域）の検討の中で活かしていきたいと思う。

（2）「性教育プログラム試案」（9領域）の検討

「性教育プログラム試案」検討に当たり、性に関する基本的な考え方や指針を示している思われる『Som alla andra』や『楽しくセクシュアリティ支援のすすめ』『ムンメル』『改訂版 国際セクシュアリティ教育ガイダンス』を参考に、人の成長や対人関係の中で生じ、大切にしなければならない事柄を、以下のような九つの領域に整理してみた。

　　［1］たいせつにしたい かんがえかた
　　［2］子どもから 大人に かわるときの 心と からだ
　　［3］じぶんをしり あいてを しるために
　　［4］げんきでせいかつし しあわせになるために

[５] 性のいろいろな たのしみかた
[６] 子どもは どうして生まれるのか
[７] なぜ 子どもを 生むのか
[８] ひとりひとりが いかされるために
[９] インターネットなど（ＳＮＳ）に きをつけるために

　上記９領域に沿って、各領域で必要とされる内容や事柄を「目標」と「構成要素」に分けて整理することによって、「性教育プログラム試案」を作成することができるのではないかと考えた。以下、９領域の「目標」「構成要素」を示しながら、「性教育プログラム試案」（９領域）の概要を記していきたい。なお、誰もが読むことができる「性教育プログラム試案」（９領域）とするために、できるだけ数多く「ひらがな」を用いて表記することにした。

[１］たいせつにしたい　かんがえかた
「目標」
　　１．みんな おなじ みんな なかま
　　２．みんなとなかよく いっしょに生きる
　　３．ひとりひとり みんな ちがう
　　４．じぶんできめ かんがえたことを 社会に いかす
　　５．社会 しごと 住まい あそび 性 けんこうについて かんがえる
　　６．社会のしくみについて かんがえ やくだてる
「構成要素」
　　１．わたしたちみんな ちがう でも おなじ
　　２．じぶんのことは じぶんで きめる
　　　　どのように住むかを じぶんで きめる
　　　　どのようなしごとをするかを じぶんで きめる
　　　　どんなあそびをするかを じぶんで きめる
　　３．わたしたちは おたがいに ひつよう
　　４．せいかつのしかたを かんがえる
　　　　どのように 住むのがよいかを かんがえる

だれかと いっしょに または ひとりで
家をでて じぶんで せいかつする
どうせい と けっこん
せいかつひ
わかれる（りこんする）とき
しんだとき

［2］子どもから 大人に かわるときの 心と からだ
「目標」
　1. からだのしくみ
　2. 子どもから 大人に かわるときの 心と からだ
「構成要素」
　1. わたしたちのからだ
　　からだのなまえ けんこうしんだん
　　おしっこと うんち トイレのつかいかた げりと べんぴ
　　かぜ ねつ たいおんの はかりかた
　　むしばと はみがき
　　目が わるくなったら
　　けが くすり きゅうきゅうばこ
　　よぼうちゅうしゃ おいしゃさんと びょういん
　2. からだの しくみ
　　じぶんのからだ あいてのからだ
　　小さな子どもと 性
　　あかちゃんのころ
　　3さいから7さいまでのころ
　　あなたは どこからきたの
　3. もうすぐ大人になる あなた
　　大きくなった わたしたちの からだ
　　からだの はなし
　　子どもから 大人に かわるときの 心と からだ

からだが かわるとき１：子どもと 大人のからだの ちがい
からだが かわるとき２：女性のからだが かわる
月経（げっけい）
月経の てあての しかた
月経の きろくの しかた
月経のときの 生活のしかた
からだが かわるとき３：男性のからだが かわる
ぼっき・むせい・しゃせい
こんなときに ぼっきしたら
うんどう・えいよう・心のけんこう
からだのせいけつ せいかつのリズム
おふろで からだを あらう
きせつに あった ふくそう
へやに あった ふくそう
ほけんじょ そうだんじょ
タバコと おさけ
4．人との かかわり
ちがいをみとめ おたがいを うけいれる
じぶんの だいじな ところ（プライベートゾーン）のきまり
「すき」というきもち ともだちとの「あいだ」
人とのきょりを とる

［３］じぶんを しり あいてを しるために
「目標」
1．じぶんを しること
2．あいてを しること
3．人とのかかわり きょりを とることは たいせつ
4．いっしょに いることで きもちが かわる
「構成要素」
1．じぶんが かんじていること

あなたは まだ 10 だい
恋をするって どんな きもち
ちてきしょうがい と 性
2. じぶんをしること
じぶんを すきになること
すてきなじぶんを しること
3. あいてを しること
手で ふれて 心で ふれてみる
すてきな あいてに ふれてみる
4. 人と きょりを とることは たいせつ
5. 人との かかわり そのときの きもち

［4］げんきで せいかつし しあわせに なるために
「目標」
1. 人との かかわりと 「すき」 という きもち
2. たのしいデートを するために
3. 人との かかわりと そのときにおこる こわいことや まちがい
じぶんの みの まもりかた
「構成要素」
1. 人を すきになる ということ
2. ゆうじょう あいじょう
ゆうじょうを しめすこと
あいじょうを あらわすこと
すきな人が できたら
としごろに なったら
ふたつの だいじな きまり
3. 恋をすること こうさいと デート
デートを かんがえる
デートの しかた
すきな人との かかわりかた はなしあうこと きもちをつたえること

4. 恋をし おつきあいをし けっこんへ
   すてきな 恋
   たのしい こうさい
   どうしたら二人がいっしょに くらせるようになるかを かんがえる
5. 性のひがいに あわないために
   みのまもりかたを まなぶ
   おおごえを だす
   すぐ しらせる
   すぐ いかない
   すぐ のらない
6. ちかんに まちがわれないように するために

[5] 性の いろいろな たのしみかた
「目標」
　1. 性は ずっとつづく しぬまでつづく
　2. 性の いろいろな たのしみかたを しる
「構成要素」
　1. すてきなじぶん すてきなあいて
　2. 「きもちいい」 を しる
　　　「きもちいい」 を きく
　　　「きもちいい」 を つたえる
　3. ふれあいの たいけん
　4. 性について かたろう
　5. 性の いろいろな たのしみかた
　　　マスターベーション
　　　　マスターベーションは きもちがいい
　　　セックス
　　　　セックスは みんなはじめて
　　　　セックスは きもちがいい

［6］子どもは どうして生まれるのか
「目標」
　1. にんしんと ひにん
　2. エイズと エイズを なおすために ひつようなこと
　3. 性の びょうき
「構成要素」
　1. ふれあう からだ
　2. だきあう からだ
　　もっともっと だきしめたい
　　いっしょに なりたい
　3. セックスすると にんしんする
　　にんしんについて かんがえる
　　子どもを生むということについて かんがえる
　　子どもの生みかた じぶんたちの生きかたを かんがえる
　　セックスする ばしょ
　　コンドームの つかいかた
　　アダルトビデオの うそ
　　セックスをするうえで たいせつなこと
　　セックスの しかた
　　きもちを つたえあう
　4. 子どもはほしいか いらないか
　　にんしんと ひにん
　　子どもを 生まないように するために
　　ひにんの しかた
　　ピル・リング・コンドーム・子どもを生まないように
　　するための しゅじゅつ
　5. あかちゃんが 生まれる
　　あかちゃんが できる
　　あかちゃんが できたら
　　あかちゃんを そだてる しあわせ

あかちゃんを 社会のなかで そだてる
　6. 性の びょうきに ならないために
　　　性の びょうき
　　　性の びょうきの しゅるい
　　　どうして 性の びょうきに なるのか
　　　性の びょうきに ならないために

[7] なぜ 子どもを 生むのか
「目標」
　　なぜ 子どもを 生むのか
「構成要素」
　1. なぜ 愛するのか
　　　なぜ すきになるのか
　　　なぜ あいてをだいじにするのか
　2. なぜ まつのか
　3. なぜ 生むのか
　4. なぜ そだてるのか

[8] ひとりひとりが いかされるために
「目標」
　1. だれもが あんしんして なかよく 生きていくことが できるように
　2. だれでも 性のこのみや あらわしかたは ちがっていていい
「構成要素」
　1. だれもが あんしんして なかよく 生きていくことが できるように
　　　ジェンダーとは 男性 女性 どちらの性でもないことからおこる
　　　かんけいのこと
　　　ジェンダーは 社会によってつくられる
　　　どんな人でも みんなおなじ
　2. だれでも 性のこのみや あらわしかたは ちがっていて いい
　　　女性をすきな女性が いても いい

男性をすきな男性が いても いい
　　　女性も男性も すきな人が いても いい
　　　男性として生まれても 女性としていきたい人が
　　　いても いい
　　　女性として生まれても 男性としていきたい人が
　　　いても いい
　　　じぶんが 男性か女性かわからない人が いても いい
　　３．だれもが ともに生きる
　　　どんな性の人も どこで生まれても
　　　どんなことをしんじていても いい
　　　だれもが ともに生きることが できるように

［９］インターネットなど（SNS）に きをつけるために
「目標」
　　インターネットなど（SNS）の あんぜんな つかいかた
「構成要素」
　　１．まちにあふれる 性にかんする じょうほうと むきあうために
　　２．インターネットなど（SNS）を つかう人のために
　　　ゲームや インターネットを つかいすぎないようにするために
　　　ゲームや インターネットを あんぜんに つかうために
　　３．こまったときに そうだんできる 人や そうだんできる ばしょ

　上述した九つの領域と各領域の構成要素は、詳細かつわかりやすい内容を付加することによって、より具体的な「性教育プログラム試案」（９領域）とすることができるかもしれない。もし「性教育プログラム試案」（９領域）を作成することができれば、知的障害のある子どもの学習指導要領とは異なる、男として、女として、男女に性別化することが困難な性を生きる人として、あるいは、障害のある・なしにかかわらず、多様性のあるすべての人を含む人としてどう生きるかを学ぶことができる貴重な「性教育プログラム」となっていくに違いない。

写真9
からだ探検隊 Part II

写真10
おとなの放課後クラブ

写真11
はあとふる講座

　上述した九つの領域のすべて、あるいは、一部を取り上げ、ある就労支援事業所では「からだ探検隊 Part II」（写真9参照）を、また、別の就労支援事業所では「おとなの放課後クラブ」（写真10参照）を、さらに、別の事業所では「はあとふる講座」（写真11参照）を、就労支援事業所のスタッフを中心に展開することになった。[注16] これらの性教育実践の様子は、第11章で取り上げる。

　いずれの就労支援事業所でも、知的障害のある人の身体面の発達と感情面の発達のアンバランスさが様々な問題を生じさせ、実践を行ううえでの難しさをも生み出している。また、表現の仕方がわからなかったり、未熟がゆえに、自分の欲求を正直に表し、まわりの人たちを困惑させている。このことを裏づけるように、宮原が次のように指摘している。

　　彼らの性的問題行動は知識がないために起こっていることが明らかになり、

学校教育の中で学んでいてもその子どもの特性に合わせた学び方をしていないのではないかと考えるようになりました。[注17)

　これらの就労支援事業所では、だからこそ、どうしたら「講座」を通して参加者の特性に合わせた性に関する情報を提供することができるかを日々模索し、挑戦しようとしていた。

6　おわりに

　わが国では、この十数年の間に、知的障害のある人向けのテキストが編纂され、性に関する教材・教具も開発されるようになってきている。学校や施設・職場において性教育への試行が模索されてきている。[注18)　人形や模型を利用したり、避妊具の実物を使った教育なども行われてきている。[注19)　しかし、こうした教材・教具を使った性教育は、興味をもたせる効果はあっても、あまり実際的ではないという指摘がなされている。[注20)　一方、海外に目を転じてみると、知的障害のある人に、「リアルな体験」または「リアルに近い体験」を通して感じたこと、気づいたことを伝え合おうとする取り組み[注21)　があることもわかっている。

　日々の活動や経験・対人関係などに制約があるにもかかわらず、社会の中には、誰もが簡単に入手できる性に関する情報が無数に存在しており、知的障害のある人を性的誘惑に導くあらゆる仕掛けが待ち受けている。たとえば、

・ヘアヌードの写真は、ほぼどこででも手に入れることができる。
・知的障害のある男性が好んで読むスポーツ新聞は、性的な写真が多く、刺激的で、わかりやすい内容となっている。また、性に関する情報を具体的に記載しているものもあり、このコーナーを楽しみにしている人が多いのも事実である。
・生々しいビデオやＤＶＤの通信販売用チラシなどもいたるところで目にすることができる。

・インターネットの検索欄に性に関する文字を入力するだけで、誰でも簡単に性行為の場面を閲覧することができる。

　このような環境の中で育てられた知的障害のある人の中には、物事をうまく処理できない自分に対してコンプレックスを感じ、性やセックスに対する不安や悩みを抱える人も出てくる。中には望まない妊娠をしたり、セックスレス・カップルを生み出す要因ともなっている。

　一方で、まわりにいる親や関係者の多くは、異性との交際、結婚、子どもをもつことに対して消極的・否定的で、知的障害のある人を過小評価し、幼児視し、性から遠ざけ、無知の再生産へと追いやっている。だからこそ、逆に、自然に醸成される性環境や、生涯にわたる豊かな性に関する学習会や教育の場を用意するなど、社会的に性を支援するための体制や実際的な場をつくりあげていく必要性がある。

　そこで求められてくるのが、知的障害のある人に関わる私たち自身を見つめ直し、支援の仕方を問い直しながら、性教育実践の準備を進めていくことである。そこで、性教育実践に向けた「認識」や「心構え」を、「実践のための提言10か条」[注22) として以下に示す。

1. 性に関する問題は、みんなの問題だということを認識する。
2. お互いに話し合い、性に関する自分の態度をはっきりさせる。
3. 伝統的な性役割を見直すなど、これまでの性に関するものの見方を変える。
4. 性は個人的な関係の一部であり、しっかりした人間関係・信頼関係を育む。
5. 責任と思いやりがもて、仲間の世話ができ、相手と共に幸せの拠りどころとなるような性が経験できるように支援する。
6. 男女間の平等な性のモラルが確立されるように支援する。
7. 知的障害のある人の自立生活を支援し、性の権利を促進させる。
8. 相反する価値をもつ立場の人を受け入れ、支援を提供する人を締め出さないようにする。
9. 家の外で多くの交際ができるように支援し、愛することの大切さを育む。
10. 二人で支え合う関係を大切にし、守り、支える。

上述した「認識」や「心構え」を持ちながら、「性教育プログラム試案」（9領域）にもとづく性教育の試行へと向かっていけないものだろうか。

　「性教育プログラム試案」（9領域）が作成され、この試案にもとづく地道な実践が行われれば、確実に「性的共生」へと進んでいくに違いない。

　性に関する情報を組織的に提供することが困難と思われる就労支援事業所においても、性教育の試みを行っていただきたい。その際、以下のようなことも検討していただきたい。

　　1．異性との交流の場の設定
　　2．異性とうまく話し合いができるようになるための学習の場の設定
　　3．愛する人との触れ合いが上手にできるようになるための場の設定
　　4．セックスに関する事実を伝えられるようにするための場の設定

　このような取り組みを限られた就労支援事業所だけで行うのではなく、多くの就労支援事業所が取り組むことができるようにするために、社会的・制度的に保障できるような環境の整備が欠かせない。住宅・労働・余暇といった生活環境の整備、社会資源の整備、自己決定を支えるための法制度を含む支援環境の整備、個別介護支援体制の整備、社会的理解といったことが必要となるが、これらのことについては検討や具体的な試行を積み重ねる中で解決の方途を探していくことになるだろう。私たちがなし得る様々な努力を通して、共に生き、共に暮らし、知的障害のある人の諸権利が達成できるような社会にしていかなければならないのではないだろうか。

注

1　宮原春美監修、宮原春美・社会福祉法人南高愛隣会・からだ探検隊実行委員会『Let's!! からだ探検隊〜障がい児・者のための性に関する対人関係教育プログラム』社会福祉法人南高愛隣会、2020年。

2 Laaban, I. & Lundberg, E., 2002, Som alla andra. Föreningen Grunden, Grunden Media.

3 黒瀬清隆編『楽しくセクシュアリティ支援のすすめ』ハートブレイク、2021年。

4 ヴェスティン, F., 写真：テューロスコルピー, H., 北沢杏子訳『ムンメルーなぜ子どもを生むのか』アーニ出版、1988年。

5 ユネスコ編、浅井春夫・艮香織・田代美江子他訳『【改訂版】国際セクシュアリティ教育ガイダンス―科学的根拠に基づいたアプローチ』（UNESCO, UNAIDS Secretariat, UNFPA, UNICEF, UN Women, WHO. International Technical Guidance on Sexuality Education：An evidence-informed approach. Revised edition. UNESCO Publishing, 2018）明石書店、2020年。

6 前掲書（宮原春美他、2020年）、1頁。

7 結婚推進室「ぶ～け」とは、結婚式で用いられる女性（新婦）が持つ花束（ブーケ）にちなんで名づけられた「交際・恋愛・結婚・子育て支援」を行う部署のこと。なお、社会福祉法人 南高愛隣会 結婚推進室「ぶ～け」については、下記文献に詳しい。
  平井威／「ぶ～け」共同研究プロジェクト『ブーケを手わたす―知的障害者の恋愛・結婚・子育て』学術研究出版、2016年。

8 前掲書（＝北沢杏子、1988年）、97頁。

9 同上書、2頁。

10 同上書、98頁。

11 同上書、79頁。

12 同上書、80頁。

13 前掲書（＝浅井春夫他、2020年）、3頁。

14 同上書。

15 同上書、52頁。
  このテキストの原文には「Young people living with either mental, physical or emotional disabilities」（p.25）と表記されており、「mental disability」には「精神障害」だけでなく、本章で取り上げている「知的障害」も含んでいるものと解釈することができる。

16 各就労支援事業所では、筆者が示した「性教育プログラム試案」（9領域）を参考にしながら、各事業所の統括責任者が選任した3～4人のスタッフが企画・立案から講師（ファシリテーター）役までを担い、入念な準備のもとに事業所ごとに性教育を実践した。各就労支援事業所の共通した性教育実践の講座名は「からだ探検隊」で、事業所ごとに独自の名称や副題を考えながら実践した。各講座の実施回数は、6～8回と事業所によって異なっていた。各講座終了後、効果測定なども行った。

17 前掲書（宮原春美、2020年）、1頁。

18 学校の実践例

長崎・障害児への性教育を考える会『イラストでわかる養護学校の性教育事典』明治図書出版、1996 年、他。

就労支援事業所等で使われたことがあるテキスト例

Andersson, U., & Eklund, B., 1980, Oss emellan. Nykterhetsrörelsens Bildningsverksamhet.（＝直井京子訳『わたしとあなた－愛って性ってなんだろう』社会評論社、1982 年）

19 増山育子・黒瀬清隆編　南正子・黒瀬久美子『楽しい性教育－手作り教材のつくり方・いかし方』ハートブレイク、2002 年。

ハートブレイクの手作り教材・教具は社会的問題となった七生養護学校（現七生特別支援学校）の性教育用手作り教材・教具にも影響を与えた。七生養護学校の問題は、下記文献に詳しく掲載されている。

児玉勇二『性教育裁判－七生養護学校事件が残したもの』岩波ブックレット第 765 号、2009 年。

20 河合香織『セックスボランティア』新潮社、2004 年（129-133 頁に筆者の実践とその評価が記載されている）。

21 Fonseca, R. & Nelson, B., 2017, Sex För Alla. RFSU Malmö & Grunden Malmö.

22 河東田博「ハンディキャップをもつ人への性教育－実践のための提言 10 か条」『現代性教育研究月報』第 13 巻、第 8 号、日本性教育協会、1995 年、1 頁。

第 11 章
知的障害のある人の性教育実践

1　はじめに

　性や結婚に関する当事者の思いや願いを叶えるためには、性教育を含む様々な支援を通して、人を思いやり、愛し、心豊かな社会人として生きていくことができるようにしていくことである。しかし、学校を卒業して就労支援事業所（以下、「事業所」）などで働き始めると、組織的・体系的な性に関する情報提供や支援がほとんどなされなくなっていく。

　そこで、本章では、筆者がこれまで行ってきたささやかな性教育実践の中からA県B事業所及びC県D事業所における性教育実践を振り返り、そのうえで、2020年から2021年にかけて行われたE県X事業所・F県Y事業所・G県Z事業所における性教育実践を通して、さらには、その後G県Z事業所で行われた「リアルな体験」への模索を踏まえ、今後の知的障害のある人の性教育実践に向けた検討をしてみたいと思う。なお、新たな3事業所における性教育実践については、浦和大学・浦和大学短期大学部調査倫理審査規程にもとづく調査倫理審査委員会による倫理審査の承認を得た後、性教育の講座への参加者が所属する各社会福祉法人との間で「業務委託契約」を交わし、参加者本人や保護者から書面で了解を得て実施したことを付記しておく。

2　A県B事業所における「セクシュアリティ講座」[注1]

　「セクシュアリティ講座」（以下、「講座」）の「講座設定のねらい」「講座の内容と進め方」「講座に対する評価」は、次の通りであった。

（1）講座設定のねらい

結婚カップルの中に、物心ついた頃から結婚するまで手をつないだり抱き合うといったスキンシップ体験がなく、性に関する知識が乏しい人や、キスをしたり抱き合ったりするのはテレビの中での出来事と思っている人がいた。その人たちに、スキンシップの心地よさを体験してもらうため。

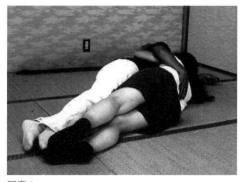

写真1
スキンシップ体験例

（2）講座の内容と進め方

この講座は、1994年から1999年まで行われた。講座の参加者は、カップルを形成している人たちが多かったため、スキンシップ体験を中心としたものと性・結婚に関する学習を組み合わせたものにした。

講座は、次のような内容を用意した。

1．わたしとあなた、2．自分のことは自分できめよう、3．だれでもひとりでは生きていけない、4．住み方―どうせい・けっこん・りこん、5．わたしたちのからだ1、6．わたしたちのからだ2、7．性について話しましょう、8．子どもがほしい・子どもはいらない、9．セックスとひにん、10．ゆたかな人生をおくるために

講座の進め方は、「導入：楽しく参加できるようにするためのワーク（歌・ゲーム等）、展開Ⅰ：マッサージ、展開Ⅱ：スキンシップ体験、展開Ⅲ：性・結婚に関する学習、終了手続き：講座参加の感想、終了」を基本とし、各展開の間には休憩を挟むようにした。

展開Ⅰ・展開Ⅱでは、パートナーへの思いやりや愛情表現をスムーズに示せるように、パートナー同士でマッサージを行ったり、手や体に触れ合ったり、

その時の気持ちを伝え合ったり、相手の気持ちや体の変化に気づくことができるような内容を用意した。また、展開Ⅲでは、順序立てて学べるように内容を組み立て、内容理解のために絵や写真などの入ったわかりやすい当事者用テキスト[注2] を利用した。避妊具の現物を利用し、実際に触れ、使用する取り組みなどを行った。

（3）講座に対する評価

　この講座では、どの程度学習内容を習得できたかよりも、講座に参加していて楽しかったか、パートナーとの関わり合いを通してお互いの関係性が深められたか、この次も来たいと思ったか、などを参加者の反応の中から把握するようにした。幸い、講座内容はどの参加者にも好評で、パートナー同士の関係も深まり、毎回楽しみに講座に通ってきていた。

　この講座は、自分の体と付き合い、人と出会い、人と人との関係のあり方を学ぶ場、否定的に捉えがちだった性に対するものの見方を変える場となっていった。また、講座以外にもカップルの要望に応じて個別に性生活の支援を行うこともあった。

　河原正実は、次のように評価していた。

　　セクシュアリティ支援の（中略）取り組みは特定の人の特殊なものにするのではなく、（中略）具体的な場をつくり、実践することです[注3]（中略）（この講座が）全国に広まっていってほしい[注4]

　この講座は1999年に一旦終了するが、その後他の講師に引き継がれ、2007年度末まで継続された。この新たな講座では、「性相談所」的な内容やラブホテルツアー、ベッドインまでの過程の実演など、ダイナミックでリアルな実践が行われていた[注5]。

　河合香織は、このリアルな実践を「「寝た子を起こした」というリスクを負う可能性があったとしても、性について役に立つ講義を行うことを選んでいるのだろう」とコメントしていた[注6]。

3　C県D事業所における「からだのしくみ勉強会」[注7]

「からだのしくみ勉強会」（以下、「勉強
会」）の「勉強会設定のねらい」「勉強会
の内容」「勉強会の課題」は、次の通り
であった。

写真2
D事業所勉強会会場

（1）勉強会設定のねらい
　性の問題を抱える利用者に、どうした
ら必要な情報を的確に、わかりやすく提
供していくことができるかを検討する
ため。

（2）勉強会の内容
　13人（男性9人、女性4人）を対象に、2016年7月から2017年3月まで、月
1回2時間のペースで、計9回の勉強会を行った。
　筆者が講座担当者となり、D事業所のサービス管理責任者2人が陪席した。
陪席者が忙しく、内容の打ち合せや反省会を行うことができなかった。
　勉強会は、用意したテキスト[注8]をもとに、以下のような内容を用意した。

　　1．わたしたちのからだ、2．けんこうに生活するために、3．自分の障
がいは何？、4．からだの変化／女性の成長／男性の成長、5．すきな人が
できたら、6．としごろになったら、7．誰かを好きになると、8．妊娠と
避妊、9．気になること

　勉強会の進め方は、「導入：楽しく参加できるようにするためのワーク、展
開Ⅰ：性に関する絵や写真を見ての話し合い、展開Ⅱ：テキストに沿った学習、
終了手続き：振り返りとまとめ、終了」を基本とした。

（3）勉強会の課題

　勉強会は概ね好評だったが、陪席者からの感想や評価が得られなかったため、担当者自身が感じた課題を以下に記す。

　第一の課題は、テキストの選定である。テキストは勉強会の命だが、保護者や施設管理者等の意向で、性的刺激の少ないテキストを採用せざるを得なかった。参加者は 20 歳前後の多感な若者たちであることを考えた時、このテキストの選定でよかったのかと疑問が残った。

　第二の課題は、勉強会の場である。仕事の合間に勉強会を行うことになったため、D 事業所の作業室を使用することになった。作業室は 13 人の参加者が勉強会をするには狭く、全員が一緒に勉強会をせざるを得なかった。そのため、性に関する認知・理解度の異なる人たちが一堂に会することになった。その結果、ダイナミックな活動を創り出すことも、一人ひとりの認知・理解度に合わせた勉強会を実施することもできなかった。また、勉強会の場がオープンで、作業活動との関係で出入りが多かったため勉強会に集中することが難しく、性というデリケートな問題を取り上げる環境としてはふさわしくなかった。

　D事業所の勉強会には上記二つの課題の他にも多々あり、とりわけ講座担当者が一人でプログラムや講座内容を決めて進めていたため、内容に広がりや深まりをつくり出すことができず、限界が見られていた。一方で、個別に相談（たとえば、講座以外に寄せられる相談：マスターベーションなど）が寄せられていたことを考えると、性に関する相談が潜在的にあるように思われた。

4　3事業所における性教育実践

　新たな性教育実践（以下、「講座」）が、東北地区・E 県、中部地区・F 県、九州地区・G県の 3 事業所で 2020 年 12 月から 2021 年 1 月にかけて行われた。事前に、講座の参加予定者に、性に関する認知・理解度調査を行った。調査結果を受け、講座参加予定者の性に関する認知・理解度を念頭に入れながら、2021 年 12 月以降、3 事業所と協働で講座を試みた。

　3事業所における講座は、各事業所の講座への思いを込めて、「はあとふる

講座」（E県X事業所）「おとなの放課後クラブ」（F県Y事業所）「からだ探検隊 Part II」（G県Z事業所）と呼び表わすことになった。

　各講座参加者は、「はあとふる講座」6人（男2人・女4人）、「おとなの放課後クラブ」15人（男8人・女7人）、「からだ探検隊 Part II」20人（男10人・女10人）で、講座のテーマや内容によって全体で行ったり、二つまたは複数のグループに分かれて行うなどした。また、各事業所の講座担当スタッフは、各事業所で今後も性教育を継続的に取り組んでもらうために、管理者に選抜（日頃関わりをもたない所属外のスタッフ男女半々）してもらい、「はあとふる講座」3人（男2人・女1人）、「おとなの放課後クラブ」4人（男2人・女2人）、「からだ探検隊 Part II」4人（男2人・女2人）となった。

　講座の実施回数は、各事業所の状況を勘案し、6〜8回とし、2023年1月には終了するように計画化してもらった。また、各事業所で講座を進めていくにあたり、「性教育プログラム試案」（9領域）（以下、「試案：9領域」）[注9]を提示し、各事業所の講座内容を検討する際の参考にしてもらった。さらに、参加者と次のような「やくそく」を交わしたうえで、講座を開始してもらうようにした。

・質問したいことや意見があるときには、手をあげておしえてください。
・だれかが話しているときには、その人のほうを向き、うなずいてあげましょう。
・ほかの人の話は、否定しないようにしましょう。
・この時間に聞いたことは、ここにいない人には話さないようにしましょう。
・気分がわるくなったり、聞きたくないときは、いつでも休けいをとることができます。

　月1回の講座は、1時間半〜2時間を予定し、概ね「第1部：アイスブレーキング、第2部：性について話しましょう、第3部：まとめ・ふりかえりシートの記入」（基本的に第1部・第3部を全体会、第2部をグループ別で実施）という進め方がなされた。展開を変える時には、休憩などを入れてもらった。

　どの事業所でも、担当スタッフが毎回の展開の流れや内容を共有しながら協働運営できるように展開案を作成して講座に臨んでおり、事業所によって三者

三様であった。また、参加者の性に関する認知・理解度に配慮したグループ編成も用意されていた。

写真3
E県講座担当スタッフ

以下に紹介する事業所の講座に関する内容は、2023年2月に立教大学で行われた立教大学社会福祉研究所主催の「公開シンポジウム」[注10]で発表・報告されたものを参考にし、時に引用させてもらうことにした。なお、以下で取り上げる3事業所の講座に対する「講座担当スタッフの感想」や「管理者からの総括コメント」は、「です・ます」調で紹介する。

5　E県X事業所における性教育実践：「はあとふる講座」

「講座名に込めた思い」「講座の内容」「講座から見えてきたこと」「今後の展望」「講座担当スタッフの感想」「管理者からの総括コメント」は、次の通りであった。

（1）講座名に込めた思い
講座名の「はあとふる」とは、心臓・こころ・恋・愛・あたたかい気持ちのことで、心温まる講座にしようという思いを込めた。

写真4
講座で作成した顔

（2）講座の内容
講座には、以下のような内容を用意した。

1．自分と相手のいいところを見つける。からだの名称と役割（顔編）、2．からだの名称と役割（全身編）。性器の名称（構造）と役割。安心できる

距離、３．からだを清潔に保つ（男性：男性器について、女性：月経の仕組みとセルフケア）、４．妊娠から出産までの仕組み。胎児の成長、５．色々な気持ち、６．世界に１人だけの自分

（3）講座から見えてきたこと

講座への取り組みを通して、参加者、保護者、講座担当スタッフ、それぞれに変化が見られた。

参加者は、「初めは緊張・疲れ・眠気が見られたが、回を重ねるごとにリラックスして参加し、積極的に発言するようになった」。また、講座終了後の効果測定では、測定用紙で使用された絵や写真を見る姿勢が変わり、講座内容を思い出して答えようとする様子が見られた。

参加していない利用者から、講座を「見学したい」という声が出るようになり、オブザーバーとして見学の機会が提供された。

保護者からの反響もあり、「親が伝えきれないところを教えていただき、ありがたい」とお礼を言われるようにもなった。

講座担当スタッフの中には、当初消極的な声も上がっていたが、講座を展開するうちに、「参加者にあった講座」ができ、「続けていけるのではないか」「いろいろな角度から学べる機会があるのはよいことだ」と、肯定的なものへと変化していった。

（4）今後の展望

「講座時間の長さと座学時の眠気への対処法」「緊張を解きほぐす雰囲気づくりの大切さ」「専門用語の難しさ」「場面の盛り上げ方と記憶に残る講座内容の設定」「からだの名称の知識不足とフォローの仕方」「模型・人形と自分の身体部位のイメージの不一致」「大浴場などを使っての実践の必要性」「妊娠出産体験への不安や恐怖の除去の必要性とフォローの仕方の検討」「同性・異性のマッチングの仕方の工夫」「まとめが小走りにならない時間の使い方の工夫」「参加者の興味対象と伝えたいことの相違」などの課題が見られた。今後これらの課題を少しでも克服できるようにするための工夫や努力が必要だと思われた。

（金野さやか・星　優希・熊谷貴司）

（5）講座担当スタッフの感想

　講座担当スタッフは、何を考え、どんなことを感じながら講座に臨んでいたのだろうか。講座担当スタッフの感想を以下に紹介するが、ここでは一人の感想を紹介し、他のスタッフの感想[注11]は、注釈の中で紹介したい。

【1回目】

　自分の好きなものや、相手の良いところを皆の前で発表することは、考える時間や勇気がいることだと思っていましたが、いざ始まると、どの参加者も堂々と発表したことに驚きました。特に、普段の生活の中では苦手意識をもっている利用者同士が、とまどいもなくすぐに相手を褒めていたこと、それも、「○○の時に○○してくれて嬉しかった」というように、具体的な出来事を思い出して伝えていたことに感動しました。参加者の中には、褒められたことが嬉しくて涙を流した方もいましたが、仕事中では見られない雰囲気に、私自身もとても心が温かくなりました。

　一転して、後半で顔の名称と役割を学ぶ時間になると、睡魔に負けてしまう参加者が出てきてしまいました。飽きないように、楽しく学べるようにと、参加型にして工夫したつもりでいましたが、あまり興味がもてなかったのだなと、感じました。

【2回目】

　体の名称と役割を学ぶ時間では、体の各パーツの名称がわからないところが多かったことに驚きました。各パーツの名称を間違えることを想定していなかったため、間違えた時に「違う！　残念！」とストレートに評価してよいのかどうか、言葉を用意しておらず、戸惑いました。そして全身パネルの中の各パーツと、自分の体の各パーツが結びついていない参加者もいることに気づきました。

　安心できる距離を学ぶ時間では、「学校で教わった」という声も上がり、講座内では当たり前のように適切な距離を理解している参加者が多く見られました。それなのに、普段の生活に戻ると、適切な距離を保つことが難しい参加者が多いのは、なぜなのか。参加者にとって、講座内容と日常が結びついていな

いのかもしれないと感じました。

【3回目】

女性のみの講座は普段よりも発言が増えた参加者がおり、嬉しく感じました。

ほとんどの参加者がセルフケアが概ねできていることを確認できましたが、できていない部分を変えるには、もっとプライベートな空間で、一緒に繰り返し伝えていかなければ習慣づかないのだろうなと、もどかしさを感じました。

【4回目】

市から胎内模型や妊婦ジャケットを借りることができたので、とても貴重な体験をすることができました。

参加者たちが将来、子どもを授かる可能性は低いかもしれません。それゆえに伝え方を悩みましたが、他の講座担当スタッフが「"自分のルーツを知る"という視点では、必要なことだと思う」と提案してくれたことで、発想の転換ができ、よいプログラムになったと思います。

【5回目】

当初の計画では、恋愛や結婚に関することも取り入れていく予定でした。しかし、講座を進めるうちに、今回の参加者に関して、すぐに恋愛や結婚についての実践的なことを伝えるのには、少し違和感を覚えました。それは、日頃の参加者の姿や、これまでの講座に対する反応から感じたことです。そこで、今回の参加者たちに必要な性的スキルは何かを考え、今回の「色々な気持ち」というテーマでプログラムを組みました。講座中は、それぞれの参加者が自分の課題と向き合う姿を見ることができ、このプログラムにしてよかったと感じました。

【6回目】

多様性について、参加者たちに伝わりそうな、身近な課題は何なのかを考え、"男だから""女だから" という思い込み以外に、家族の役割での思い込みや、家事参加の大切さを伝えたいと、プログラムを組みました。広すぎるテーマなだけに、的を絞ることや伝え方を非常に悩みましたが、施設長からのアドバイスで劇場型にするなど、動きのある講座にできてよかったと思いました。

【全体を通して】

①私自身の技術がないことは大前提ではありますが、思っていたよりも認知度が低いと感じ、伝えたいことが半分も伝わっていないことに虚しさを感じる

時もありました。ただ、参加者にとって自分の気持ちを伝えることは、ある程度の自由があって答えやすいかもしれませんが、知らなかったことに対して、考えて答えて身につけるというのは、本当に容易ではないのだと思います。

「知らないことが一番こわい」と思い、「伝えたい」という気持ちを強くもつようにして講座に臨みました。「伝わる」には「聞く」「見る」だけではなく「感じる」必要があるのだと思います。当事業所での性教育が、どこまでを性教育とするのか、今後の課題はたくさんあると感じています。

②全6回のプログラムを終えて振り返ってみると、前半は"伝えたい気持ち"と"伝わらない虚しさ"を感じていましたが、後半は不思議と虚しさは感じていなかったように思います。それがなぜなのかはわかりませんが、参加者の反応や担当職員同士の連携に、少しずつ手ごたえを感じ始めたからかもしれません。周囲からも、「はあとふる講座」の内容は、他の利用者にも聞かせたいと思うところがたくさんある、と評価していただき、大変嬉しく思っています。

今後の課題として、地域柄、サポート体制があまり整っていないため、当事業所の性教育はどこまでとするのか、範囲が難しいと感じています。しかし、利用者たちが今からでも「知る」「考える」「実践する」ことができる環境になるように、微力ながらサポートしていきたいと思っています。

「はあとふる講座」を実践し進めていくにあたっては、当法人の理事長、施設長や先輩職員の皆様からの、たくさんのご助言やご協力を頂き、私たち講座担当スタッフ3人だけでは成し得なかった貴重な体験をさせて頂きました。本当にありがとうございました。 　　　　　　　　　　　　　　　　　（金野さやか）

（6）管理者からの総括コメント

利用者の言動で気になること（「デートはどうすればいいのかなあ」「電話番号を教えちゃった」「大事なところを触られた」など）や保護者の性に対する抵抗が大きいことなどがあり当初は心配しましたが、「はあとふる講座」を通して、若手スタッフの支援力が格段に上がったように感じます。私たちも勉強になりましたし、仲間たちの権利を考え、性的共生社会が実現したらいいなぁと思いました。

（西條一恵・千葉昭郎）

6　Ｆ県Ｙ事業所における性教育実践：「おとなの放課後クラブ」

「おとなの放課後クラブ」では、講座担当スタッフが権利としての「性」と「生」について一緒に検討し、協働で実践してきたため、担当スタッフがまとめあげた見解をそのまま紹介する。一方で、本章構成の都合上、他の「講座」に可能な限り合わせ、「講座名に込めた思い」「講座の内容」「講座から見えてきたこと」「今後の展望」「講座担当スタッフの感想」という枠組みで記す。なお、講座責任者の統括センター長の思い（「権利としての性」）[注12] については、注釈を参照していただきたい。

写真5
Ｆ県講座担当スタッフ

（1）講座名に込めた思い

　障害者権利条約では、障害のあるなしにかかわらず自分の人生について自分で決定する権利があり、性や結婚・出産においても自由と責任に基づいて自分たちで決定する権利があることが謳われています。自分の性について知識を得たり考えたり、また経験をしたりすることは、その人がどう生きたいかを考えて実現していくために大切な権利です。障害のある人が、まずは自分の性の権利について知ることが大切であると考えました。

　私たちはまず、「個人の性」と「社会的な生」の二つの観点でプログラムを考えました。「個人の性」とは、恋愛やセックス、マスターベーションや生理現象など豊かな人間関係と健全な身体の支えになっている要素、「社会的な生」とは、趣味や仕事、結婚や子育て、性役割やジェンダーなど社会生活や人生に深く関わる要素です。性と生について理解を深め、自分の人生をより豊かに送っていってほしいと願い、「おとなの放課後クラブ」を発足させました。この活動名には、私たちが学生時代の放課後、部活の仲間と趣味の活動に没頭したよ

写真6
未来日記

うに、また恋愛に夢中になって好きな人と将来を夢見る時間を過ごしたように、障害のある人にもその喜びや悩みを主体として経験していってほしいという思いを込めました。

（2）講座の内容

　活動を始めるにあたって、私たちは障害のある人の「個人の性」のニーズについて議論しました。恋愛やセックスなどへの興味は誰にも必ずあるはずだが、社会の中に深く根づく優生思想や家族の保護的意識からくる制約が障害のある人の性をタブー視する風潮となり、ニーズが抑圧されているのだろうと考えました。一人ひとりの性のニーズを探るために「未来日記」という活動を、そのニーズを深め楽しむために「夜の街へ出よう」という活動を、プログラムとして構成しました。

　まず取り組んだのは「未来日記」づくりです。これは、一人ひとりが過去を振り返りながら、これからの生き方、将来の夢や希望を自由に思い描き、まとめたものです。結婚や家族計画など恋愛観や人生観についての憧れも語ってもらうことで、参加者の性のニーズに迫れるのではないかと考えました。

　未来日記をつくるにあたり私たちが大切にしたのは、一人ひとりとの対話です。スタッフが一人ずつ、数回数時間にわたり対話を積み重ねました。幼少期や学生時代のこと、恋愛経験、趣味、これからの夢、理想の結婚など自由に語り合い、未来日記を完成させていきました。

　参加者のAさんは、普段の支援する側とされる側といった関係では聴くことができなかった自分の生い立ちや過去の恋愛経験、将来の結婚への願望を話してくれました。またBさんは、とてもはつらつとした様子で好きなアニメやアイドル、「推し」への熱い思いを語り、家にある雑誌やグッズをもち寄りなが

ら皆の前で未来日記を発表してくれました。私たちは参加者の発表を見て、こ
れまでの関わりだけでは見えてこなかった豊かな内面を知り、感動しました。
またその一方で、恋愛や結婚など想定していた性のニーズはなかなか聞き出せ
ず、多くの人が熱く思いを込めて話していたのがアニメやアイドル、鉄道など
趣味についての話題であったことに戸惑いを感じました。

　次の「夜の街へ出よう」という活動は、計画ではキャバクラやホストクラブ
など、性的な刺激を楽しめる場所へ行く予定でしたが、前段の未来日記づくり
で、想定していた性のニーズがほぼ出てこなかったため内容を変更し、興味関
心が近い人とグループをつくり、趣味を深める活動を行いました。アイドル好
きの人で集まりライブ映像を見ながらカラオケをしたり、アニメ好きが集まり
アニソンが歌えるコスプレバーに行ったりと、趣味を存分に追求し、楽しみな
がら一年間の取り組みを終了しました。

　なお、「未来日記」を通して展開された講座の内容は、次のようなものでした。

　　1．スタッフの未来日記、2．参加者（Aさん・Bさん・Cさん・Dさん）
の未来日記、3．参加者（Eさん・Fさん・Gさん・Hさん）の未来日記、4．
参加者（Iさん・Jさん・Kさん）の未来日記、5．人を好きになるのは当
たり前の気持ち〜恋人としてみたいことは？、6．恋する気持ちの先に〜大
切な人との大事なコミュニケーション、7．Hな気持ちはあたり前、8．H
な気持ちを楽しもう〜夜の街を歩こう、9．自分らしいライフスタイル

（3）講座から見えてきたこと

　活動を進めながら私たちは、アニメやアイドルへの思いの中には性のニーズ
が隠れているのではないかと考えていました。実際の経験として恋愛関係を結
ぶことが難しいため、疑似恋愛の対象としてアニメに夢中になっているのでは
ないか、未来日記やグループ活動の中で深く聞きとれば、参加者から性への密
かな憧れが表現されてくるのではないかと、質問をしたりスタッフ自らの経験
を話したりといろいろな角度からニーズを探る試みをしたのですが、語られる
のはあくまで純粋で熱い、アニメなど好きな対象への想いでした。そしてそれ
が人生の喜び、生きるエネルギーになっていることを強く感じました。

「性」というのは、なぜ生きるのか、なぜ働くのかの一番根っこにあるもので、生きる喜びというエネルギーのことだと思います。生きるエネルギー、原動力は、時間をかけて聞いてみると、人それぞれじつに多様でした。男女間の肉体的・精神的な関係としてステレオタイプに性を捉え、それを知的障害のある参加者の人たちに押しつけようとしていた私たちの視野の狭さに気づきました。今回、一人ひとりの多様な性の姿に触れられたことは、私たちスタッフにとって大変貴重な経験になりました。

（4）今後の展望

　今回の実践は、やればやるほど当初思っていた展開にならず、その都度プログラムの大きな変更が必要になり、悩みながら取り組んできました。私たちの想定は、参加者の皆さんのバラエティに富んだ性の意識によって軽やかに打ちくだかれました。それは、皆さんの思いに寄りそってきた結果であり、とても大切な過程であったと思います。今後も、一人ひとり違う性のかたちを大切にしながら、オーダーメイドの性と生の支援のあり方を模索していきたいと思っています。

　なお、今後も引き続き「本人の話を聴いてみる」「本当のところはわからないけど……」「やっぱり性も！ 生も！ 楽しむことが良いよね……」という思いを持ちながら、参加者から「ぜひこれからも参加したい！」との声に後押しされ、「未来日記に新たな1ページができる企画を継続！」することになりました。

（5）講座担当スタッフの感想

　私たちの法人では、障害のある人もない人も共に地域の中で生きていくこと、「自分らしい」生き方であることを理念として、障害のある人たちの地域生活支援を行っています。

　今回、「知的障害のある人の性をめぐる社会的実態と性教育のあり方に関する研究」の取り組みに参加させていただいたことで、これまで大切だという認識がありながらも、触れてくることができなかった障害のある人の性（権利としての「性」と「生」）について考える機会となりました。

　　　　　　　　　　　　（丸山ひとみ・富所弘行・高橋昌也・青木彩華）

（6）管理者からの総括コメント

　当初は、「権利としての性」の内容として①エッチな気持ちは人としてあたり前の気持ち、②人を好きになるとエッチしたくなる、③アダルトビデオとネットはウソばかり、④エッチできないときはどうすればいいのか、⑤セックスと妊娠と避妊、⑥エッチのルールとマナー、⑦エッチな気持ちを楽しもう、⑧人を愛すること、などを考えていた。しかし、「おとなの放課後クラブ」の取り組みを終えた今、障害のある人の性といってもそれぞれであり、アニメやキャラクターへの熱い想いを通して、バラエティに富んだ性の意識と性行動が見え、お一人おひとりの思いを知ることが大事だということに気づかされた。今後は支援者側のステレオタイプの性の捉え方を見直し、一人ひとり違う楽しみを追求（探求）できるオーダーメイドの性と生の支援のあり方を模索していく必要があるように思う。

（岸田　隆）

7　G県Z事業所における性教育実践：「からだ探検隊 Part Ⅱ」

　「講座名に込めた思い」「講座の内容」「講座から見えてきたこと」「今後の展望」「講座担当スタッフの感想」は、次の通りであった。なお、「からだ探検隊 Part Ⅱ」は、Z事業所を所管する法人が自主事業として運営する結婚推進室「ぶ〜け」のこれまでの性に関する対人関係教育プログラムの拡大版（Part Ⅱ）として行われた。「ぶ〜け」設立の経緯と独自の支援形態[注13)]については、注釈を参照していただきたい。

写真7
G県講座担当スタッフ

（1）講座名に込めた思い

講座名には、からだや心について探求しながら、楽しく学び、豊かな人間関係を築いてほしいという思いを込めた。

はじめは「出会い」「お付き合い」が参加者にとっての一番のニーズであったが、次第に「より良いつきあい方・楽しみ方」「結婚（パートナー生活を含む）・出産」などへとニーズの変化が見られてきた。そのため、対人関係に関する学習の機会を提供しようと考えた。

写真8
コンドーム装着練習

（2）講座の内容

講座は、以下のような内容を用意した。

1．オリエンテーションとグループでの話し合い、2．すてきな大人って??、3．恋するキモチって??、4．すてきな大人のマナー、5．大人が知っておきたいこと、6．ふれあい体験と性やセックスについての話、7．なぜ子どもを生むのか（妊娠シュミレーター・赤ちゃん人形による実習等）、8．ラブホテルツアー

（3）講座から見えてきたこと

全8回の講座中、前半5回は「からだ探検隊」のテキストを活用した学習、後半3回はふれあい体験・妊娠シュミレーター・赤ちゃん人形・ラブホテルツアーなどの実際的な活動を多く取り入れた。

前半の講座では、必要に応じて男女別のグループに分けたり、理解度に合わせた展開をすることで、「知らないことを知れた」「改めて大切だということがわかった」などという感想が聞かれた。

後半の講座では、リアルな体験に慣れず、照れくさそうに参加する方や生き生きした姿で積極的に参加する方など、普段見られない姿を見ることができた。

また、講座での学びと実際の生活とをつなぐことの大切さを感じた。

（4）今後の展望

これまでは「知識やルールの教示」が中心となってしまう傾向にあったことに気づかされたため、今後は学ぶ機会の提供だけでなく、参加者が求める体験や実践の機会を作っていきたい。「性」を感じることの喜びは人間としての当たり前の権利であるという視点のもと、そのサポートに努めたい。

（下崎風花・牛島志帆、他）

（5）講座担当スタッフの感想

講座担当スタッフが何を考え、どんなことを感じながら講座に臨んでいたのかを把握してもらうために、ここでは一人の講座担当スタッフの感想を紹介し、他のスタッフの感想[注14)]は注釈の中で紹介する。

① Part II 実施にあたって当初想定していたことと実践をしてみての講評・
感想

私は、今回この研究に携わらせていただく前は、日頃地域のグループホームで生活されている利用者さんたちの性に関する認知・理解について、「きっと、学習する機会も少ないため、知識は少ないのでは？」「興味があるところ、ないところで差がでるのではないか」等と考えていました。学習会の前に行われた性に関する認知・理解度調査に参加できず、参加者の性に対する反応を把握することができなかったこともあり、学習会の進行は興味関心をもってもらうために、工夫が必要だと自分の中で想定していました。

しかし、今回性に関する学習会を計5回実施する中で、私のイメージは覆されました。予想以上に参加者に性への興味関心があったためです。1回1回の学習会の注目度が高く、うんうんと首を大きく上下に揺らしながら目を輝かせて進行している私の顔や教材であるパネルを見る方や、積極的に意見を出してくださる方等おり、学習会の進行をする中で参加者より「知りたい」「興味がある」という気持ちが伝わってくるほどでした。

今回使用した「からだ探検隊」のテキスト[注15)]は、大きく4章に分かれており、第1章は性器の名称や自分の場所、みんなの場所について、第2章はふれあい

についてや、ネットのマナー、第3章はデートのマナー、身だしなみ、最後の第4章は赤ちゃんができるまで、結婚の条件というように、第1章～第4章にいくにつれ、内容が深まっていきます。この章を重ねていくにつれ、参加者の関心度も深まっていき、最後の第5回（第4章）の内容では、出産について質問が出るほどでした。

　第1章の中で男女に分かれて学習する時間を設けた際には、同性だからこそ打ち明けることができた性に関する悩み等も聞くことができました。その他にも、今回性について経験が多い方とまったく経験がない方と様々な方が参加する中で、性についての○×クイズや選択クイズをすると、以外にも経験がある方たちが不正解だったり、正解ではないものを選択してしまうということもありました。

　今回の学習会を通して、参加者にとって新しい性に関する知識を得るだけでなく、自分がもっている知識が合っているか確認できる場、そして少し違う知識がある場合には正しいものに修正できる機会になっているのではないかと感じました。

　②①を踏まえて、今後どのようにしていったらよいか

　障がいがある方たちも、性について興味関心があります。現在ＳＮＳやインターネットが充実しており、様々な情報を簡単に入手できる時代です。とてもいいことですが、裏返すと異なった知識も簡単に知り得てしまう時代ということです。

　地域で生活していくためには、異なった知識をもって生活するよりも正しい知識をもって生活を送ったほうが地域の中で生活を送りやすいと思います。

　しかし、そのためには正しい知識を提供できる機会が必要です。ですが、社会人となるとなかなか学ぶ機会がありません。そのため私たち支援者が学ぶ機会をつくっていく必要があると考えます。

　③第6回～8回の学習会について

　私たちは今まで「からだ探検隊」のテキストを基に学習を開催してきたため、"ふれあい"や"距離感"については段階的にお伝えをしてきていました。理由として、参加者に正しい知識を得てもらい、素敵な恋愛をしてほしいという思いからでした。

しかし、今回K先生が主になり行われた学習会は、今まで私たちが行ってきたからだ探検隊にはない、新しい"ふれあい"を重視したものでした。

　その内容は、参加者同士男女二人でペアになり、握手をしたりハグをしたりマッサージをする等触れ合う時間が設けられました。その時間の参加者は、戸惑いを見せながらも、とても嬉しそうに照れた表情を見せながら触れ合う姿が見られました。今まで見たことがないような表情をしている参加者もおり、私は、はっと気づかされました。

　つい私たちは、参加者が間違った知識を得ないよう、実践よりロールプレイや動画等を見てもらう座学が多い内容にしていました。しかし今回K先生の学習会に参加させていただいたことで、まず参加者は人と"ふれあう"ということを経験したことがあるのか？ という疑問が湧きました。実際に触れ合い、触れ合ったときの人の温かみや、幸せな気持ちをまず知ることも大切だと感じました。

　今後からだ探検隊の学習会では、今まで行ってきたプログラムに＋αとして、触れ合う温かみ、うれしい気持ち等を実際に体験しながら知り、学ぶ機会も取り入れ、より実となる学習会を開催していきたいと感じました。　　（牛島志帆）

（6）管理者からのコメント

　8回にわたる学習会で、殻を破らなければ……という私の言葉に鋭くメスを入れて下さり感謝いたします。さすがに、学習会後半に行われた講座は楽しく、参加者の皆さんの心をつかみ、一歩も二歩も前進することができました。今後は、バトンを渡されたと思い、その先を模索していきたいと思います。

（松村真美）

8 「リアルな体験」への模索

（1）ふれあい体験
　G県Z法人「からだ探検隊 Part Ⅱ」の報告で、「これまでは「知識やルールの教示」が中心となってしまう傾向にあったことに気づかされた」という反省が出されていた。「知識やルールの教示」が強くなると、講座展開が一方的になってしまいがちである。講座には「人と人との双方向の関係」が必要であり、相互作用的な「親しみ」や「愛」が求められるのではないかと考え、「からだ探検隊 Part Ⅱ」で筆者が担った6回目以降の講座展開を通して、「リアルな体験」への模索を行ってみた。

写真9
ふれあい体験例

　次に紹介する「ふれあい体験」は、本章2で取り上げたA県B事業所の「セクシュアリティ講座」の実践経験を活かしたものであり、「リアルな体験」への模索の一つである。まずは、「ふれあい体験」の概要を把握してもらうために、「テーマ」「主な活動」「講座のねらい」「講座の展開内容」等を箇条書きで示す。

〈テーマ〉
「ふれあいの心地よさ」と「人としてあたり前の性への関心」

〈主な活動〉
・ふれあいの心地よさを作り出す「ふれあい体験」

〈講座のねらい〉
・自然なふれあい（ハグを含む）を経験し、ふれあうことの心地よさを体験すること。
・かれ・かのじょと安心して手をつないだり、自然にふれあいができるよう

になること。
・ふれあい体験を積み重ね、かれ・かのじょをつくり、すてきなデートをし、好きな人とよいかんけいをきずき、きょうりょくしながらせいかつし、いっしょに生きていくこと。

〈講座の展開内容〉
どの展開も、講座担当スタッフがモデルを示し、参加者同士が実際に活動する展開へと進んだ。

写真10
使用写真例[注 16)]

1. アイスブレイク：イスの外側に立って、相手の肩に手を置き、歌にあわせて、イスのまわりをまわる。
   途中の合図で4人組づくり・2人組づくり・途中の合図で男女のペアづくり。
2. ふれあい体験1：男女のペアで、マッサージとふれあい。
3. ふれあい体験2：手をつないで歩く・腕を組んで歩く
4. ふれあい体験3：ふれあい（ハグ）の経験
5. 性を語ろう：写真（「10.使用写真例」を参照）などを見て、3択で答える。
   3択例：①恥ずかしい ②いいな ③何ともない

　6回目の講座第2部では、参加者の性への関心の度合いを把握するために、性的関心を抱かせる写真集などを用意し、「コラージュ作り」を行った。また、7回目・8回目の講座では、「生理用ショーツ利用体験（女性の大変さを体験し知ること）」「妊娠シミュレーター・赤ちゃんのオムツ交換等」（子どもを生み育てることの大変さを知ること）」「ラブホテルツアー」（他人に干渉されずに愛を育むことができる場所の一つにラブホテルがあることを知り、利用の仕方を学ぶこと）を行った。このような実際的な講座展開を「リアルな体験」と表現して講座に盛り込んでみたところ、「（参加者は）リアルな体験に慣れず、照れくさそうに参加する方や、生き生きした姿で積極的に参加する方など普段見られないような姿を

見ることができた。また、講座での学びと実際の生活とをつなぐことの大切さを改めて感じ」てくれたようである。こうした取り組みだけでは「リアルな体験」とは言い難いが、性教育実践を行う際の一つのヒントになるのではないかと思われた。

（２）ラブホテルでの性教育の試み
　G県Z法人「からだ探検隊 Part Ⅱ」8 回目の講座で行った「ラブホテルツアー」が、講座終了後、「ラブホテルでの性教育」という新たな試みを生んでいることを知った。
　2023 年 4 月 24 日 20:00 〜 20:30、『ハートネットＴＶ』（NHK Eテレ）にて「特集・障害のある女性（２）子どもを産む・産まないを選びたい」が放映された。本番組を視聴していたところ、偶然にも「ぶ〜け」の結婚に向けた相談やラブホテルにおける性教育の取り組みの様子、最後に、「ぶ〜け」代表が「ぶ〜け」における支援への思いを語っている場面に遭遇した。まさに、「ぶ〜け」における新たな試みが始められていることに気づかされた。「早速実行に移してくれた」という喜びが沸き上がり、すぐG県Z法人の管理者に次のような要請を行った。

　①テレビに出演していた方へのお願い：ラブホテルでの性教育実践を報告してほしい。
　②「ぶ〜け」としてどう捉え、整理しているのかを教えてほしい。

　以下が、その後寄せられたラブホテル性教育実践担当スタッフからの報告内容である。

【ラブホテル性教育実践報告１】「ラブホテルのプログラムを終えて」
　共同調査の中で参加者の輝く顔を見て、ニーズに即した次なる段階のプログラム開催が必要と感じ、今回ぶ〜けでは、初の試みであるラブホテル女子会を開催した。
　ぶ〜け会員の中から、お付き合いの相手がいる、または子どもがいる会員 4

名の参加希望を得て実施した。

　正直初めての試みだったため、会員がどのような表情をするのか、盛り上がるのか等不安が大きかった。学習会の中でもコンドームやラブホテル等なかなか日常では出ない言葉が出ると、恥ずかしそうに下を向いたり目をそらすことがあったからだ。

　しかし、いざ開催してみると会員はとても興味深々で、支援者から促すことがなくともラブホテルにある備品を積極的に触ってみたり、「これは何かな？」と質問する会員もいた。その表情はとてもキラキラと、そして活き活きとしていた。

　またプログラムの一つで、共同調査の学習会で使用したテキストを持ち寄って、振り返り学習を行った。会員それぞれ学習会の内容を覚えていただけでなく、過去における性行為に関する悩みを打ち明けてくれた会員もいた。

　私はこれらを通して、会員の皆さんは、性に対してもっと知りたいのではないか、性を楽しみたいのではないか、悩みがある場合は打ち明けて分かち合える仲間を見つけたいのではないかと考えた。

　そのためには今回のようなイベントの機会を増やし、プライバシーを守る環境設定の中で開催する等の配慮も必要であると感じた。

　これからも、ぶ〜けは「からだ探検隊 Part Ⅲ」の取り組みとして、知識やマナーなどの基本的な学習に加え、正しく性を楽しんでいただけるようなプログラムを取り入れていきたいと考える。　　　　　　　　　　　　　（牛島 志帆）

【ラブホテル性教育実践報告2】「からだ探検隊：ラブホテル女子会を終えて」
　私は、からだ探検隊 Part Ⅱに講座担当スタッフとして参加することはありませんでしたが、大学生の時から性支援に関心を寄せてきました。「性」をきちんと保障されてこそ、その人らしい生き生きとした暮らしが実現されると考えるからです。

　従来のからだ探検隊は、基礎的な知識を網羅しており、地域生活を送るうえで不可欠だと考えます。しかし、約170人に上るぶ〜けの会員の中には地域生活を長年送っているベテランの方もおられます。そのような方たちには、若い職業訓練生に向けてつくられた従来のからだ探検隊の内容に加えて、目の前

にいる大切なパートナーとどのようにふれあい、関係を育んでいくか、ということについて知ることを望む方も多くいます。

「ふれあいたい」という気持ちを一緒に理解し意味づけしていくこと、パートナーとの素敵なふれあい方を一緒に考えていくこと。このことは、会員さんたちは言葉にしてこなかったものの持ち続けてきた希望であり、からだ探検隊を発展させていくことでようやく私たちが会員さんの希望に追いつくことができたと思っています。

今回のラブホテル女子会開催の目的は、学習で得た知識を生かし、自身の性生活を楽しめるようになるためのきっかけづくりです。グループホームで共同生活を送る会員さんが、安心してパートナーと二人きりの時間を楽しむためにラブホテルを提案しています。当日は4名の女性会員さんに参加いただきました。4人のうち3人はパートナーがいる方です。

ラブホテルというと、どうしても「性行為をする場所」というイメージがありますが、ラブホテル女子会をすることで「性行為が到達すべきゴール」と思ってほしくはありませんでした。そのため、"ふれあいの段階"を用いながら、自分にとって安心できるふれあいはどの段階なのか、自覚していただくことを大切にしました。

また、パートナーと「性器と性器のふれあい（セックス）」をする選択を尊重したうえで、自分・相手・赤ちゃんにとっての幸せのために計画的な妊娠、避妊具の活用の重要性を確認しました。当日はコンドームの着け方を復習しましたが、みなさん上手に扱っており、これまでの蓄積が実っていると実感しました。

そして何より、参加された4人全員がラブホテルの設備一つひとつに興味津々でとてもいい表情をされていたことが印象的でした。開催後のアンケートでも全員が「楽しかった」と答えていたことから、会員さんが求めていたイベントだと確信しています。

今回のイベントでは普段のイベントでは聞けないような性に関する悩みも聞くことができました。今後は、そのような悩みに対して、職員自らの経験のみで答えを出すのではなく、専門的な視点から対応できるよう、支援力の向上も求められると考えます。

会員のみなさんが自らの性を受け入れ、楽しむことができるよう、私たちに出来ることはまだたくさんあると思います。今後もぶ〜け全体で試行錯誤を続けて行きたいと思います。 　　　　　　　　　　　　　　　　　　　　　（中澤七海）

【ラブホテル性教育実践報告3】「からだ探検隊 Part Ⅲ：ホテル女子会開催にあたって」
　①ホテル女子会実施の感想
　当法人では、K先生の研究の一環として「からだ探検隊 Part Ⅰ、Ⅱ」の実践を行った。からだ探検隊では、ぶ〜け会員を対象に、人と人との距離感やふれあい、恋愛、性の学習を一貫して行ってきた。今回実施したからだ探検隊 Part Ⅲ・ホテル女子会は、これまでの学習会に参加された会員を対象とし、今まで学習会で学んできた知識を実際に自らの性生活や恋愛に活かすことや、恋愛や性を楽しむためのきっかけづくりとなることを目的とした。
　ホテル女子会のプログラム内容は、①ラブホテルの内装見学、アメニティや設備の使用方法紹介、②からだ探検隊第4章の振り返り、③フリートーク、の3項目で設定した。①では、ホテルのチェックイン方法やアメニティの場所、お風呂の溜め方やフード・ドリンクの注文の仕方、カラオケの使用方法等をみなさんで確認をした。性行為を行ってよい場所であることを説明しつつ、カラオケや動画鑑賞等色々な楽しみ方があることを知っていただき、実際にラブホテルを利用したくなるような働きかけを行った。参加された会員のみなさんは実際にラブホテルに来たのは初めてのようで、設備やアメニティに大変興味を持たれていた。実際に一緒にサービスを使用しながら説明することで、今後参加者自身がホテルを使用する時のイメージをしやすかったのではないかと思う。②では、からだと心のマナーブックを使用しながら、からだ探検隊第4章の内容の振り返りを行った。出産や子育ての希望を持つことは素晴らしいことであることを大前提に、望む時期に計画的に妊娠、出産ができるための「避妊」の方法の復習を行った。復習では、コンドームの装着方法を参加者に実践していただいた。みなさんスムーズに実践ができており、これまでの学習がしっかりと知識として身についていることを実感した。また、セックスが必ずしもふれあいのゴールではないことを確認し、パートナー同士の心地よいふれあいを楽

しむことの大切さの説明を行うことができた。③では、みなさんのこれまでの
恋愛経験や困っていること等、今感じていることを自由に話していただいた。
ふれあいの段階やペースは人それぞれであることを確認したり、これまでの学
習会で印象に残っていること等をみなさんで共有することができた。

　今回ホテル女子会を実施し、学習会の中で参加者より、「こんな場所があっ
たんだ」「いろいろなことが楽しめるところなんですね」「また来てみたい」等
の意見を聞くことができた。性を楽しむ場、正しい知識等をお伝えすることで、
パートナーとより愛を育むことができる機会を提供することにつながっていく
ことができればと感じた。

　②今後の展望

　今回は、ラブホテルという場所がどのような場であるのかを、実際に行くこ
とで知ることができる機会になった。実際にホテルを利用していくことを想定
し、パートナーとのデートで計画していただけるよう支援員からも助言や提案
を行っていくことが求められる。デートに組み込みやすいホテルの選び方や、
ルート、交通機関の確認等、随時支援員からの発信を行うことで、ラブホテル
という場をより身近に感じていただけたらと考える。

　また、今回は「女子会」と題して女性を対象に学習会を実施した。パートナー
双方が同じように知識を深めていくために、男性対象のプログラムも実施でき
ればと考える。
　　　　　　　　　　　　　　　　　　　　　　　　　　　　　　　（椎木初音）

【ラブホテル性教育実践報告4】ラブホテル性教育実践：「からだ探検隊 Part
Ⅲ」の始まりを受けて

　「性支援」プログラムの模索は長年の課題であり、プライバシーに立脚した
ぶ～けが力を注ぐべき支援である。

　かつて、個別に対応してきた性支援であるが、「からだ探検隊 Part Ⅰ」で体
系化した学習を実施することで、そもそも高等部までに「知る」べき基礎的な
知識を得る機会ができた。しかし、社会生活を長らく送っている利用会員にとっ
ては恋人やパートナーとのふれあいの関係を育んでいくための情報や理解、意
味付けがまだ不足していた。K先生の「からだ探検隊 Part Ⅱ」のラスト3セ
クションで「ふれあい」の体験やコラージュによる自身の性の関心や求める姿

や憧れを表出し、ようやく入口にたどり着いた感じがした。中でも、ラブホテル見学ツアーの体験は、無意識のうちにタブー視してしまっていた社会資源活用の一歩を進めてくれた。そして、「性」の保障を支援したいと求めるスタッフたちが動き出した。ラブホテルでの女子会の企画はその一歩にすぎない、だが大きな一歩だった。その人らしい生き生きした暮らしにとって自らの性生活を楽しむことを模索していくことが求められている。同時に「望まない妊娠」を避けるための避妊の知識や方法も身につけていくことが必要だ。そういった意味で「からだ探検隊 Part Ⅰ・Ⅱ」は改めて重要な基礎的知識となる。

ラブホテル女子会の企画は、利用会員の興奮にも似た積極的な参加姿勢にも見られるように、自らの過去の行為に対する疑問や問いかけに講座では引き出せなかったリアルな要求が見られた。「からだ探検隊 Part Ⅲ」が、若きスタッフたちのフラットで鋭い感性を武器に始まったばかりである。

（「ぶ～け」代表：松村真美）

9　おわりに

筆者の30年近い現場での性教育実践も終わりに近づいたようである。本章で取り上げたA県・C県の事業所における性教育実践とE県・F県・G県の事業所における性教育実践が、どのように講座内容を設定し、講座を進めていたのかを整理することから始めたい。

第1に、各事業所における「試案：9領域」の実施状況である。

表1の「試案：9領域」では、領域1（たいせつにしたいかんがえかた）を「価値観・人権等」、領域2（子どもから大人にかわるときの心とからだ）を「人間の体と発達」、領域3（じぶんをしりあいてをしるために）を「対人関係」、領域4（げんきでせいかつししあわせになるために）を「性の楽しみ方」、領域5（性のいろいろなたのしみかた）を「健康と幸福のための対人関係」、領域6（子どもはどうして生まれるのか）を「性と生殖に関する健康」、領域7（なぜ子どもをうむのか）を「なぜ子どもを生むのか」、領域8（ひとりひとりが

いかされるために）を「ジェンダー理解等」、領域9（インターネットなど（SNS）にきをつけるために）を「SNSの安全な使い方」、と定義づけして整理することにした。

　講座には実施できる回数等に制約があり、表1からわかるように、G県の事業所を除きいずれの事業所でも「試案：9領域」にもとづく講座内容をすべて実施することは困難であった。G県の事業所では参加者が講座内容を理解し実際に役立てることができていたかどうかはわからなかったものの、G県Z事業所が独自に作成した『Let's!! からだ探検隊』に「試案：9領域」の内容がほぼ網羅されていたため、「試案：9領域」をすべて実施していたとした。今後

表1　各事業所における「試案：9領域」の実施状況

領域	試案：9領域	A県	C県	E県	F県	G県
1	価値観・人権等	O	O	O	O	O
2	人間の体と発達	O	O	O	O	O
3	対人関係	O	O	O	O	O
4	性の楽しみ方	O	O	×	O	O
5	健康と幸福のための対人関係	O	×	O	O	O
6	性と生殖に関する健康	O	O	O	O	O
7	なぜ子どもを生むのか	×	×	×	×	O
8	ジェンダー理解等	×	×	×	×	O
9	SNSの安全な使い方	×	×	O	O	O

＊ O＝概ね実施。×＝実施不十分

はいずれの事業所でも「試案：9領域」を実施できるように、組織ぐるみでプロジェクトを立ち上げ、性教育実践の内容だけでなく、参加者の理解を深めるための工夫を検討し、参加者の日常的な性の問題に対処できるようにしていく必要がある。また、講座を設定することにより、参加者が日頃感じていた性に関する不安や悩みを、大勢の前では言いにくいが、講座終了後講座担当者に打ち明け、相談することができるというメリットもある。実際、講座終了後、性に関する相談が個別に何件か寄せられるという実態も見られていた。

第2に、講座の進め方である。

いずれの事業所でも、「導入 → 展開Ⅰ →〈休憩〉→ 展開Ⅱ →〈休憩〉→ 展開Ⅲ → 終了手続 → 終了」という展開がなされ、参加者の実態に合わせて男女別・グループ別・認知・理解度別にするなど変化をつけ、気分転換を図り、飽きることなく参加でき、学習にも見通しがもてるような講座展開にしようとしていた。このような講座の進め方は、内容理解にもよい影響を与え、参加者にはとても好評だった。

第3に、性教育実践の「留意事項」[注17]との関係についてである。

性教育実践の「留意事項」とは、「抽象的な情報の提供よりも、わかりやすい、具体的な情報の提供を」ということだが、「用語の使用は最小限に・絵や映像を豊富に・内容の限定と繰り返しを・理解度にあわせて内容の工夫を・自然な用語の使用を・身近な人や家族を教材に・自分の体を教材に・ロールプレイで効果的に・リアルな体験を」のことを指す。表2からわかるように、A県・G県の事業所における性教育実践では、参加者の性に関する認知・理解の実態を踏まえ、概ね性教育実践の「留意事項」に沿った対応を行っていた。しかし、C県の事業所における性教育実践では、「テキストの選定」「場」「支援スタッフ」に制約があり、「認知・理解度にあわせて内容の工夫ができない」などの実態だったことがわかる。また、E県・F県の事業所の性教育実践では、「参加者のバラエティに富んだ性の意識」や「一人ひとり違う性のかたち」に接し、「ステレオタイプ的に支援者の性を押しつけようとする」ことへの躊躇が見られ、実際的な「性」へのアプローチや「リアルな体験」への模索だけが性支援ではないのではないか、という疑問でもあるように思われた。さらに、各性教育実践を通して、性教育実践の「留意事項」を補足する必要があることもわかった。

それは、「体系的でわかりやすいテキストの利用を」「ダイナミックで変化に富む講座展開を」であり、ロールプレイだけでなく動画の活用も効果的（「動画やロールプレイで効果的に」）だったということである。また、G県の事業所のように、「ふれあい体験」や「ラブホテルツアー」なども「リアルな体験」の中に入れて検討することが指摘されていた。さらに、性相談所的機能（個別相談の機会）を設けることの必要性があることもわかった。

表2　講座展開時の「留意事項」と講座内容との関係

性教育実践の留意事項	A県	C県	E県	F県	G県
用語の使用は最小限に	○	○	○	○	○
絵や映像を豊富に	○	○	○	○	○
内容の限定と繰り返しを	○	○	○	○	○
理解度にあわせて内容の工夫を	○	×	○	○	○
自然な用語の使用を	○	○	○	○	○
身近な人や家族を教材に	○	×	○	○	○
自分の体を教材に	○	×	○	○	○
ロールプレイで効果的に	○	×	○	○	○
リアルな体験を	○	×	×	×	○

＊　○＝概ね留意。×＝留意不十分

　第4に、性教育実践を直接体験した参加者や参加者を見守っていた他の利用者や保護者、講座担当スタッフの感想やコメントからの気づきである。

性教育実践を通して、参加者が「性」に対して様々な表情を示していることがわかった。参加者は、常に、認められ、褒められ、肯定されたいと思っている。とりわけ、F県の事業所で指摘されていた「自身のなかにある性的ニーズを肯定的に受け止められる」ことの大切さは、常に心に留めておきたいことの一つであった。

　第5に、性教育実践の感想やコメント・気づきからだけでは不確かなことが多いため、「効果測定」が必要になってくる。ある一定の指標にもとづいて「効果測定」を行い、性教育実践に効果があったかどうかを客観的に見てみようということである。具体的には、「講座」開始前に行った「性に関する認知・理解度調査」を利用し、「講座」後にも再調査を行うことで「効果測定」とした。

　その結果、E県の事業所では、「講座」受講前の2020年12月に行った「性に関する認知・理解度調査」と「講座」受講後の2022年12月に行った「性に関する認知・理解度調査」（効果測定）との間には大きな変化が見られ、参加者全員（6人）の「性に関する認知・理解度」（低C→B→A高）がワンランクアップ（受講前評価B→受講後A：1人、受講前評価C→B：5人）していた。

　F県の事業所では、6人中、2人が受講前より受講後の評価が高くなり（2人ともB→A）、4人が受講前も受講後も変わらない評価（B→Bが1人、C→Cが3人）だった。3人に2人が効果測定の結果に変化が見られなかったのは、「未来日記」づくりが必ずしも性に関する事柄を取り上げる必要のない取り組みだったことと関係しているように思われた。一方で、効果測定の評価が高くなった2人は具体的かつ明確な回答をしており、趣味のアニメだけでなく、本来有している高いコミュニケーション能力や表現能力を通して多くの性に関する情報を得ていたのではないかと推測できた。

　G県では、20人中15人に変化が見られなかった（A→A：7人、B→B：4人、C→C：4人）。評価が高くなった人が2人（C→B：1人、C→A：1人）いた。また、評価を下げた人が1人（A→B）いたが、大きな得点減にはなっていないため、「変化なし」と判断することができた。さらに、評価レベルは変わらなかったものの（C→C）、評価点が大幅にアップしていた人が1人いた。75%の参加者に講座の効果が見られなかったという現実を受け止め、講座のあり方を見直してみる必要があるようである。

性教育実践の内容が三者三様であったため、効果測定の結果も三者三様となった。しかし、Ｅ県の効果測定の結果からもわかるように、今回の性教育実践は、それなりの効果をもたらしたと考えることができた。一方で、性教育実践の内容が大きく異なっていることから、効果測定には限界が見られることもわかった。「性に関する認知・理解度調査」の内容が性教育プログラムを想定して作成されているため、効果測定は、共通の性教育プログラムにもとづいて性に関する情報が提供された場合にのみ有効だったのかもしれない。

　最後に、各事業所の性教育実践を通して、わかってきたことがある。それは、「一方的な学習ではなく相互作用的な学習を」「座学ではなく体全体を使った動きを伴う講座展開を」「参加者の関心のある参加者に必要とされている講座展開を」「リアリティのある講座展開を」ということである。また、性教育実践の命であるテキストの選定や性教育実践の環境なども検討すべき課題として残された。さらに、性教育を担う講座担当スタッフの選び方にも課題が見られた。Ｅ県・Ｆ県・Ｇ県の事業所における性教育実践のスタッフは、事業所の管理者から選抜されて担当していた。講座担当スタッフは、性教育に対してさまざまな意見をもっていた。また、選ばれて担うことの重圧と特別な任務を担っているという責任感や自負心、３事業所で並行して類似の実践が実施されているという複雑な意識も内在していた。

　３事業所における性教育実践は、複数の担当者からなるプロジェクトの中での意見交換を通して内容が深められてきており、今回限りにすることなく、継続実施され、実施したことが定着し、３事業所の文化として発展を遂げ、他の事業所へも影響を与えていってほしいと願っている。幸いにもＧ県では「若きスタッフたちのフラットで鋭い感性を武器に」何かが始まろうとしている。Ｇ県での取り組みがもっと広まり、わが国の文化として就労支援事業所における性教育実践が定着していってほしいと願っている。

注

1 河東田博「障害者カップルの性と生を考えるセクシュアリティ講座」『性と生の教育』第 23 号　48-51 頁、あゆみ出版、1999 年。
2 主に以下二つの海外のテキストを参考にした。
　大井清吉監修、アンデション，Ｕ．＆エークルンド，Ｂ．，直井京子訳『わたしとあなた−愛って性ってなんだろう』社会評論社、1982 年。
　大井清吉・細川えみ子監修、コルベリィ，Ｅ．＆フォルケソン，Ｙ．，河東田博・河東田誠子訳『性について話しましょう』大揚社、1994 年。
3 河合香織『セックスボランティア』新潮社、2004 年、137-139 頁。
　他の講師（和泉とみ代氏）は、元看護師・元吉備国際大学教授。
4 同上書、139 頁。
5 河原正実「セクシュアリティと支援」第 36 回全国知的障害関係施設職員研究大会・徳島大会、会場：アスティとくしま、1998 年 10 月 1 日『Aigo：知的障害福祉研究』、第 45 巻、第 12 号、通巻 503 号、45-47 頁、1998 年、47 頁。
　なお、河原は、（当時）図書館司書・障害者の生と性の研究会会員。
6 同上書、46 頁。
7 河東田博「知的障害のある人たちの性に関する認知・理解の実態と課題」『立教社会福祉研究』第 36 号、1- 8頁、立教大学社会福祉研究所、2017 年。
8 緒方直助，大井清吉編『わたしたちのからだ』福村出版、1986 年。
9 河東田博「知的障害のある人のための「性教育プログラム試案」作成に向けた検討」『季刊 福祉労働』第 172 号、114-134 頁、現代書館、2022 年。
10 「公開シンポジウム：誰もが性的人間として生きるために−知的障がいと性」日時：2023年 2 月 25 日、主催：立教大学社会福祉研究所、場所：立教大学池袋キャンパス 14 号館 D301 教室。
11 「はあとふる講座」の他の講座担当スタッフの感想は、以下の通り。
　①今回、当事業所では "性" に関する講座を「はあとふる講座」として 1 年間活動してきた。現在、講座を無事に終えることができて "ホッと" した気持ちである。
　当初、施設長からこの講座の依頼を受けたときは、正直断ろうと思っていた。施設職員として 10 年働いてきて就労支援施設でそこまで支援する必要があるのか、利用者さんには難しい内容なのではないかと思ったからである。ましてや私自身、作業の指導だけで "性" について指導した経験もなかったため気が進まなかった。他 2 名の職員の中には、いい試みと考える職員もいたが抵抗がある職員もいて、そんななか始まった講座だった。
　実際に講座の準備や講座を進めるなかで人に伝えることの難しさを感じた。利用者さ

んの中にも初めて聞くような話で難しい表情をする方や、内容が難しく講座中に寝てしまう方もいた。何とか飽きさせないように工夫を凝らしゲームを取り入れたが、ゲームが楽しすぎて内容が入らなかったこともあった。

　講座の４回目が終了する頃には、他事業所とズーム交流会があった。２事業所とも規模も大きくやっている内容も幅も広かったが、それぞれ事業所の個性が出ていてとても良い交流会だった。今まで「はあとふる講座」に対して自信がもてなかったが、交流会を通して私たちの講座も間違いではないと確信ができた。また、講座の内容も妊娠・出産だけではなく、今うちの利用者さんにとって生きていくうえで大切なことや生活していくうえで大切なことを教えていくことが重要だと感じた。その後の講座は、気持ちも吹っ切れて思い切った講座ができたと思う。職員のチームワークも徐々によくなり、講座の進行や時間配分など臨機応変に対応できていた。利用者さんのほうも初回に比べると講座を受講する姿勢も変わり、発言や前に出てくることも積極的になっていた。

　今回、「はあとふる講座」を通して日本や東北、私たちが住んでいる自治体の "性教育" の遅れを改めて感じた。"性教育" は、決して恥ずかしいことではなく生きていくうえでとても大切なことである。もっと "性教育" が身近な社会になればいいと私は思う。この先、Ｅ県がＧ県のように障がい者の婚活支援、結婚支援などのサポート体制ができるまでには５年10年、それ以上の年月がかかると考える。難しい現状だが伝え続けることが大切である。

　最後に今回このような機会をくださったＫ教授にはとても感謝したい。また、理事長はじめサポートしてくださった先輩職員の皆さんにも感謝したい。そして、何よりも金野職員、熊谷職員と一緒に講座を開催できたことが本当に良かった。「はあとふる講座」を大切な講座と考え一生懸命に準備や講座を進めていた金野職員。" 性教育 " に抵抗がありながらも自分にできることを一生懸命にやっていた熊谷職員。たくさんの方々の協力で「はあとふる講座」を開催できたと感じる。今回、Ｋ教授のお陰で職員も利用者さんも " 性 " について真剣に考えることができた。今後 " 性教育 " がもっと身近な社会になるように、私自身この講座の経験を活かして多くの方々に伝えていきたい。　　　　　（星　　優希）

②約一年にわたって行った「はあとふる講座」が終了しました。今考えればとてもあっという間だったと思います。一番初めに声を掛けられた時はとても驚きましたし、なかなか前向きな気持ちになれなかったのが正直なところです。自分自身も性教育は受けたことがないですし、今まで生きてきた中である程度の知識はあるものの、それを利用者にどう伝えたらいいのか、しっかり理解してくれるのか不安でした。

　その中で行った第一回目。最初だったので性とは少し離れ、自分や相手のよい所を見つけるということがテーマでした。初回でしたので、利用者にはこれから何をするんだろうという緊張が見られました。ただ普段なかなか言わない相手のよいところ、言われない

自分のよいところを伝えるということで利用者自身の自信や自分を知る、見つめなおすという意味ではとても意味のあることに感じました。

　そして第二回目からいよいよ本格的な体の名前、役割に入っていきます。まず、びっくりしたのが利用者が予想以上に体の部位や名前を知らなかったことです。体の名前、役割を知るということは今後生きていくうえでもとても大事なことであり、知らないまま放置するのもよくないと思います。一気に全部を覚えるのは大変ですが自分が気になる部分など、少しでも覚えてもらえたらいいなと思いました。

　第三回目は男女に分かれ、体の洗い方、性器の洗い方を利用者が普段どういう風にセルフケアしているのか確認しました。体に関してはある程度洗えているようでしたが細かい部分や手の届かない部分は手を掛けていないようでした。また、性器に関しては男性利用者二人共ほとんど洗えていなかったのが正直なところです。その部分の洗い方を細かく伝え、利用者にも実際に模型を使用し実践してもらいました。お粗末に洗っていると性感染症などの怖い病気にかかるということを利用者二人も知り、ドキッとしたと思います。後日、一人の男性利用者は「教えられたように洗ってるよ」と声を掛けてくれました。嬉しかったのと同時に、利用者にとって意味のあることを自分たちはやっているんだなと実感しました。

　半分が終わり第四回目は妊娠から出産までの仕組みということで利用者には胎内模型を使用し、自分のルーツを知ることや、妊婦ジャケットを使用し出産の体験をしてもらいました。このような体験はなかなかできることではなく、利用者は真剣な表情で見つめられていました。中には恐怖を感じて退出してしまう利用者もおられましたが、自分たちはまわりの色んな人の支えがあって産まれてきたということを知るうえで、とてもよい実践の機会になったと思います。

　第五回目はいろいろな気持ちということで良い気持ちの増やし方、嫌な気持ちの減らし方や「ありがとう」「ごめんなさい」「お願いします」の魔法の言葉など、自分の気持ちを伝えるだけでなく相手の気持ちもしっかりと聞いてあげることの大切さを確認しました。利用者の中には自分の気持ちを上手く伝えられなかったり、自分の気持ちだけ一方的で相手の気持ちは理解してあげられず、トラブルになった例が何件もあります。今回の講座をきっかけに少しでも自分だけでなく相手の気持ちも理解できる利用者が増えればいいなと思います。

　最後の第六回目は世界に一人だけの自分ということで、多様性を理解するということです。相手を尊重し、考え方にも様々あり、答えは一つではないということ。また「男だから〜」「年上なのに〜」という相手に嫌な思いをさせてしまう思い込み。利用者にも普段の生活面でこのようなことがあっても不思議ではなく、今回劇にして実践し、いざ自分がそう言われたらということを体験できたことは、すごくいい体験になったと思うし、今後のホームでの

生活でも生かしてほしいと思います。また家族を構成している一人ひとりにはいろいろな役割があり、その中で自分は何ができるかということ。実際のところ今回のはあとふる講座の利用者で講座前に家でお手伝いをしている利用者はほぼおりませんでしたが、今回の講座後に「家のお手伝いしました」と言ってきた方が何人かいました。すごくいいことだし、継続して続けていってほしいと思いました。

　最後に、はあとふる講座は全六回行われましたが、やはり最初は利用者も緊張、疲れ、眠気との戦いでした。しかし後半のほうでは積極的な発言などが見られ、利用者の意識も変わってきたように思えます。今回の講座で学んだことを少しでも今後の私生活、ホームでの生活で生かしてほしいと思います。自分自身も指導する立場としては、講座で利用者に伝えながら大切なことを再認識できたことはすごくよかったと思います。また今回の講座を一緒に行った金野さやかさん、星優希さんには自分自身、負担を掛けることが数多くありましたが、その中でも丁寧にフォローしてくれました。感謝の気持ちでいっぱいです。そして今回このような貴重な機会をくださったK先生はじめ関係者の方々、どうもありがとうございました。
　　　　　　　　　　　　　　　　　　　　　　　　　　　　　　　　　　（熊谷　貴司）

12 講座責任者の統括センター長は、今回の性教育実践（「おとなの放課後クラブ」）への思いを2023年2月に行われた「公開シンポジウム」（注10を参照）で、次のように箇条書きにして整理していた。

　　1.「性教育を実践するにあたって：「権利としての性」（1．障害のある人の性：抑圧されている『障害者の性』、障害のある人と障害のない人の性、何が不平等なのか?、教育か？経験か？、親や支援者の意識か?、文化か?固定概念か?差別意識か?、障害のある人の性といってもそれぞれ、オーダーメイドの性の支援ができるか!?、お一人お一人の思いを知ることが大事。

　　2．エッチを楽しもう：サービス利用者と支援者（職員）との関係性、「解放」の方向で対話を重ねた結果、バラエティに富んだ性の意識と性行動、男女間の肉体的精神的関係の性ではなく、恋愛→結婚→子育ての性ではなく、アニメやキャラクター（推し）への熱い想い。

　　3．人生を楽しむための性と生：支援者側のステレオタイプの性の捉え、知的障害のある人の性とは?、楽しみ（余暇支援）に力を入れてきたつもりだが、多様な性や人生の楽しみへの理解、課題として自己選択・自己決定の不十分さ、課題として親からの独立の不十分さ、一人ひとり違う楽しみを追求（探求）できるオーダーメイドの性と生の支援のあり方）
　　　　　　　　　　　　　　　　　　　　　　　　　　　　　　　　　　（岸田隆）

13「ぶ〜け」設立の経緯と支援形態は、以下の通りである。
　【「ぶ〜け」】2003年法人自主事業として発足した「結婚推進室ぶ〜け」（以下、ぶ〜けという）は、20年という実践の積み重ねのなかで対象者層の広がりや支援内容も多岐にわ

たり「多様化」が求められるようになった。開設当初は恋愛相談室的な役割と年に数回の恋活イベント開催が主な活動であった。それでも利用者は殺到し会員は 250 名に達した。グループホームの世話人さんが恋愛相談にも乗る形だったが、まるでパンドラの箱の蓋が開いて中から宝物が溢れ出すような現象が続いた。利用会員たちは堰を切ったかのように恋人を探しカップルが次々に誕生していった。ぶ〜けの支援への要請は量的に拡大し続け、ぶ〜け専任のスタッフを配置したり福祉の専門職を支援につけたり会費制を導入したりして体制の改善を図っていった。たが、同時に支援の質を担保しなければ「利用会員の愛する人との暮らしを支える」という目的の達成やぶ〜けの事業継続もできないと考えていた。ぶ〜けスタッフの利用会員との向き合い方、基本姿勢を明文化し共有と定着を図り、人権や自己決定支援、良好なコミュニケーションの取り方、不適切支援や虐待、ハラスメント、性同一性障害等の学びの機会を織り込み研鑽を重ねた。常に支援の質を高める努力を続け、利用者アンケートで自らの支援を評価してもらうことを続けてきたし今後も続ける。

　障害者総合支援法が目指す「地域生活」はゴールではない。地域の中で誰とどう暮らすか、自己実現への支援が大事である。そういった意味では制度は最低限の保障であって、「愛する人との暮らし」を支えていくことが「ぶ〜け」の使命、役割と考えている。制度がないからと言ってニーズを放置しない。必要な支援を本人たちに問いかけながら、模索し伴走し続けたい。

【結婚相談】結婚に対する憧れは様々である。籍を入れず一緒に暮らすことを「パートナー生活」と呼び、入籍した二人の生活を「結婚生活」と分けて呼ぶ。ぶ〜けでは愛し合う二人にまずはパートナー生活をお勧めする。違う生活形態や文化、嗜好を持つ二人が一緒に暮らすということは、想像するよりもはるかにストレスフルな人が多い。もちろんフィーリングがピッタリのカップルもないではないが珍しい。多くは互いの歩み寄りや思いやり、相互理解という努力の上に共同作業で創っていかれるのだが、その道のりは千差万別である。中には、初日から不和が生じ残念な結果になったカップルもある。お二人の互いを思いやる気持ちや一緒に暮らしていく「覚悟」を何度も確認して応援する。時には反対されるご家族に理解を求めるために動くこともある。ぶ〜けは支援の基本姿勢の中に「本人と親・家族の意見が対立する場合は本人たちの思いに沿う」と明示している。よりよい理解や賛同を得られるように本人たちを中心に手間暇をかけ対応することもある。人生における選択や決定において、一つひとつのプロセスを共に乗り越えていくことで責任感が醸成されていくようだ。

　パートナー生活で納得した暮らしを送り、さらに入籍するカップルも多くある。二人でライフプランを考え、ぶ〜けにも相談がある。お互いの健康状態や就労形態、通勤方法、経済設計や収支バランス、各種手続き、家事の分業、ご家族の理解や協力、地域や近

隣や友人との付き合い、趣味やレジャー、性的相性や満足感、家族計画等々多岐にわたる事項の相談に乗る。相談はご本人たちから直接ある場合もあれば、ぶ〜けが訪問した折に気づくこともある。また、職場や相談事業所、自立支援事業所のワーカー、ご家族からの相談で支援に動くこともある。「転ばぬ先の杖」にならぬよう、お二人が「困った、助けて」とヘルプを発信される時をじっと待つこともある。お二人が失敗も糧とされ、人生を納得して歩いて行かれることをぶ〜けは見守っていく。

【育児相談】将来は家庭をもち子どもを育てていきたい、と多くのカップルが言う。交際からパートナー生活、結婚生活と移行するにつれて「妊娠・出産・育児・子育て」の希望は現実味を帯びてきくる。知識の補給と併せてぶ〜けが取り入れているのは疑似体験学習だ。すでに子育てに追われる仲間の家庭を訪問し、育児のリアルを体感してもらったり、職員への協力依頼で乳児・幼児を抱っこさせていただき、泣きだし止まぬ時の大変さを体験してもらったりする。加えて夜泣き対応や時間ごとの授乳やミルクづくり、おむつ替え、沐浴、突然の熱発対応等々を語っていただき 24 時間見守ることの現実を知っていただくことを取り入れている。二人で話し合い、じっくり考えてみるというカップルが一定数ある。中にはそのうえで家族計画を具体的に立てられるカップルもある。子どもを産むということはその子に対して親は成人に達するまで養育の責任があることを知ってもらい覚悟を確認する。

　そうして望んで生まれてきた赤ちゃんをみんなで喜び祝い、育児がスタートする。新米ママとパパ、赤ちゃんを中心に関わる福祉事業所の職員や病院、保健師、祖父母、近所の方々、そしてぶ〜けが連携して子育てをサポートしていく。障害のあるパパとママは経験したことのない事象と対応、手続きに戸惑うことも多い。その一つひとつに目を配り一緒になって子育てをサポートしていくのだが、我が子を愛おしく思う両親を真ん中に置くことを忘れてはならない。両親も育児を通じて子どもや周りの社会の人々に育てていただくのだ。とても難しいのは「子どもは成長発達し続ける」ことに両親の理解や対応が追い付いていかないことがあることだ。成長と共に関わる機関も変わるが、保育園、小学校、中学校……と連携を密にし両親を中心に子育てを伴走する。時として間違った方法で子どもに対応がなされていたり、母子依存が強まっていたり、夫婦間の関係が壊れ子どもが不安定な精神状態になったり、いじめの対象になっていたり……様々なことが子育て家庭には起こり得ることを実感する。だが、それは障害のある方たちの家庭に限ったことではないのではないか？　知識や情報収集やその理解、経験の不足などを補い不安なことは一緒に考える相談場所があれば乗り越えられることも多い。子どもが大人になり自立したことを経験した親は「子どもはいつまでたっても宝、そして子どもを育てたことは私の誇り」と言われた。

　望まれて生まれた子どもを両親の傍で見守りながら、子育てという大事業を伴走してい

くことは年月の長さを考えてもとても体力の要る仕事だ。しかし、子育ては社会全体で行うものであり、その最前線で汗をかくこともぶ～けの大きな役割と捉えている。

（松村真美）

14「からだ探検隊 part II」の他の講座担当スタッフの感想は、以下の通り。

　①からだ探検隊 part II では、からだ探検隊のテキスト第1章から第4章までの実践を今回の参加者に合わせて事例を変更したり、必要に応じて内容をプラスしたりする工夫をしました。実践を通じて新たな発見ができて支援の幅が増えたと感じました。毎回学習終了後には利用者の方には学習の理解度や感想を書いてもらいました。中には、学習で出てきた約束事やマナー等を正確に書くことができている利用者もいました。ただ、利用者の理解度は個人差が大きく一度の学習だけではなく、その後の振り返りやテキストの活用等も必要ではないかと感じました。

　また、K先生の勉強会ではラブホテルの見学ツアーや妊娠体験、赤ちゃんを抱く等のできるだけリアルに近い内容や体験にすることで利用者が本当に興味のある部分から学習を組み立てていたため、今までにない発想とからだ探検隊のテキストでは補えない部分の学習をしていただき、驚きました。実際、性の支援はデリケートな部分でもあるので、どこまで教えていいのかや利用者側・支援者側の抵抗があったりすることがあるので今回のK先生の学習のようにできるかわかりませんが、今後の支援や学習の参考になりました。どこかで話し合いや意見を聞いたりして、今のからだ探検隊part IIを基本にしてアレンジした内容を追加することで利用者が必要としている支援につながるのではないかと思いました。

　最後に今回のような性を対象に学習を外部の方としたことがほとんどなくてとても新鮮でした。今まで学習や支援をしていくなかでも性に関することの相談をしたくても限られた人にしかできなかったり、経験が少なかったりという事で限られた支援員の中で検討していく事が多かったのですが、今回はK先生を中心に学習を進めていきながら、スタッフ間でも性に対しての意見交換等もできてよい機会になりました。今回の経験を活かして今後の支援に活かしていきたいと思います。ありがとうございました。　　　（宮本和真）

　②第1回～第4回目までの学習会では参加者の性への理解度を基準に2グループに分かれてそれぞれで学習を進めていった。講座担当スタッフも1グループ各2名（進行とパネル）で進めていった。座学だけはなく、〇×クイズや質問形式で進めていくなかで参加型の方が利用者さんも飽きずに参加することができたのではと思う。ロールプレイでは色々な場面想定のため、動画を用いた。実際のロールプレイではきない場面や場所を動画では準備ができるため、有効に感じることができた。学習会終了後には振り返りシートを記入してもらったが、個々によってシートをすべて埋められる方もいれば、まったく記入がない方もおられたため、理解度にもかなり広い幅があるのだと実感し、個々に合わせてテキ

ストを活用する等振り返りをする必要があるのではないかと感じた。

　第6回目〜8回目からはK先生を中心に学習を進めていった。学習会のなかで「ふれあい」をする機会を設けていたことが印象に残った。実際に男女のペアでハグをしたり、手をつないだり、肩を揉んだり等、直に人と接することをした。今までの学習会の中ではそういった実際に触れ合う取り組みをしていなかったため、利用者さんも戸惑いや恥ずかしさもあったが、何よりもこういった経験が大切であると感じた。そういったなかで学習会自体を楽しめる雰囲気づくりも大切であることと同時に利用者さんへ飽きさせない工夫が必要だと感じた。第8回目の学習会では、妊娠〜出産〜育児、ラブホテルの見学の内容であった。実際に妊娠シミュレーターで妊婦体験や赤ちゃん人形を活用して抱っこの仕方やおむつ交換等を体験してもらったが、支援者の体験談や赤ちゃん人形も男性支援者が実演をしながらレクチャーをしたため、女性だけはなく、男性も協力しながら育児に参加する事を伝えることができたのではないかと思う。ラブホテル見学は利用者の反応も良く、これまでは「行ってはいけない場所」と認識をしていたかもしれないが、これからは「行ってもいい場所」と認識が変わっていくきっかけになればと思う。

　学習会を通して、利用者の性に関するニーズや興味関心は深いところにあるのだと実感することができた。普段の支援のなかでは踏み込んだ話題になるのはハードルが高く感じていたが、そういった意味で自分自身の価値観を見つめ直す機会にもなった。また、今後は今回の学習会での経験を生かして利用者支援に携わっていきたい。　　　　（北川　翔）

　③学習会について、全8回を通して利用者さんの性に関する関心・理解度の深まりを感じた。

　第1回目は結婚式場の会場を借りて、緊張感のある中での実施であった。アイスブレイクやグループディスカッションを通して少しずつ緊張感を和らげながら、今後の工程についての説明があった。区切りのタイミングにご褒美シールを提供することで、メリハリがつけやすいと感じた。1回目の場として、結婚式場という会場の選択は効果的だったと感じた。利用者さんはこれから何が始まるのかというドキドキ感、緊張感を感じつつも集中して画面を見ていた。また、グループを二つに分け、グループごとの能力差を外から見ていて感じた。

　第2回〜第5回に関しては、体の部位の名称や人との距離感、体の触れ合いなど段階的に深い関わりに近づいていくような内容であった。場所も法人エリア内の町民センターを中心に実施し、同じような環境で実施を行った。初めは性的なことに対して恥ずかしさも見られていたが、学習が進むにつれ積極性がみられたように感じた。座学のような形式よりも、実際に体験できる形式の方が集中して取り組んでいるように見えた。また、性への関心事は、障がいの有無にかかわらず、本能的に必要とするものなのではないかと、学習会を通して感じた。

第6回～第8回に関しては、K先生を中心により深い性の部分に踏み込む機会となった。私たち職員自身も知らないような知識や内容もあり、自分自身の学びの場にもなった。普段は関与しづらい部分（コラージュ作り、ラブホテルツアー等）にも触れ、これまでの学習の集大成の場となった。これまで踏み込めなかった部分に踏み込んでいくということは、利用者さん、職員共に勇気のいる事で、職員側としては正しいことを適切に伝えないといけないというプレッシャーもあったと思う。知識ある大学の先生のサポートがなければ、到底実施出来なかった内容だと思った。

　学習会の全日程を終え、利用者さんは参加前と比べ、積極的に学習会に取り組むようになったと感じた。どこまでが興味につながり、どこまでが理解につながったのか、評価を行うことが重要であり、全体的な評価についてはK先生のほうから報告会等で実施されることと思う。法人の職員としては、今後、利用者さんから性に関する相談等を受けた際に、どのように対応を行うか、また、実際に子どもが欲しい、結婚をしたい等の希望が出た際のフォローアップ等へも向き合っていかないといけないことが課題だと感じる。利用者さんの権利をどうやって守っていくのか、深い課題だと感じる。（松浦三氣也）

　④今回、からだ探検隊 Part II の取り組みに初めて参加させていただき、受講者の参加する姿勢や学習意欲、学習会自体の進行方法に関して、強く興味、関心を抱いた。からだ探検隊は基本的に“性”に関する学習会という認識があったことから、利用者間や支援上においても改めて性に関して話す機会は少なく、特に利用者の皆さんは照れくささや恥ずかしさから学習に対する意欲がどの程度のものなのかとの疑問があったが、私が想像していたよりも受講者の皆さんは男女問わず意欲的であり、熱心に学習に取り組む姿勢は個人の思いからは想像できないほどの光景だった。

　学習方法は座学もありながら動画やお手製のパネル等を用いて説明では行き届かない領域までの理解を獲得することができたのではないかと思った。進行する支援者（講師）が1グループ2名体制ということもあり、目の前で見られるロールプレイは実施できなかったが、動画だからこそのよさがあり、室内では出すことが不可能な自宅前での告白や公共の場における男女の関わり等、映像にてリアルを感じられる学習資料を受講者に観て感じていただけたのは、想像力を引き出すという観点からは良かったと思う。

　交際や結婚の先にある子育てに関する項目では、実際に専門機関より赤ちゃん人形や妊婦体験の道具を借用して実践したり、子育て経験のある人生の先輩からの講義を通して受講者自身もこれまで踏み入れなかった領域に踏み込み、改めてこれから先の人生を考えることが出来たのは良い経験であったと思う。

　学習の最終項目であったラブホテルツアーに関しては、その日を待つ利用者から「楽しみにしてます」との言葉が聞かれたこともあり、これまでは「行ってはいけない場所」との認識が「行ってもいい場所」に変換されるきっかけになったことは受講者にとって大き

な社会資源の獲得につながったのではないかと思う。

　今後について、からだ探検隊 Part II の全項目を受講された方々が生活場面でどのような影響があり、生活の場におけるニーズの変化が窺えたのか、今後は受講者の皆さんの効果測定という観点からもブースターセッションのような機会（注：一度身につけた内容を、間隔をあけて学習し、深めていく取り組み）が設定されると今回の学習会を経て挙げられた受講者の皆さんの新たなニーズや実践を通して感じた事等の共有の機会になるのではないかと思う。　　　　　　　　　　　　　　　　　　　　　　　　　　　　　　　（松本　明）

　⑤「からだ探検隊」は当初、児童や高校卒業後すぐの比較的若い方向けに作成されたプログラムであり、今後の成長や就職を目指しながらよりよく暮らしていくためのルールや決まりを明確に示した参加型の4章構成のプログラムである。これまでもぶ〜け会員への学習会も開催してきたが、障がい特性や性的な知識・経験等の幅が広く、ニーズも様々な方のグループのなかで進行することへの難しさを感じていた。また、進行するにあたって通常3〜5人程度のスタッフが必要であったが、「からだ探検隊 Part II」では基本的に2名（進行1名＋パネル1名）のスタッフで進める必要があった。ロールプレイについては、男女各1名以外にナレーターや傍観者役が必要になること、教室内でのロールプレイとなると実際の場面が想像しにくいことから事前に撮影した動画を使用した。動画の使用については、「何度も見返すことができる」「役割や場面設定が明確で参加者が混乱しにくい」というメリットがある一方、「プログラムとしてのメリハリがつかず参加者の印象に残りづらい」というデメリットも感じられた。

　全4回のからだ探検隊実施後は、体験型のプログラム（ふれあい・生理・妊娠・子育て体験）や、男女のふれあいを楽しむ方法の一つとしてラブホテル見学などを行った。参加者の興味のある内容であったため、数日前から講座を楽しみにしている様子がうかがえた。妊婦・子育て体験は、支援者の体験談も交えながら男女ともに経験してもらうことで、女性の大変さを感じるだけでなく、パートナーで協力し合うことの大切さについても感じてもらえるような伝えかたを心がけた。障がい特性上イメージすることが難しい方が多いなか、はじめは赤ちゃん人形の抱っこもぎこちない方が多かったが、実際に体験することで難しさだけでなく、できたことへの喜びを感じたり、お互いに教えあう姿が見られたりと学習会もよい雰囲気で進められた。

　全8回にわたる学習会を通して、「性や対人面でのルールやマナーについて正しく知ったうえで楽しむ」ことの大切さを実感した。これまでは「正しく知る」という部分を大切にしすぎた結果、参加者のニーズから離れてしまっているところがあったのではないかと感じる。今後はぶ〜けはもちろん、グループホームや他機関とも連携し、「正しく知り楽しむために」という視点で利用者の方とかかわっていくことを大切にしていきたいと感じた。

　　　　　　　　　　　　　　　　　　　　　　　　　　　　　　　　　（下崎風花）

15 宮原春美 監修、宮原春美・社会福祉法人南高愛隣会・からだ探検隊実行委員会『Let's!! からだ探検隊～障がい児・者のための性に関する対人関係教育プログラム』社会福祉法人南高愛隣会、2020 年。

16 河東田博「スウェーデンのオープンな社会―性的文化環境と当事者用性教育テキスト」『季刊福祉労働』第 170 号 108-124 頁、現代書館、2021 年、109 頁。

写真5の引用元：Tuuloskorpi, H., 1984, １２３– Bilder från 1 till 1000. Gidlunds

17 前掲書（河東田、2017 年）、46 頁。

終　章
「誰もが性的人間として生きる」：「性的共生」への展望

1　はじめに

　本書では五つの課題を設定し、課題解決のために取り組んできた。本書で立てた課題と、本書で組み立てた章立てとの関係について、まず次のように整理しておきたい。

　課題1「知的障害のある人の性をめぐる実態は、歴史的・社会的にどのように扱われてきたのか」については、第Ⅰ部第1章〜第4章で整理することができた。

　課題2「親や教育・福祉関係者は、知的障害のある人に、どのような教育的対応を行ってきたのか」については、第Ⅲ部第8章で整理することができた。

　課題3「知的障害のある人は、性に関する情報を、どの程度把握し、認知・理解しているのか」については、第Ⅲ部第9章で整理することができた。

　課題4「知的障害のある人に性教育を行う際、どのような内容を用意し、どのように行っていったらよいのか」については、第Ⅱ部第5章〜第7章、第Ⅳ部第10章〜第11章で整理することができた。

　課題5「「誰もが性的人間として生きる」ことのできる「性的共生社会」を実現するためには、どのように考え方を整理し、どのように環境を整えていったらよいのか」については、本章で整理していくことにする。

　「誰もが性的人間として生きる」ことのできる社会、つまり、「性的共生社会」をどのように創り、どのように社会−性的環境を整えていったらよいのか、を本章で検討してみたいと思う。

2 「性的共生社会」の創造と「性のノーマライゼーション化」を図るために

　「性的共生社会」を創造するためには、知的障害のある人の社会－性的権利を侵害し意思決定を阻害してしまう社会の諸側面を多角的な視点から見直していく必要がある。

　「性的共生社会」とは、「誰もが社会の一員として平等に受け入れられ、一人ひとりが大切にされ、社会－性的共生関係が構築されている社会」のことである。「性的共生社会」では、人と人との出会いが深められ、生き生きとした社会－性的共生関係が築かれ、誰もが自由、かつ、平等で、その人らしさや性的価値観が尊重され、社会－性的権利が擁護されなければならない。そうすれば、誰もが性に関する知的探究心を満たすことができ、心地よさ・快適さ・喜び・安心感を得ることができ、個人的にも社会的にも性的に満足を得ることができるようになるはずである。「性的共生社会」を創造し、誰にとっても社会－性的共生関係を当たり前の状態にしていくことが私たちに課せられている。そこで、ここでは、「社会－性的共生関係を当たり前の状態にしていくこと」を、「性のノーマライゼーション化」と呼ぶことにする（2006年の国連・障害者権利条約に照らし合わせて概念を整理するなら「インクルージョン」がふさわしく「性のインクルージョン化」と呼ぶべきかもしれないが、本章では長い間慣れ親しんできた概念としての「ノーマライゼーション」という用語を使用する）。

　「ノーマライゼーション」の定義には諸説あるが、ベンクト・ニィリエの1993年の定義によれば、次の通りである。

　　地域社会や文化の中でごく普通の生活環境や生活方法にできる限り近い、もしくは全く同じ生活形態や毎日の生活状況を得られるように、権利を行使するということ。[注1)]

　これは、障害のあるなしにかかわらず、誰もが「社会－性的な権利」を行使

できるということを意味している。

　ニィリエは、ノーマライゼーション原理の八つある構成要素の六つ目の要素で「その文化におけるノーマルな性的関係」を取り上げ、次のように記している。

　　ノーマライゼーションの原理は、その文化におけるノーマルな性的関係をもつことも意味する。（中略）私たちは、関心の強さや形態こそ変化するものの、官能性やセックスは幼少期から老齢期まで常にあるということを知っている。愛情が芽生え（それは神から授かった貴重なものである）、最も良い環境のもとで育まれ、持続され、それだけではなく、新しい生命として子どもたちが生まれ、望まれ、愛され、十分に育まれる。人生におけるこれらの異なった三つの形態と社会文化の中での異性との関係は、性教育や社会的な能力の向上にとって重要なことであり、知的障害をもつ人たちにとっても重要である。[注2]

　ニィリエのこの記述は、一般の人と同様の「社会－性的共生関係をもつ権利」を有すると解釈することができる。
　「社会－性的共生関係をもつ権利」について、ニルス・エーリック・バンク－ミケルセンは、ノーマライゼーション原理に関する 1976 年の論文[注3] の中で、「市民権」という用語を使い、次のように記している。本章では、「性的市民権」という用語に置き換えて整理していくことにする。

　　ノーマリゼーションとは市民権をも含む生活のあらゆる側面において、精神遅滞者がほかの人びとと同等な立場におかれるべきであるということを意味していると簡単につけ加えておきたい。市民権とは、住居と教育と仕事の権利のことである。また市民権は、投票権、結婚する権利、子どもを生む権利、および、たとえ結婚していなくても、また子どもをつくるのでなくても、性生活をいとなむ権利をも意味している。[注4]

　ニィリエの「社会－性的共生関係をもつ権利」も、バンク－ミケルセンの「性

的市民権」も、誰もが有する「社会−性的権利」であり、「性のノーマライゼーション化」と言い換えることができる。つまり、「性のノーマライゼーション化」は、障害のあるなしにかかわらず、「市民として有する当然の権利」であり、「誰もが性的人間として生きる」権利のことを意味している。また、「性のノーマライゼーション化」を図ることが、「性的共生社会」へと導くことにもなるということをも意味している。では、「性のノーマライゼーション化」を図るためには、具体的にどうしたらよいのであろうか。

　知的障害のある人の「性のノーマライゼーション化」を検討するためには、対人関係を含む「性の環境的側面」からのアプローチと個人のモチベーションとも関わる「性の内的側面」からのアプローチが必要となる。

3　「性のノーマライゼーション化」と「性的生活の質」

　「性のノーマライゼーション化」を図るために、Quality of Life（以下、「生活の質」）概念[注5]を用い、「性的生活の質」の基本構造を成す「性の環境的側面」と「性の内的側面」を拠りどころに、「誰もが性的人間として生きる」ための包括的な支援策を検討してみたい。

　性に関する事柄は、人と人との関わりの中で育まれる性的側面（「性の対人的側面」）と地域社会の中で育まれる性的側面（「性の外的側面」）とがある。「性の対人的側面」には親子関係・夫婦関係・友人関係・同僚との関係・近所づき合いなどで生じる性的側面があると考えられ、「性の外的側面」には居住状況・教育・仕事・経済・余暇活動・政策立案への参画・将来への希望などで生じる性的側面がある。「性の対人的側面」と「性の外的側面」とを合わせて、「性の環境的側面」と総称することができる。「性の環境的側面」では、知的障害のあるなしにかかわらず、プライバシーが守られながらその人らしく「ノーマルな性的生活」が営まれる必要がある。また、「ノーマルな性的生活」が営まれることによって、自己実現・自由／自己決定・自信／自己受容・安心感・社会的関係などで個人の内面に生じる性的側面（「性の内的側面」）が満たされ、生活や人生の質の満足度も高まっていくはずである。[注6]。

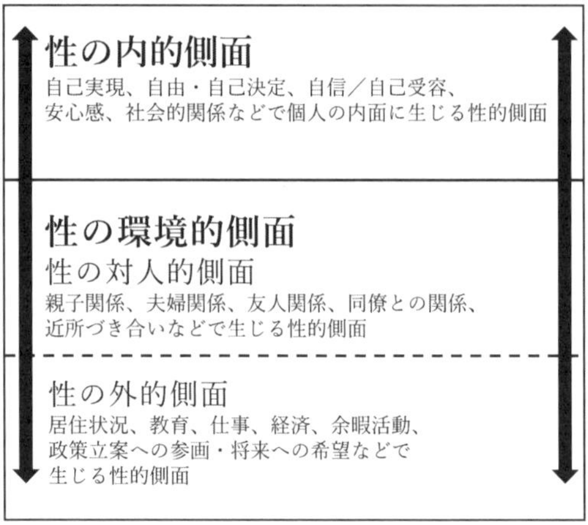

図1　性的生活の質：性の環境的側面と性の内的側面との関係

　「性の環境的側面」と「性の内的側面」の関係を示したのが図1[注7]である。図中の矢印は、「性の内的側面」が、「性の対人的側面」や「性の外的側面」といった「性の環境的側面」の様々な要素から影響を受けており、また、「性の環境的側面」も「性の内的側面」の影響を受けて相互に作用していることを示している。

　「性のノーマライゼーション化」を図るためには、今なお（1）どの程度ノーマルな性的生活環境を得ているか、（2）どの程度ノーマルな性的生活を送っているか、（3）どの程度「性的生活の質の向上」を得られているか、などの課題が存在している。

　これらの諸課題は、「性のノーマライゼーション化」を図ることによって知的障害のある人の性的な生活の質をいかに向上させることができるか[注8]という課題に通じる。

　もし知的障害のある人の性的生活環境が適切に整備され（「ノーマルな性的生活環境」）、その人らしく「ノーマルな性的生活」を送ることができれば、彼らの「性的生活の質の向上」が図れると仮定する。すると、図2のような「「ノーマルな性的生活環境」から「性的生活の質の向上」に至るモデル」を導くことができる。

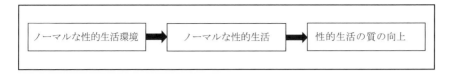

図2「ノーマルな性的生活環境」から「性的生活の質の向上」に至るモデル

　もし「性の環境的側面」の「性の対人的側面」や「性の外的側面」が適切に整備され（「ノーマルな性的生活環境」）、社会資源を上手に使いこなすことを可能とする「機能性」やその人の特性に応じて個別にわかりやすい方法で性に関する情報提供の支援を可能とする「個別支援」があるなら、また、自分の意思や好みによって性に関することを自分で調整することができる動機づけとなる「心理的前提条件」が得られるなら、さらに、もし「地域住民の理解」があり、社会−性的な存在として日々を生き生きと送ることができるならば、より一層「ノーマルな性的生活」が送れ、「性的生活の質の向上」も確かなものとなるはずである。「ノーマルな性的生活環境」を補完する「機能性」「個別支援」「心理的前提条件」「地域住民の理解」を「ノーマルな性的生活」を送るための4条件と呼ぶことができると仮定すると、図3のような「「ノーマルな性的生活環境＋4条件」から「性的生活の質の向上」に至るモデル」を導くことができる。

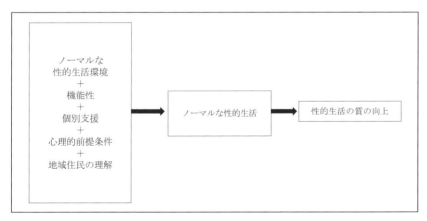

図3　「ノーマルな性的生活環境＋4条件」から「性的生活の質の向上」に至るモデル

そこで、「「ノーマルな性的生活環境＋４条件」から「性的生活の質の向上」に至るモデル」を念頭に入れながら、知的障害のある人に性に関する情報をどうしたら当たり前に提供することができるようになるのかを見ていくことにする。

４　「性的生活の質」と「性と対人関係」

　「ノーマルな性的生活環境」とは、「居住状況」「教育」「仕事」「経済」「余暇活動」「対人関係」「政策立案への参画」「将来への希望」という「性の環境的側面」の八つの領域が、社会－性的に適切に整備されたものであると解釈することができるため、性教育実践の根幹を成す「性と対人関係」という観点から、「性の環境的側面」の八つの領域について、性的に適切に整備するための目安を、「カヤンディ式生活の質評価マニュアル」[注9] をもとに検討してみたい。

　居住状況：地域のグループホームやアパートなどに住み、教育、労働、余暇、友人・隣近所との付き合いが保障され、個人の意思の反映と性と対人関係への配慮がなされ、プライバシーが守られていること。
　教育：生涯学習（社会教育や成人教育を含む）などを通して、性と対人関係に関することを学ぶことができるような教育環境が、生涯にわたって、誰にでも、適切に用意されていること。
　仕事：仕事に対する欲求と能力がうまく調和し、仕事場の環境が適切に整備され、仕事場を離れて生涯学習の性と対人関係の講座に他の仕事仲間と共に参加することができていること。
　経済：給料や工賃以外に年金や手当を得て経済的に自立し、定期的に預金できるくらいの収入があり、友だちや愛する人と余暇や休暇を楽しむことができ、地域社会でごく当たり前に性的生活を送ることができていること。
　余暇活動：生活を豊かにするうえで大切な余暇活動を通して人とのコミュニケーションを育み、友だちや愛する人と語り合い、触れ合い、性と対人関係を豊かなものにすることができていること。

対人関係：お互いに必要としている友だちや愛する人がおり、その人と信頼関係がもて、個人的なことが話し合え、愛を語り合い、触れ合い、性的な関係をもち、将来の夢や希望をもつことができていること。

　政策立案への参画：当事者活動などを通して、組織運営や政策立案に参画できていること。また、充実した生活・教育・仕事・余暇活動などを創り出し、豊かな性と対人関係を育むことができていること。

　将来への希望：性と対人関係に関する将来への思いや願いや希望をはっきりともっており、そのために何を大切にし、何をしていくべきか、を現在の自分と結びつけて考えることができていること。

　わが国では「政策立案への参画」が不十分だが、2014年の障害者権利条約の批准注10)に向けて制定された障害者総合支援法（障害者の日常生活及び社会生活を総合的に支援するための法律、2013年施行）の制定・施行注11)や改正学校教育法（学校教育法等の一部を改正する法律、2019年施行）注12)などにより、「居住状況」「教育」「仕事」「余暇活動」が整備され、「対人関係」を育む集いの場などが用意されるようになり、社会－性的生活を営むことが可能になってきた。また、「経済」面での支援策（障害福祉年金や住宅手当の支給などを含む）も用意され、多少なりとも「将来への希望」が見えてきたように思える。しかし、こうした取り組みは「性の外的側面」を整えたにしか過ぎず、「性の対人的側面」は不十分で、「性の内的側面」を満足させるまでには至っていない。

　知的障害のある人の「性的生活の質」を高めるためには、「ノーマルな性的生活環境」の各領域一つひとつをもっと適切に整え、時に相互に連携しながら、知的障害のある人の「性と対人関係」を育む地域生活の実現に向けて、その人の「機能性」を十分に補い、「個別支援」を豊富に提供し、その人の思いや願い、夢や希望が叶うように「心理的前提条件」をさらに整え、「地域住民の理解」を通して日常的な様々な場面で好意的に受け入れられ配慮されるようにしていくことが必要になる。知的障害のある人が地域で暮らし、幸せを感じられるように、多くの人とコミュニケーションの機会が持て、「性の対人的側面」を広げ、「性と対人関係」を育む支援のあり方を模索し、整えていくことが必要となる。そうすることで初めて、「性の内的側面」を満足させることに一歩近づいてい

くのであろう。

　福祉が進んでいる国々では、「性的生活環境」が「ノーマル」になるように適切に整えられ、労働政策と連動させながら、社会的制度として、「性と対人関係」に関する学びの場を成人教育機関などに委託しながら生涯学習の一環として保障しようとしている^(注13)。就労支援事業所などで働いていても、週に１回（半日または１日）の生涯学習の場に、無償で、仲間と共に少人数で参加できるようになっている。「性と対人関係」に関する学びの場が社会的な制度として保障されているということは、誰もが学びを通して「性と対人関係」に関する情報が得られるように、成人教育機関と連携を保ちながら、仕事の場でも、職場を離れて教育機関に通う場合でも、余暇活動の場を利用している場合でも、学びの機会が保障され、生涯学習を提供している関係各機関や団体にも、そこで「個別支援」を行っている支援者にも、国や自治体から公的補助金が拠出されるような仕組みになっている。生涯学習を受講する人たちも無償で成人教育講座に参加できる仕組みがあれば、多くの人が参加し、多くの人との出会いの場もつくられていくに違いない。このように、社会的な制度として公的資金が使えるような仕組みをつくることで、誰もが、必要な時に、必要な学びを、職場を離れて、安心して受講できるようになるはずである。こうした学びの中に「性教育講座」があれば、「性と対人関係」に関する情報をもっと手に入れやすくなるはずである。

　日本にも社会的・制度的補助を公的に受けることができる仕組みが制度として取り入れられ、公的資金を関係機関でも個人でも使うことができるようにならないものだろうか。日本でも教育・福祉・就労・余暇活動・生涯学習を提供している諸団体と連携しながら、「性と対人関係」に関する情報を多様な形で提供することができるようになれば、就労支援事業所などが抱えている社会－性的な課題が多少なりとも解消され、性教育導入の可能性も高まってくるはずである。そして、もし、多くの社会福祉法人に、南高愛隣会の「結婚推進室」のように、出会いの場を多様な形で用意し、性や結婚、家庭生活に関わるあらゆる支援が十分に行うことができる「性と対人関係支援室」のような部門を設置し、わかりやすく「性と対人関係」に関する情報を伝え（「機能性」）、「個別支援」や「心理的前提条件」を得て、「性と対人関係」への理解を深めること

ができるようにしたいものである。さらに、「地域住民の理解」を得て社会－性的な活動の機会を得ることができれば、一般の人たちと同じような「ノーマルな性的生活」を送ることができるだけでなく、「性的生活の質の向上」も図られていくに違いない。

5 「知的障害のある人のための社会－性的包括支援」と 「性のノーマライゼーション化」

　学校でも学校卒業後の就労の場でもなんらかの形で知的障害のある人の性の問題に関する取り組みを社会的・組織的に行っていく必要がある。しかし、実際は、「知的障害と性」に対する長い歴史的経緯の中で刷り込まれた知的障害のある人に対する負のイメージ、性に関する情報提供の困難さ、知的発達の遅れがもたらす抽象的理解の困難さなどにより、性に関する取り組みは甚だ遅れている。そこで、性に関する情報提供の困難さの克服、知的障害のある人にも理解できるように工夫されたわかりやすい情報の提供、余暇活動や生涯学習を通した性教育の実施など、性支援に向けた具体的な取り組みが求められてくる。これらを組み合わせて、社会全体で包括的に社会－性的支援を行っていく必要がある。

　知的障害のある人の社会－性的支援に必要と思われることを、「「ノーマルな性的生活環境＋4条件」から「性的生活の質の向上」に至るモデル」を補足しながら、ミクロ・メゾ・マクロの各レベルで何が必要とされるのかを検討するために、「知的障害のある人のための社会－性的包括支援モデル」として、図4のように提示する。

　ミクロレベルでは、性に関する「自己決定」や「心理的前提条件」が必要となる。メゾレベルでは、「ノーマルな性的生活環境」を用意しながら、「機能性」「個別支援」「地域住民の理解」を得ることが必要となる。また、「認知・理解の向上」を図り、「わかりやすい情報の提供」も必要となる。マクロレベルでは、「社会的・組織的包括性支援ネットワーク」が求められ、「教育・福祉・就労・余暇活動・生涯学習間の連携」も必要となる。現行法制度では、本書で取り上げた「セクシュアリティ講座」や「からだのしくみ勉強会」、「はあとふる講座」、

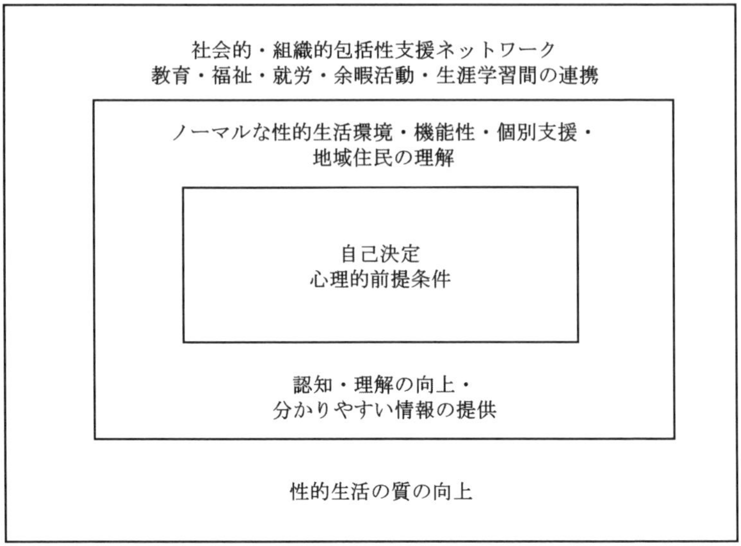

```
┌─────────────────────────────────────────────────────┐
│   社会的・組織的包括性支援ネットワーク                  │
│   教育・福祉・就労・余暇活動・生涯学習間の連携           │
│   ┌───────────────────────────────────────────┐     │
│   │   ノーマルな性的生活環境・機能性・個別支援・    │     │
│   │   地域住民の理解                              │     │
│   │   ┌─────────────────────────────────┐      │     │
│   │   │                                  │      │     │
│   │   │        自己決定                   │      │     │
│   │   │        心理的前提条件              │      │     │
│   │   │                                  │      │     │
│   │   └─────────────────────────────────┘      │     │
│   │   認知・理解の向上・                          │     │
│   │   分かりやすい情報の提供                       │     │
│   └───────────────────────────────────────────┘     │
│            性的生活の質の向上                         │
└─────────────────────────────────────────────────────┘
```

図4　知的障害のある人のための社会-性的包括支援モデル

「おとなの放課後クラブ」、「からだ探検隊 Part II」などを障害者総合支援法の地域生活支援事業（地域活動支援センター）を活用し、公的資金を得ながら展開していくことが考えられる。ミクロレベルからマクロレベルまでの多様な社会-性的包括支援を用意することによって、「性的生活の質」も図ることができる。これが、「知的障害のある人のための社会-性的包括支援モデル」の骨格である。

6　まとめに代えて

　多くの知的障害のある人は、異性との交際を望み、性的体験を求め、温かな人との触れ合いを求めている。異性との関係を築きながら、幸せになりたい、安定した関係をもちたいと望んでいる。私たちは、そうした彼らの思いや願いを積極的に受け止め、社会-性的な環境整備を行い、実現できるように支援をしていく必要がある。私たちがなし得る様々な努力を通して、共に生き、共に暮らし、知的障害のある人の性に関する諸権利が達成でき、「誰もが性的人間

と生きる」ことができる「性的共生社会」にしていかなければならない。

　家庭や学校、就労の場において、体系的・継続的に性に関する教育を行うことはとても大切である。一人ひとりの障害の程度が違うため、集団での教育と並行して個別に対応していく必要もある。大変ではあるが、集団による支援とグループによる支援、さらには、個別による支援を用意しておくことが最も効果的だと思われる。性に関する情報が氾濫している今日こそ情報の精査ができるような知識をもっていてもらいたいし、自分の体や性交・妊娠・出産・子育てなどについても理解を深めてもらいたい。

　余暇活動や生涯学習を通して学びの輪を広げ、情報を得て、コミュニケーションの輪を広げていくことがとても大切なことである。しかし、知的障害のある人にとって自ら情報を得、内容を理解し、性に関する情報を自分のものとしていくためには、当事者用にやさしく書かれたテキストを用意し、異性との触れ合いを経験する場を用意するなど、丁寧で細やかな配慮とダイナミックでリアルな体験が必要となる。

　第Ⅳ部第11章で取り上げた「セクシュアリティ講座」や「からだのしくみ勉強会」、「はあとふる講座」、「おとなの放課後クラブ」、「からだ探検隊 Part Ⅱ」などは、学校卒業後の就労支援事業所などで性教育実践を行う際の参考になるかもしれない。やってみたいと思う人たちが、実態を把握し、対象者を明確にし、対象者のニーズに合わせたプログラムをつくり、まず試行的に実施してみる。なんとかやれそうだなと思ったなら、継続して1年は続けてみる。そうすると、いろいろなことがわかってくるであろう。続けているうちに自信が出てくるかもしれないし、わからないからもう少し続けてみたいと思うかもしれない。区切り（たとえば、1年目、2年目というように）の時期に、振り返りをし、新たな目標を立て、これまでのものを修正するか、新たなプログラムをつくって実践に移してみる。可能なら長期計画を立ててみる。毎日・毎回が勉強である。やがては、性に関する教育や学習会の枠を飛び出し、社会との関係の中でもっとダイナミックでリアルな体験をするようになるかもしれない。しかし、まだまだ多くの課題が残されており、検討すべき課題は山積している。

　公的な支援を受けて行われる性に関する学びの場には、誰でも気軽に参加できる「基礎講座」、結婚を予定している人たちの「結婚準備講座」、家庭を営ん

でいる人たちのための「フォローアップ講座」なども用意できるはずである。もし公的支援（財政的支援も含む）を受けることができれば、仕事の合間に職場を利用して（または、職場を一時的に離れて）講座に通うことができるようにもなるし、医師あるいは助産師・保健師・看護師・養護教諭などの専門家に講師として来ていただくことも可能になるはずである。また、身近なところに個別に性や結婚に関する相談が受けられる「性相談所」などがあれば、もっと気軽に安心して性に関して相談することができるようになるだろう。

　性に関する支援を有効に進めるためには、支援者研修も欠かせない。知的障害のある人の性を肯定的に受け止めるにはどうしたらよいのか、支援を提供する際どのような支援の方法が効果的なのか、を学ぶことが性に関する支援を有効に進めるために必要だからである。

　第Ⅳ部第11章では、複雑かつ曖昧で混沌とした社会−性的な社会にあっても、また、性に関する情報を組織的に提供することが困難と思われる就労支援事業所においても、第Ⅳ部第10章で提示した「性教育プログラム試案」（9領域）（1．たいせつにしたいかんがえかた、2．子どもから大人にかわるときの心とからだ、3．じぶんをしりあいてをしるために、4．げんきでせいかつししあわせになるために、5．性のいろいろなたのしみかた、6．子どもはどうして生まれるのか、7．なぜ子どもを生むのか、8．ひとりひとりがいかされるために、9．インターネットなど（ＳＮＳ）にきをつけるために）の各「目標・構成要素」に沿いながら地道な性教育実践が行われれば、確実に「性的共生」化へと進んでいくに違いないことが確認された。性に関する情報を組織的に提供することが困難と思われる事業所においても、性教育実践をぜひ試みてほしい。このような取り組みを限られた事業所だけで行うのではなく、多くの事業所が取り組むことができるようにするために、社会的・制度的に保障できるような環境の整備が欠かせない。

　学齢期の子どもたちに示している「学習指導要領」のように、就労支援事業所等で働いている知的障害のある人が働きながら生涯教育等で学ぶことができるような「成人用性教育プログラム／ガイダンス」があるとよいのではないだろうか。知的障害のある人が、「成人用性教育プログラム／ガイダンス」を使いながら、働きながら性や男女交際・結婚について学ぶことができるように、社会的・

制度的に学びの場や機会を保障できるようにしていくことが求められている。

　様々な社会－性的な取り組みや社会的努力を通して、「性のノーマライゼーション化」を促し、「共に生き」、「共に暮らし」、「誰もが性的人間として生きる」ことができるような「性的共生社会」を創造していくことが求められている。

注

1　Nirje, B., 1993, The normalization principle-25 years later. In Lahtinen, U. and Pirtimaa, R. (Eds.), Arjessa tapahtuu!-Comments on mental retardation and adult education. The Institute for Educational Research, University of Jyväskylä, Finland.（＝河東田博他訳『ノーマライゼーションの原理』現代書館 1998 年、130 頁。）
2　同上書、144-145 頁。
3　Bank-Mikkelsen, N. E., 1976, Normalization. FLASH on the Danish National Service for the Mentally Retarded II, No.39.
4　同上書（＝中園康夫訳「ノーマリゼーションの原理」『四国学院大学論集』第 42 号、143-153 頁、1978 年）。
　　なお、該当箇所は、下記文献より引用した。
　　河東田博『ノーマライゼーション原理とは何か』現代書館、2009 年、49 頁。
5　Quality of lifc 概念の成り立ちと QOL を構成する基本構造は、以下の通りである。
　　QOL は多様な個々人の主観に重点をおくため、その構造や指標を統一しにくい概念であるが、「人生の中で大切にしたいものはなんですか」という問いかけに、なんらかの共通した回答を見いだすことができるし、事実、そういった方法で QOL の測定スケールが開発されてきた。
　　QOL の基本構造は、1970 年頃から行われてきた北欧の研究にもとづいて、1980 年頃からスウェーデンのカーリン・ソナンデルや、アン - シャロット・ニルソン - エンブロー、マディス・カヤンディらの研究によって展開され、実際の調査でも用いられてきたものを参考にしている。彼らは人生において誰にとっても重要だと考えられるものを外的側面・対人関係・内的側面の3側面に分類した。
　　「外的側面」とは、所有すること（Having）であり、居住状況、教育、仕事、経済、余暇活動、政策立案への参画、将来への希望などを意味し、「対人関係」とは愛すること（Loving）であり、親子関係、夫婦関係、友人関係、同僚との関係、近所付き合いなどを意味する。これら二つの側面は「環境的側面」として、様々な調査である程度客

観的に数量化されている。しかし、QOLで重要なことは、単に数量化されたものだけでなく、質や関係性を探ることである。たとえば、「対人関係」では、「誰とどのくらい会っているか」とか、「友人が何人いるか」といったことだけでなく、「誰との関係がその人にとってどのような意味をもち、その関係にどのくらい満足しているのか」といったことを把握することが重要となる。

また、「内的側面」とは、存在すること（Being）であり、自己実現や自由・自己決定などを指す。これは、誰かから必要とされる、その人らしい、代替のきかない自分として存在することを意味する。物事がうまくいった、うまくいかなかったというだけでなく、何かの活動に関心をもち、自分なりに取り組んでいるか、自分のことをどう思っているか、個性や可能性を発揮しているかどうかを見ていくものである。

なお、QOLの基本構造を成す「環境的側面」と「内的側面」の下位概念は、「環境的側面」8領域（居住状況、教育、仕事、経済、余暇活動、対人関係、政策立案への参画、将来への希望）、「内的側面」5領域（自己実現、自由・自己決定、自信・自己受容、安心感、社会的関係）に設定されている。

QOL研究についての記述は、下記文献を参考にした。

河東田博・中園康夫（編集代表）『知的障害者の「生活の質」に関する日瑞比較研究』海声社、1999年、10-12頁。

Sonnander, K. and Nilsson-Embro, A-C., 1985, Utvecklingsstördas livskvalitet. Projekt Mental Retardation. Institutionen för psykiatri, Ullerakers sjukhus, Uppsala, Sweden. 83p.

6 同上書（河東田・中園、1999年）、10-12頁。

7 同上書、11頁。

8 同上書、53-57頁。

9 Kajandi, M., 1991, A manual for estimating the quality of life (Third version). Uppsala university, Sweden.

なお、本論文に係る「環境的側面」8領域の目安は、下記文献を参考にした。

M. カヤンディ著, 林弥生・河東田博訳「カヤンディ式生活の質評価マニュアル」同上書（河東田・中園、1999年、121-156頁）。

M. カヤンディ著, 林弥生・河東田博訳「修正カヤンディ式『生活の質』評価マニュアル」同上書（河東田・中園、1999年）、157-172頁。

10 障害者権利条約は、障害者の権利実現を具体化するために、国連で定められた条約。この条約は、2006年12月13日国連総会で採択され、2008年5月3日に発効。日本は2014年2月19日に批准し、同年2月19日に効力が発生。

11 障害者総合支援法は、2013年に施行された「障害者の日常生活及び社会生活を総合的

に支援するための法律」のことで、日常生活や社会生活を営むうえで必要な障害福祉サービスなどが定められている。

3年ごとに見直し改正することになっており、2018年、2021年と改正が行われ、サービスの充実を図ろうとしている。

12 学校教育法等の一部を改正する法律は2019年から施行されており、同年実施の新学習指導要領を踏まえた「主体的・対話的で深い学び」の視点からの授業改善や障害等を考慮したデジタル教科書使用措置を講じようとした内容となっている。

13 河東田博「知的しょうがい者のセクシュアリティ・結婚支援をめぐる実態と課題」『立教社会福祉研究』第26号、15-20頁、立教大学社会福祉研究所、2007年。

上記文献で、Studieprogram, 1988/1989, Studieförbundet Vuxenskolan, Stockholm の活動を紹介。

河東田博、「知的障害のある人への社会的抑圧」『季刊 福祉労働』165号、110-122頁、現代書館、2019年。

上記文献で、成人教育連盟 Vuxenskolan, Stockholm と RFUB: Riksförbundet för utvecklingsstörda barn, ungdomar och vuxna（スウェーデン児童・若者・成人連盟）や RFSU: Riksförbundet för sexuell upplysning（スウェーデン性教育協会）、RFSU Malmö och Grunden Malmö（スウェーデン性教育協会マルメ支部・グルンデン協会マルメ支部）が共催で「Sex För Alla（みんなのセックス）」という講座を行っていることを紹介。

あとがき

　筆者が性に関する教育や性の発達の研究にかかわり始めてからかれこれ50年になるが、筆者自身いまだに解決できていないのが「内なる差別と人と人との関係性」の問題である。このことは、個人的資質の問題でも、知的障害のあるなしとも関係がない。私たちが育った社会的・文化的環境の中で、教育などを通して刷り込まれてきたものである。

　筆者の高校時代に『プレイボーイ』や『平凡パンチ』といった女性の性を商品化する週刊誌が発売されたのを今でも覚えているが、筆者は、それら男性の好奇心を誘う週刊誌から得る興味本位の知識以外には、家でも学校でも性に関する事柄をついぞ教えてもらった記憶がなかった。あるとすれば、中学3年の時の遊び時間に、悪友が、どこから手に入れてきたかはわからないが、リアルなポルノ写真を教室内で密かに回覧していた時である（その時の衝撃たるや尋常ではなかった）。当然のことながら、それら週刊誌や写真は、自分の部屋やトイレの中で、一人でこっそり見るはめになってしまった。その時の気持ちは、見たいという衝動や見た時の快感とは裏腹に、誰かに見つかるのではないかといった後ろめたさや罪悪感のようなものだったような気がする。当時は、「人と人との関係性」など、深く考えることもなかった。

　高校・大学と人並みに恋愛や失恋を経験するようになると、「性」や「人と人との関係性」に対する無知と未熟さを感じるようになり、いたたまれない自分を恥じるようになってきた。受験戦争に苛まれた遅かりし青春の残像だったのかもしれない。この時期は、ヒッピー・大学紛争・ウーマンリブ運動と様々な社会的な動きやできごとがあり、学友たちが青春とは何かを模索しつつ、社会的問題と真剣に取り組み、悩んでいる時期でもあった。これら社会的問題は、「性」や「人と人との関係性」に見られる伝統的価値観とも関連づけて論じられるようになり、スウェーデンの性解放の動きや平等の問題なども盛んに伝えられるようになってきた。まさに時代の転換期であった。財団法人・日本性教

育協会が設立され、性に関する問題が科学的に捉えられるようにもなってきた。筆者は性に関する書籍や雑誌を貪り読むようになり、大学3年の時にはゼミ論文で「現代性教育考」を、卒業論文で「知的障害のある子ども（原題：精神薄弱児）の性教育に関する一考察」を取り上げていた。そこには、筆者なりに性に対して不安に苛まれて育った自分史を振り返りまとめてみたいという思いと、知的障害のある人やこれからの若者たちに筆者のような「性」に対する不安や悩みをもってほしくない、「性」や「人と人との関係性」について普段着のままで話し合い、論じられるようにするための礎にしたいという思いがあった。筆者にとっては自然の成り行きだったが、知的障害のある人の性に関する教育を研究課題の一つとして取り上げる人たちがあまりおらず、変わり者と思われていたかもしれない。

　筆者は、次第に、知的障害のある人の性に関する研究の基本に「人と人との関係性」や「平等」を置くようになっていった。これは多分に筆者が読んでいた啓蒙書からの影響、ひいては欧米の性に関する教育の影響を受けていたように思われる。つまり、伝統的男性・女性の価値観やLGBTQへの偏見を排し、「人と人との関係性」を対等に築き上げていく中から創り出していく新しい価値観の創造である。しかし、悲しいかな、人間は気づいたからといってそう簡単には価値観や行動を変えることはできない。社会や文化（古い価値観をもつ日本文化）の影響を生まれついた時から受け、その社会や文化（古い価値観をもつ日本文化）と共存して今日まで来たのだから。男性優位社会の中にどっぷりつかり、知的障害のある人やLGBTQの人に対する偏見に気づかずにいた筆者。相手の立場を考えずに自分中心の立ち居振る舞いをいかにしてきたことか。これは子どもがいるいないにかかわらず、また、障害のあるなしにかかわらず、パートナーとの関係のあり方を考えてみればよくわかる。パートナーと何度もぶつかり合い、すれ違いを経験し、パートナーから勘違いを指摘されて初めてわかることだったのかもしれない。

　筆者の「人と人との関係性」や「平等」をベースとした性に関する研究は、今でも続いている。自己矛盾を感じながらも、間違いを繰り返しながらも、「人と人との関係性」や「平等」とは何かを今後も考え続けていくことになるであろう。

筆者は、様々な講座等を通して、性に関することを「人と人との関係性」や「平等」を大切にしながら受講生に伝え、受講生と共に語り合ってきた。筆者のこれまでの体験をもとに、時には「性」とは何かを語り合い、時には「人と人との関係性」について今なお語り合っている。これらの語り合いは、思うに、筆者の「内なる差別」や未熟な「人と人との関係性」への自戒が込められているように思う。

　先に、筆者が性に関する教育や性の発達の研究に関わり始めてから、かれこれ50年になると記したが、転機は間違いなく東京学芸大学の故大井清吉先生との出会いであろう。ゼミの教え子でもなかった筆者の性教育に関する卒業論文に関心をもってくださり、『ちえ遅れの子の性と結婚の指導』（小杉長平・大井清吉・河東田博共編、日本文化科学社、1976年）の本づくりに誘ってくださった。この本の出版を皮切りに、大井先生と一緒に、会報『ちえ遅れの子の性と結婚を考える』（後に、『障害児性教育研究』に改名）を年数回発行し、毎年のように講演会を開催し、毎年日本特殊教育学会で発表するようにもなっていった。また、多くの知的障害のある人の性に関する論文を書き、多くの本の出版にも関わるようになっていった。まさに、知的障害のある人の性に関する教育のあり方を考え続けながら歩み、駆け抜けるような10年だった。

　10年後、筆者は、大井先生のもとを離れ、スウェーデンに渡ることになった。そして、1986年6月から1991年4月までの約5年間、スウェーデンで性教育に関する研究を行うことになった。5年もの長期間スウェーデンに滞在でき、なんとか目的を達成して帰国することができたのは、筆者の力だけでは到底なし得なかったことである。多くの人たちの支援があったからこそである。まさに、「人と人との関係性」の賜物だったのである。

　臼杵（旧姓）和枝さんが筆者の卒業論文を英文に訳してくださらなかったら、ストックホルム教育大学教育研究所（大学院博士課程）の健康教育の第一人者Gunilla-Tanner Lindgren先生の目には留まらなかったであろう。おかげで、Lindgren先生の下で、5年間、何から何まで手を取っていただきながら、ご指導いただいた。Lindgren先生のもとには、Ruth Mannerfeldt博士や秘書のLynn　Stevensonさんがおられた。Ruthさんは研究仲間として、Lynnさんは筆者の英語の先生として、本当にお世話になった。さらに、長く苦しい5年間

を家族が支えてくれた。パートナーの河東田誠子さん、長女の英さん、二女の文さんがいなかったら、今日の筆者はいなかったであろう。家族にも心からのお礼と感謝をしたい。

1993年から7年間、香川県善通寺市や徳島県徳島市で単身赴任生活を送った。この7年間、性に関する研究でも性に関する教育の面でも、様々な方々と協働の取り組みをたくさん行った。この7年間の性に関する取り組みの蓄積が、本書の研究の土台になっていることは疑いもない。その意味で、この7年間に出会った多くの当事者・協力者・支援者にも感謝を申し上げたい。

2019年度〜2022年度日本学術振興会科学研究費助成事業〈科学研究費補助金〉・基盤研究（B）（一般）（課題番号：19H01568）〉「知的障害のある人の性をめぐる社会的実態と性教育のあり方に関する研究」を得てなされた今回の研究や協働の取り組みは、まさしくこれまでの筆者の性に関する取り組みの集大成と言っても過言ではない。そのくらい充実した取り組みになった。心より感謝申し上げる。

筆者の性に関する研究や教育・現場での協働の取り組みの長い旅が、ようやく終わろうとしている。この4年間の科学研究費補助金による研究は、新型コロナ感染拡大の影響で大幅に遅れ、当初計画の修正を余儀なくされたが、それでも多くの成果が得られ、満足のいく結果となった。これはひとえに、本書で取り上げた3就労支援事業所から得られた協力と支援の賜物である。3事業所での性教育実践にあたり、E県・社会福祉法人H管理者の西條一恵様・副管理者の千葉昭郎様、感想を寄せてくださった講座担当スタッフの金野さやか様・星優希様・熊谷貴司様、F県・社会福祉法人I管理者の岸田隆様・奥村和枝様、講座担当スタッフの高橋昌也様・青木彩華様・丸山ひとみ様・富所弘行様、G県・社会福祉法人J管理者の松村真美様、講座担当スタッフの下崎風花様・宮本和真様・牛島志帆様・北川翔様・松浦三氣也様・松本明様・中澤七海様・椎木初音様、「ぶ〜け」室長の園田美鈴様には大変お世話になった。さらに、4年間にわたる取り組みのまとめを「研究例会」や「公開シンポジウム」という形で設けて下さった立教大学社会福祉研究所並びに菅沼隆所長・野呂芳明前所長にも大変お世話になった。この方々の協力と協働の取り組みがなければ、本書はでき上がらなかったであろう。心よりお礼と感謝を申し上げたい。

また、浦和大学学長久田有様、前学長（現副学長）大久保秀子様、社会学部長（兼副学長）中村泰治様、教務課長野沢正博様、教務課研究支援係加納雅彦様を始めとする浦和大学関係各位にもお礼と感謝を申し上げたい。

　末筆になるが、本書の出版を快く引き受けて下さった株式会社 現代書館の菊地泰博社長や細部にわたるまで丁寧な編集を行って下さった編集担当の向山夏奈様、並びに各部扉や表紙を彩るイラストを描いてくださった小島知子様、表紙装丁を手掛けて下さったカプラ文様にお礼と感謝を申し上げたい。特に向山夏奈様からは、加筆・修正へのヒントをたくさんいただいた。彼女のおかげで充実した内容とすることができた。50 年にわたる性教育に関わる研究や実践等がすべて終了した今、各種調査に応じ、講座に参加してくださった当事者の方々を含めこの間お世話になったすべての方々に改めて感謝とお礼を申し上げると共に、「誰もが性的人間として生きることができる性的共生社会が一日も早く到来すること」を願い、結語としたい。

2023 年 10 月 13 日　河東田　博

初出一覧

第 1 章　河東田博「知的障害のある人への社会的抑圧」『季刊 福祉労働』第 165 号、110-122 頁、現代書館、2019 年。

第 2 章　河東田博「なぜ知的障害のある人は性的人間として生きることを奪われてきたのか」『季刊 福祉労働』第 166 号、114-126 頁、現代書館、2020 年。

第 3 章　河東田博「誰もが性的人間として生きるために」『季刊 福祉労働』第 167 号、142-154 頁、現代書館、2020 年。

第 4 章　河東田博「誰もが性的人間として生きることへの道程」『季刊 福祉労働』第 168 号、130-142 頁、現代書館、2020 年。

第 5 章　河東田博「スウェーデンの性教育義務化の歩みから学ぶ性的共生」『季刊 福祉労働』第 169 号、100-112 頁、現代書館、2020 年。

第 6 章　河東田博「スウェーデンのオープンな社会 − 性的文化環境と当事者用性教育テキスト」『季刊 福祉労働』第 170 号、108-124 頁、現代書館、2021 年。

第 7 章　河東田博「日本における知的障害のある人たちの性教育の実態」『季刊 福祉労働』第 171 号、114-131 頁、現代書館、2021 年。

第 8 章　河東田博「知的障害のある人の性に関する教育の実態」『知的障害のある人の性に関するアンケート調査結果報告書』2021 年、1-23 頁。

第 9 章　河東田博「知的障害のある人の性に関する認知・理解と性教育」『浦和論叢』第 66 号、1-17 頁、浦和大学、2022 年。

第 10 章　河東田博「知的障害のある人の『性教育プログラム試案』作成に向けた検討」『季刊 福祉労働』第 172 号、114-134 頁、現代書館、2022 年。

第 11 章　河東田博「知的障害のある人の性教育実践に向けた検討」『季刊 福祉労働』第 173 号、135-153 頁、現代書館、2022 年。　及び
　　　　　河東田博「誰もが性的人間として生きるために：性教育実践と性的共生への展望」『季刊 福祉労働』第 174 号、99-112 頁、現代書館、2023 年。

❖河東田　博（かとうだ・ひろし）

東京学芸大学特殊教育学科卒業。ストックホルム教育大学（現ストックホルム大学）大学院教育学研究科博士課程修了（Ph.D)。1974年から86年まで12年間、東京都の社会福祉施設に勤務。86年から91年まで約5年間、スウェーデンに滞在。性教育の研究を行いながら、脱施設化や自立生活運動、当事者参加・参画にも関心をもち、研究を開始。四国学院大学、徳島大学・立教大学教授を経て、現在、浦和大学総合福祉学部客員教授。主な著書に『スウェーデンの知的しょうがい者とノーマライゼーション』『脱施設化と地域生活支援：スウェーデンと日本』『入所施設だからこそ起きてしまった相模原障害者殺傷事件』（以上、単著）『スウェーデンにおける自立生活とパーソナル・アシスタンス』『ノーマライゼーションの原理』（以上、共訳）『福祉先進国に学ぶしょうがい者政策と当事者参画』（監修）（以上、現代書館）、『知的障害者の「生活の質」に関する日瑞比較研究』（編著、海声社）、『知っておきたい障がいのある人（聞こえにくい人・学びにくい人・見えにくい人・体を動かしにくい人・理解されにくい人・被災地の人）のSOS』（単著、ゆまに書房）、『知的障害者の人権』（共著、明石書店）、『現代の障害者福祉』（共著、有斐閣）、『私たちの津久井やまゆり園事件』（共著、社会評論社）、『わたしたちのからだ』（共著、福村出版）、『男子の性と生活のガイド』（共編）『性について話しましょう』（共訳）（以上、大揚社）、Health and sex education of schoolchildren with intellectual handicaps-A study in Japan and Sweden. (単著、Almqvist & Wiksell International) 等がある。

誰もが性的人間として生きる
——知的 障 害と性

2024年1月20日　第1版第1刷発行

著　者	河　東　田　　博
発行者	菊　地　泰　博
組　版	プ ロ・ア ー ト
印刷所	平 河 工 業 社（本文）
	東 光 印 刷 所（カバー）
製本所	積　　信　　堂
装　幀	カプラ　河東田　文

発行所　株式会社　現代書館　〒102-0072　東京都千代田区飯田橋3-2-5
電話 03(3221)1321　FAX03(3262)5906
振替 00120-3-83725　http://www.gendaishokan.co.jp/

校正協力・川平いつ子　イラスト・小島知子
© 2024 KATODA Hiroshi Printed in Japan ISBN978-4-7684-3600-4
定価はカバーに表示してあります。乱丁・落丁本はおとりかえいたします。